教育即生长　语文即人生

生长式语文课堂

贾桂强 著

中国人民大学出版社
·北　京·

语文学科与其他学科最重要的区别在于，它始终是指向人的，与人的思维、情感、品质、能力密切相关。语文就是人生，伴随人的一辈子。我们的学科语文，不是泛指一般的语言文字，而是中华民族的母语。母语是中华文化之根，蕴含着民族情结、民族睿智、民族精神。学生学习语文，要引领他们在理解与运用祖国语言文字的同时，吮吸中华优秀文化与人类进步文化，促进精神成长。

贾桂强老师深知其中底里，十多年来他潜心教学，研究课堂教学中如何培养学生的语文综合素养，在积累经验的基础上，又作理论上的探讨，笔耕不辍，集成《生长式语文课堂》出版，以飨同行。贾老师钟爱语文专业，勤于思考，勇于实践，并将认识与体会诉诸文字，认真探索语文教学规律，实属难能可贵。特寄语以表敬意。

于漪

2019年1月8日

序

贾桂强老师来自新疆，长得也有些新疆，为人又特别谦恭有礼，在青年语文教师群体中辨识度蛮高的，不过，我虽然早就认识他，但毕竟不在同一所学校，平时接触不多，更谈不上深度交流。

听旁人介绍，贾老师在教学研究方面用力很勤，擅长文本解读，出了不少成果，课堂上跟学生对话却不见得占优势，当然这只是听说。所以，2013 年某月某日当他把一份上课实录发给我，邀我评点的时候，我的第一反应是"没想到"："没想到"他已经完成了从关注教师的教到关注学生的学的转变，"没想到"他课堂上对学生的引导那么有效率。我愉快地接受评点任务，写下了《也谈以学生的解读逻辑为教学起点》的短文，与贾老师切磋。

之后，我们的交流自然就多起来，了解也更深入了。但首次读到贾老师这份书稿时，脑海里浮现的还是这三个字——“没想到”：“没想到”他在短短几个月内就完成了一部书稿，不是简单的论文分类汇编，而是像模像样的著作；“没想到”他这几年里居然如此系统地思考、梳理、建构了他的“生长式语文课堂”教学主张，尽管我已经多次听他说过他的构想。

细想想，对贾老师的作为产生“没想到”这种感觉，已经不止一次了。为什么他总是会取得让人想不到的进步？翻阅这部书稿，回忆起我们之间的交流内容，我找到了两个主要原因。现不揣谫陋，略述如下。

第一，锲而不舍的精神。

贾桂强老师的研修，有点像掘井，选定一个点，持续几年深入开掘，不见到汩汩清泉绝不停歇。

举例来说。他的《流浪人，你若到斯巴……》教学研究始于 2010 年 10 月，他参加校级公开课评比，执教这一篇小说，因“文本的挖掘比较深刻”，获得了一等奖。同年 12 月，他从“学”的角度撰写论文《研究学情 增补教材 明确形象——如何确定节选类小说名著的人物分析的教学内容》一文，在浙江省 2010 年高中语文教学论文评比中获奖。2011 年 11 月，恰逢湖州二中 110 周年校庆，他参加名师授课展示活动，第二次执教该课。与第一次相比，作了大的调整，主要关注学生的“学”。

反思两次执教的经验，他撰写了论文《以“学生的解读逻辑”为教学起点——〈流浪人，你若到斯巴……〉的另一种教学视角》，就是我作了评点的那一篇，后来这篇文章发表在《语文学习》2013年第11期上。

梳理这一过程，可以清晰地见出贾老师“掘井”的线路：文本解读→教学实践→理论探讨。但这条前行的路线并不是单向的，而是“否定之否定”式的螺旋上升。2015年他又在《中学语文教学》上发表了论文《向文本的更深处漫溯——〈流浪人，你若到斯巴……〉的研究综述及教学建议》。2015年7月，他在“浙江省高中语文学科带头人项目培训班学习”时第三次执教这一节课，探索生长式语文课堂的建构。从实践到理论，再从理论回到实践，多次反复。

正因为如此，贾老师看似在一个点上持续发力，影响的却是多个点，甚至多个面，实际带动的是他整体素养的提升。

第二，理论建构的追求。

说实话，我对中学教师建构系统语文教学理论本来不是太抱希望：一是普通中学语文教师可能还缺乏创建理论的学力；二是工作性质也决定了他们不可能把主要精力投入到理论研究上。

但这并不意味着我反对中学教师进行带有理论色彩的思考探索，恰恰相反，我认为：教学有特色、有成效的教师，往往不会满足徜徉于自己的经验层面，他们会为自己的经验寻找理论依据，进而也会在此基础上提炼出一些“个人理论”。如果中学教师理论建构之“理论”的基本义是“个人理论”，那么，这种理论建构不仅完全可能，而且是十分必要的。其一，对一个教师个体来说，公共理论转化为个人理论，才能切实地指导自己的教学实践；其二，试图建构理论需要的系统学习、系统思考，能帮助教师超越经验层面，达到更高的境界；其三，正由于以上两点原因，教师具有理论建构意识，他的学科觉识会更全面更深刻，因而也更成熟。从贾桂强老师这部书稿诞生的历程看，似应如此。

贾老师默默探索生长式语文课堂十余年，直到 2016 年 3 月才第一次发声，他撰写的《基于学情诊断的“生长式”语文课堂建构——以两次执教〈流浪人，你若到斯巴……〉为例》，在《教学月刊·中学版》上发表。此后一发不可收，相关论文连续发表或得奖，至 2017 年，在一定范围内，同行们开始把生长式语文课堂跟贾桂强联系在一起。又过了半年，贾老师就捧出了这部书稿，从生长式课堂的教学主张、文本解读、教学设计、教学实录、教学观评五个方面系统地阐述他的生长式语文课堂构建的主张和实践成果，让我又一次感受到了“想不到”的惊喜。在此过程中，贾桂强老师的综合素质和影响力大大提升，俨然已具学科带头人之风。

据贾桂强老师自述，他的生长式语文课堂有三个理论来源，其理论基石为钱梦龙先生的“三主”理念和“语文主问题导读教学法”。最大亮点在于：找到语文教学的根本目的——人的精神生长（语用力生长、思维力生长、审美力生长和文化力生长）。也许，这套理论，即便是“个人理论”，也还是“发展中”的理论，好在贾老师申报的生长式课堂研究省级课题已经立项，以他的执着和勤奋一定会收获更多的成果，他的理论也会更加完善。至于，这一理论会完善到何种程度，成果会在多大范围内产生积极的影响，我不能确定，但可以确定的是今日的贾桂强已经成功地超越昨日的贾桂强，而明日的贾桂强也必然会超越今日的贾桂强。

胡适有云：“天下没有白费的努力，成功不必在我，而功力必不唐捐。”愿以此语，与贾桂强君共勉。

是为序。

羊　刚

2018年5月9日

（作者为浙江省语文特级教师、首批中小学正高级教师，浙江省中学语文教学研究会副理事长、湖州市中学语文教学研究会会长）

目 录

第一章　生长式语文课堂教学主张 001

第一节　生长式语文课堂提出背景 002

第二节　生长式语文课堂核心理念 007

第三节　生长式语文课堂学情诊断路径
——以两次执教《流浪人，你若到斯巴……》为例 017

第四节　生长式语文课堂文本解读路径 030

第五节　生长式语文课堂教学设计路径
——以《〈论语〉选读》教学为例 043

第六节　生长式语文课堂教学实践路径 065

第七节　生长式语文课堂教学观课路径 076

第八节　生长式语文课堂写作教学路径 083

第二章　生长式语文课堂文本解读　097

第一节　选文的删改：请勿“惟简是从”
——关于《谏太宗十思疏》一文的删节　098

第二节　《“暮雨潇潇江上村”引义探疑》商榷
——关于《江南的冬景》的一处注解　101

第三节　错位的风景
——解读小说《远和近》的五个关键词　105

第四节　诗歌鉴赏要抓住“不变量”
——现代诗歌《断章》文本建构的三重意蕴　110

第五节　传统文化经典的现代转化与创新
——以文化经典《论语》整本书拓展阅读为例　122

第六节　诗歌类文本解读的三个维度及教学路径初探
——以执教现代诗歌《面朝大海，春暖花开》为例　131

第七节　把“我”摆进作品
——文学类文本教学中言语实践的路径和策略初探　140

第八节　向文本的更深处漫溯
——外国小说《流浪人，你若到斯巴……》解读综述　148

第九节　不识“娜塔莎”真面目，只缘身在选文中
——从“学情”视角看外国小说《战争与和平》的节选　159

第十节　文本解读：要“适度”而非“失度”
——我看小说《老王》中的“不老实”　165

第十一节　悦读社会“新词语”
——汉字汉语专题研究　171

第三章 生长式语文课堂教学设计 185
第一节 让课堂有一点深度
——白话散文《都江堰》阅读教学设计 186
第二节 以“学生初步感知”为起点
——文言散文《兰亭集序》阅读教学设计 199
第三节 提高感受生活美的能力
——外国散文《花未眠》阅读教学设计 207
第四节 语言建构与运用
——实用文本《声情并茂——押韵和平仄》阅读教学设计 218
第五节 实用性阅读与交流
——“网络新文体”写作教学活动设计 232
第四章 生长式语文课堂教学实录 251
第一节 以“学生的解读逻辑”为教学起点
——外国小说《流浪人，你若到斯巴……》课堂实录 252
第二节 以“学生认知逻辑”为教学内容重构支架
——传统文化经典《诲人不倦》课堂实录 261
第三节 基于“思辨式阅读”的《论语》教学内容重构
——传统文化经典“克己复礼：‘孝’的三种境界”课堂实录 272
第四节 基于学情研判的教学内容确定
——外国小说《丹柯》课堂实录 286
第五节 思考应纵深推进，不可表面滑行
——提升议论文写作的关键点课堂实录 298

第六节 让思维多一点深度
——由“想象力匮乏”说开去 315
第五章 生长式语文课堂教学观评 325
第一节 古典诗歌教学的“起点”和“落点”
——古典诗歌《积雨辋川庄作》教学观感 326
第二节 以“文本情感逻辑”为教学切入点
——文言散文《兰亭集序》教学观感 334
第三节 从散文文体的引导作用看散文教学内容的合宜性
——白话散文《都江堰》教学观感 344
第四节 打造智慧语文课堂的两个“深度”
——文学作品《前方》《一滴眼泪换一滴水》教学观感 350
第五节 找到古典诗词有效教学的切入点
——古典诗歌《声声慢》教学观感 353
第六节 从学的三个维度看课堂
——以三节《沂水春风》同课异构为例 357
第七节 审问·慎思·辩驳
——高中语文思辨性写作教学摭谈 370
第八节 我看高中语文新课程标准的新突破
——从学生“学什么”谈起 382

参考文献 394
后记 397

第一章　生长式语文课堂教学主张

随着普通高中新课程标准（2017年版）的颁布，新一轮高中课改正式扬帆起航。这次课改，是从教的视角转向学的视角，需要创建新的语文教学范式。笔者在深入研究杜威“教育即生长”、钱梦龙“语文导读教学法”等教育理念，以及研读普通高中语文课程标准基础上，构建了生长式语文课堂教学主张。其后从学情诊断、文本解读、教学设计、教学实践、教学观课和写作教学的逻辑顺序，搭建起宏阔而坚固的理论高楼。

第一节　生长式语文课堂提出背景

一、教的视角转向学的视角

2018年1月16日，教育部召开新闻发布会，介绍修订后的《普通高中课程方案和语文等学科课程标准（2017年版）》[以下简称新课程标准（2017年版）]。新课程标准（2017年版）提出了普通高中新的定位，即“促进学生全面而有个性的发展，为学生适应社会生活、高等教育和职业教育做准备，为学生的终身发展奠定基础”。以人为本，以学生的发展为本，是我们今天提出的核心素养的灵魂。

要高效、准确地实施新课程标准（2017年版）的理念，必须扎根课堂。中国教育的最大问题在课堂，中国教育改革的最大空间也在课堂。教育部部长陈宝生在《办好人民满意的教育》一文中提出：“深化基础教育人才培养模式改革，掀起‘课堂革命’，努力培养学生的创新精神和实践能力。”新课改已经实施多年，但观察现在的高中语文课堂教学，依然存在不少问题，主要表现为以下几个方面。

一是教师“教”的活动相对丰富，但是学生“学”的活动则较为单一。学生的“学”主要是听老师讲、看多媒体播放、回答老师的问题。现在许多“小组讨论”往往流于形式，刻意为之的居多。学生在课堂上更多的是“配合”“回应”教师，没有碰撞、整合。

二是固化的线性思维。教师的提问指向性过于明确，学生虽然也在思考，但是思考必须朝着老师预设的答案、沿着老师规定好的路线来进行。例如，教师提出一两个问题，如“表现在哪里”“请结合具体语句来分析”，学生的思维结果和思维过程的表达，便是在这个由问题设定的框架里“配合”“回应”教师，表现为“找课文”“谈感受”来印证教师的观点，没有多层面的碰撞、整合。

三是关注教学设计推进的“流畅”。经常可以看到这样的教学成为常态：教师心中只有教案，没有学生。不管学生理解到哪个层次，教师只是按照自己课前事先设计的教学程序来一步步推进，学生只是课堂中的配角。

这种课堂教学行为，在很大程度上反映了“以学习者为中心”、由“教的视角转向学的视角”的新课程理念并未真正落到实处，教师接受了新理念的概念，而课堂教学的结构其实并没有发生大的变化。这种现象的实质就是教师很少从学生的学情、兴趣组织学习内容，很少关注学生在学习过程中的感受，很少关注每一个学生的现实处境。“教师想教什么，教师实际在教什么，学生实际学了什么，教学内容的这三个有所区别的层面以及它们之间复杂关系”① 尚未引起足够的关注。

新课程标准（2017 年版）的一大亮点，是设计“学习任务群”，旨在引领高中语文教学的改革，力求改变教师大量讲解分析的教学模式。要改变这些弊端，当务之急是廓清课堂教学的旨趣。课堂教学的重点是什么？当然是学生。没有个体经验的认同，任何被个体的智慧拒之门外的知识体系都是盲目的。不了解学生的实际情况——学生哪里懂了，哪里还不明白，学生知道的便可略讲，学生不懂的便需细讲。所以，更确切地说，课堂教学的重点是“学情”。浙江省教育厅教研室副主任张丰说：“学为中心，就是要以学生为学习活动的主体，以学情分析为教学的依据，以任务为学习活动的基本组成单元，以促进有意义的思维为教学活动的目的，以主动而有质量的参与为有效学习的标志。”

教学中阅读的主体是学生，阅读不是学生被动接受文本信息的过程，而是学生主动建构知识和情感的过程。这种建构是他人无法取代的，是由内而外的生长，而不是由外向内的灌

① 王荣生．教的根本目的是帮助学生学［J］．语文学习，2009（9）．

输。教师要高度尊重学生，彰显其“经验”，归还其“话语权”，最大限度地调动学生的内在积极性，组织学生自主学习。如何真正关注学情，“改进现在的教学”，使之更加完善，促进由“教师层面”转到“学生层面”，还有许多工作要做。

二、让课堂焕发生命活力

“生长”原本是一个生物学概念，查《现代汉语词典》（第7版，第1171页），其基本释义有：①生物体在一定的生活条件下，体积和重量逐渐增加；②出生和成长。例如，《管子·形势》：“春夏生长，秋冬收藏，四时之节也。”查《汉语大词典》（第7册，第1497页），还有“养育”之意。例如《文子·自然》：“天化育无形状，地生长无计量。”可见，“生长”既说明了生命的存在状态，又说明了发展的目的，就是生命体在自然状态下，通过自我发育，逐步走向成熟的过程。

在汉语中，还有“生成”一词，与“生长”相近。查《现代汉语词典》（第7版，第1167页），其基本释义有：①（自然现象）形成，经过化学反应而形成，产生；②生就。查《汉语大词典》（第7册，第1494页），还有“长成”之意。例如，杜甫《屏迹》诗之二：“桑麻深雨露，燕雀半生成。”可见，“生成”强调结果，而“生长”强调过程。教育无止境，“生长”更符合教育的真谛。此外，也有“生本教育”的提法。在汉语中，本无“生本”一词，应当是生造词。在“生长”“生成”和“生本”三个词语中，“生长”一词最契合教育的应然状态。

教育学层面的“生长”，最早可以追溯到18世纪，法国启蒙思想家卢梭强调，教育必须顺应儿童天性发展的自然历程。以此为基础，美国著名教育家杜威则旗帜鲜明地提出：教育即生长，教育即生活，教育即经验的不断改组和改造。他在《民主主义与教育》一书中专门列出了“教育即生长”一章。

近代以来，西方教育思想逐渐形成了以卢梭、杜威为代表的儿童本位的儿童成长观。而蒙台梭利、格塞尔等人的观点，对杜威的“教育生长论”既有充实，又在某些方面作了有意义的补充。从20世纪二三十年代开始，一批中国学者开始探索中国化的儿童教育之路，教育家陶行知就是其中之一。1926年，他在《我们的信条》中提道：“教育应当培植生活力，使学生向上长。”可见，陶行知的思想也受到西方以杜威为代表的“教育生长论”的深刻影响，并进行了批判式吸收。

浙江省教育厅基础教育处处长方红峰表示：“我们的育人模式，从‘标准件’转变成了‘基础＋个性’，教育哲学也跟着由‘全班当一个人教’变为‘每个人都当全班教’，教师的角色由‘园丁’转变成了‘土壤’。”[①] 这三句话，形象地概括了未来课程改革的基本走向，以及教师教育方式和教师角色的变化。

新课程标准（2017 年版）落脚在“人（学生）的回归”的理念与“生长理论”不谋而合。叶澜教授说“要让课堂焕发生命的活力”，关注的正是师生生命的生长。追求充满“生长力”的课堂，不但是教育理论界的强烈呼唤，也是当下教育教学的积极实践。在生长式语文课堂中，关键是教师要“交权”让学生自己学。

生长式语文课堂，不但是“生本”的课堂，更是指向“生成”的课堂，是一个不断向上的教学相长的课堂。

第二节　生长式语文课堂核心理念

福建师范大学余文森教授说：“一个教师即使著作等身，荣誉无数，如果缺乏自己的教学主张，从专业上讲，他依然还是一个无‘家’可归的‘流浪汉’。”经过十八年的实践和反

① 基础教育课程改革全面深化：学校个性化发展，教师需一专多能[EB/OL]．（2017－12－19）．https：//thepaper.cn/newsDetail_forward_1912151.

思，笔者提出生长式语文课堂的教学主张：诊断学情，主问题导读，以学生为主体，以教师为主导，以积极的语言实践活动为主线，构建有困惑、有结构、有活动、有生长力（语用力、思维力、审美力和文化力）的语文课堂。可提炼为“三主四有”理念和“语文主问题导读教学法”。生长式语文课堂教学主张有三个理论来源。

一、教育即生长

关于什么是教育，千百年来，中外教育家、思想家都有自己的理解与解释。孔子的“启发式”教育思想、苏格拉底的“产婆术”闪烁着智慧的光芒，柏拉图认为理想的教育是开放的、平等的，亚里士多德提出“教育是为了人的幸福”，夸美纽斯通过其《大教学论》呼唤“教育的平等”，卢梭在《爱弥儿》中倡导儿童中心说，又在《社会契约论》中提出他的平民教育方案。

及至19世纪，杜威从教育自身出发去寻找教育的目的，指出“教育即生长，生长本身就是目的”，“因为生长是生活的特征，所以教育就是不断生长；在它自身以外，没有别的目的。学校教育的价值，它的标准，就看它创造继续生长的愿望到什么程度，看它为实现这种愿望提供方法到什么程度。”① 他强调的“教育即生长”，主动参与，主动生长，言简意赅地道出了教育的本义，就是“要使每个人的天性和与生俱来的能力得到健康生长”。

作为杜威的学生，陶行知先生准确把握中国国情开展教育活动，将杜威理论进行了中国化的改造。1926 年，他在《我们的信条》中提出：“教育应当培植生活力，使学生向上长。”

“人（学生）的回归”是此次新课程改革的重要理念。可以说，这次改革契合了杜威的“教育即生长”理念。笔者提出的生长式语文课堂教学主张中的“生长式”一词，即来自杜威的这一理念。

所谓“生长”，是在学生现有的发展水平上向上生长。苏联心理学家维果茨基的“最近发展区”理论指出：在学生的智力发展中，一直有两种发展水平，一种是现实发展水平，一种是潜在发展水平。在这两种水平之间有一个区域，即“最近发展区”。如果给予适当的教育引导，那么“最近发展区”就会变成“现实发展区”。维果茨基明确指出了教学与发展之间的

---

① 杜威．民主主义与教育［M］．王承绪，译．北京：人民教育出版社，1990：57.

关系，教学促进发展，教学应该走在发展的前面。教学中教师居于主导地位，是学生智力水平发展的促进者。从“现实发展区”到“最近发展区”就是生长，而且是循环往复，没有止境的。维果茨基指出教学的目标，要求我们关注：教学将把学生带到哪里去？学生将会有什么样的提升，发展到什么程度？

如何把握“学生现有的发展水平”？必须“立足学情”，进行学情诊断。美国心理学家奥苏伯尔在《教育心理学》扉页写道：“如果我不得不将教育心理学还原为一条原理的话，我将会说，影响学习的最重要的因素是学生已经知道了什么，我们应当根据学生原有的知识状况去进行教学。”奥苏伯尔指出“学情诊断”的意义，提醒我们：教育教学应从哪里开始？在什么基础上发生？

诊断学情是一切教学的逻辑起点，离开了学情的分析，教学就成了无的放矢，课堂也必将是低效的甚至无效的。所以，没有学情诊断，就没有生长式语文课堂。

二、钱梦龙先生的“三主”理念和“语文导读教学法”

钱梦龙先生是当代语文教育的代表人物之一，他坚守课堂六十多年，众多课例脍炙人口，倡导的“三主”“三式”语文导读教学法对笔者的影响最深。钱先生在《我这样上语文课》

中说："学生为主体，教师为主导，训练为主线，一直是我的教学实践的教学理念，它支配着我上的每一堂课。"笔者一直坚定追随钱梦龙先生的语文教育思想，反复研读钱老的《钱梦龙经典课例品读》，在自己的课堂上不断实践，也取得了一定的成绩。

"学生为主体"是教学的根本立足点和出发点，着眼于学生的"会学"；"教师为主导"则是把教师的作用定位于"导"（引导、指导、辅导），着眼于教师的"善导"。而学生的"会学"和教师的"善导"在教学过程中的互动，必然归于一个"训练"过程："训"就是教师的引导、指导；"练"就是学生的实践、操作；"训练"是教学过程中师生互动的基本形态。钱先生的"语文导读教学法"问世以后，针对其导读训练时有批评之声，这是极大的误读。实践是语文课程的本质属性，而实践必然离不开训练。排斥训练（实践），无异于抽空语文教学的内容。

笔者所提炼的"三主四有"理念和"语文主问题导读教学法"，并非凭空臆造，也不是舶来品，而是扎根于钱梦龙先生的"三主"理念和"语文导读教学法"基础之上。

"三主四有"的"三主"——"以学生为主体，以教师为主导，以积极的语言实践活动为主线"即源于此。用"积极的语言实践活动”替代“训练”，其本质是一样的。

“语文主问题导读教学法”是在钱老的“语文导读教学法”的基础上增加了限定词“主问题”，旨在引领高中语文教学的改革，力求改变教师大量讲解分析的教学模式。课前，在收集、分析学生学习困惑的基础上，整合、梳理出“主问题”，有利于学生从整体上把握教材，有利于学生展开自主学习和探究，同时也能将教学的重难点凸显出来，可谓“牵一发而动全身”，能确保教学任务的有效完成。

钱梦龙先生在 20 世纪 80 年代初提出“三主”理念和“语文导读教学法”，已经过去了三十多年，语文学科教学取得了巨大成就。但时代潮流滚滚向前，不适应、不合要求处，必须跟随时代的要求改革创新。笔者有幸多次得蒙钱老教导，希望站在巨人的肩膀上，往前再跨出一步，哪怕是一小步，终是一种进步。

三、《普通高中课程方案和语文等学科课程标准(2017 年版)》

新课程标准（2017 年版）提出“语文学科核心素养”，主要包括语言建构与运用、思维发展与提升、审美鉴赏与创造、文化传承与理解。其中语言建构与运用是语文学科核心素养的基础，学生的思维发展与提升、审美鉴赏与创造、文化传承与理解，都是以语言建构与运用为载体，并在学生个体言语实践活动中得以实现的。

“三主四有”的“四有”：有困惑、有结构、有活动、有生长力，包括以下几方面的含义。

（1）有困惑的课堂。新课程标准（2017 年版）有 18 个语文学习任务群，其设计充分顾及问题导向。要真正实现学习方式的改变，需开展问题化的学习。从讲授中心的课堂转变为学习中心的课堂，中间有一座桥梁，就是问题化学习。所有的教学必须以学生为主线去设计，必须以学生的问题展开，让学生真实的学习过程能够发生。

孔子的“启发式”教育，让笔者懂得了课堂要围绕“真实问题”展开。通过读《论语》可以发现，孔子总是在和弟子讨论具体问题的过程中解疑释惑，传授其理念和价值观。“不愤不启，不悱不发”，问题激发兴趣、问题促进思考，将教学内容转化为一个个具体问题，让学生带着问题和任务去思考、去研究、去质疑，教师在此基础上对其进行指点、引导。

（2）有结构的课堂。新课程标准（2017 年版）设计 18 个语文学习任务群，每个任务群都有各自的学习目标与内容，彼此之间又渗透融合、衔接延伸。教师可根据学习任务群的特点、学生的学习程度，结合自身的专业优势、教学风格，有创造性地实施教学。并加强课程整合，通过有结构的教学，例如主题阅读、比较阅读、专题学习、项目学习等方式，实现知识与能力，过程与方法，情感、态度与价值观的整合，整体提升学生的语文素养。

现实中的教学往往是碎片化的教学方式，让学生学习碎片化的知识，进行一些碎片化的训练，也就是强化知识点的学习，而不是让学生先把握事物的整体构架，再进行局部学习和研究。这样学生很难建立知识之间的横向联系，只见树木不见森林。

但是，一些有经验的教学水平高的教师往往在每一个学习阶段，就要进行一次主题式教学，让学生认识到知识模块与模块之间的内在关系，让知识形成大的模块，从见树木到见森林，再从见小森林到见大森林，从而达到简约而不简单的教学境界。简约在于展示学生、过程与环节；不简单在于把握学情、研究教材、教学智慧等。

（3）有活动的课堂。新课程标准（2017 年版）界定“语文课程”是一门“学习祖国语言文字运用的综合性、实践性课程”。“语文课程应引导学生在真实的语言运用情境中，通过自主的语言实践活动，积累言语经验，把握祖国语言文字特点和运用规律，加深对祖国语言文字的理解与热爱，培养运用祖国语言文字的能力；同时发展思辨能力，提升思维品质，培育社会主义核心价值观，培养高尚的审美情趣，积累丰厚的文化底蕴，理解文化的多元性。”并设计了 18 个语文学习任务群，以学习项目为载体，整合学习情境、学习内容、学习方法和学习资源，引导学生在运用语言的过程中提升语文素养。这给未来的“语文课堂活动”划出了边界，也指明了方向。

教学过程缺少真实的情境，只是把知识符号化。知识符号是表达知识体系的，如果不将知识体系同生活建立联系，只是背熟、认知、复述知识符号，去对付考试，学生就很难形成核心素养。语文课程应引导学生在真实的语言运用情境中学习。

（4）有生长力的课堂。“有生长”主要是指“语用力、思维力、审美力和文化力”的生长。“语用力、思维力、审美力和文化力”的提法，则分别对应新课程标准（2017 年版）的语文学科核心素养的四个方面：语言建构与运用、思维发展与提升、审美鉴赏与创造、文化传承与理解。新课程标准（2017 年版）要求的主要学习方式为“自主、合作、探究性学习”，关注学生的精神成长，尤其是“语用力、思维力、审美力和文化力”的生长。

金生鈜说：“每一个人在接受教育时，并非仅仅把智力技能投入进去，而是他的所有的完整性，包括他的情感、态度、个性、性格、气质、意志等人之为人的一切。每一个人通过教育也不仅仅获得知识的增长和智力的发展，他获得的是整体的人生经历，是整体的精神。因为任何一个人，不论在接受教育还是进行生产实践时，他都是作为人在活着，就个体精神运动而言，他获得的是整体的精神成长。”①

苏联著名教育家苏霍姆林斯基说：“课是点燃求知欲和道德信念火把的第一颗火星。”让课堂燃烧起来，充满青春与活力，让学生爱上语文课，这是教师最高的追求，“虽不能至，然心向往之”。

生长式语文课堂教学主张的三个理论来源中，理论基石是钱梦龙先生的“三主”理念和“语文导读教学法”。生长式语文课堂最大亮点在于：找到语文教学的根本目的——人的精神生长（语用力生长、思维力生长、审美力生长和文化力生长）。可以说，这是钱老“三主”理念和“语文导读教学法”在新课程标准（2017 年版）背景下的最新发展成果。

理想的教育是化“牵”为“导”，让学生获得主动提出问题的意识和能力，从而研究真问题，解决真问题，获得真经

① 金生鈜．理解与教育——走向哲学解释学的教育哲学导论［M］．北京：教育科学出版社，1997：114.

验。“学生立场应是现代教育的根本立场”，这已经得到越来越多教师的认可与重视。只有用“学生立场”的视界，通过“在学生中”落实，才能达成“为了学生”的教育目标，才能落实核心素养，才能让学习者真正形成适应终身发展和社会发展的必备品德和关键能力，才能让学生具备优秀的语文学习力。

第三节　生长式语文课堂学情诊断路径

——以两次执教《流浪人，你若到斯巴……》为例[①]

新课程标准（2017 年版）中学习任务群的学习方式，主要是自主、合作、探究性学习。学习任务群的设计，旨在引领高中语文教学的改革，力求改变教师大量讲解分析的教学模式。关键是教师要基于“学情诊断”，构建生长式语文课堂。笔者通过两次执教小说《流浪人，你若到斯巴……》（苏教版《高中语文》必修二）一课，从以下三个方面，尝试着去解决这个问题。

---

① 本节内容原题为《基于学情诊断的生长式语文课堂建构——以两次执教〈流浪人，你若到斯巴……〉为例》，发表于《教学月刊・中学版》2016 年第 3 期。有改动。

一、分析学生的“前阅读”，找到生长点

分析学生的“前阅读”，即“课前学情诊断”，通常是指分析学生在进行语文课堂学习前的阅读基础、知识水平与心理发展水平，这是语文课堂教学的现实起点。学生在课前自读中出现的“困惑点”，则是富有教学价值的“生长点”。

小说《流浪人，你若到斯巴……》是一篇运用意识流手法写成的现代派小说，与传统小说风格迥异。此前学生也学过一些小说，不过都颇为简单，并不复杂。第一次教学时，没有做学情诊断，设计了如下教学环节：

1. 课堂导入。

2. 作者简介。

3. 请同学们快速阅读全文，用自己的话梳理小说的大致情节。

4. 我们了解小说“写了什么”，那作者是“怎么写的”呢？(1) 这篇小说，是由谁来讲述的？(2) 小说中的“我”对眼前的战争有怎样的认识？(3) 通过“我”的眼睛，“我”一路被抬向美术教室，在担架上看到了哪些艺术品？(4) 我为什么要用六种字体写“流浪人，你若到斯巴……”？(5)“我”

为什么最后喃喃地说“牛奶！……”？

5. 小说中的“我”是一个悲剧人物，这个人身上，到底有多少矛盾、困惑、痛苦，他的悲剧性体现在哪里？作者想要批判的是什么？（学生自由作答）

6. 一个高明的作者，总是会通过自己的叙述来引导读者，而作者选择的叙述角度实际上就体现了作者希望读者“怎么看”和“看到什么”。海因里希·伯尔希望通过“我”的视角来看，这是一种受限制的有限视角，如果我们换成“他”的全知视角，可不可以？好不好？（学生讨论）

7. 作业：这篇小说采用第一人称“我”的叙述角度，语言有着强烈的个性色彩，请用第三人称“他”转述作品中能打动你的一个片段。

这堂课的教学设计理念是力求有所创新，但在实际教学中，课堂较为沉闷，学生学得十分累，也很无趣。问题出在哪里？课后反思：

1. 教学设计预设过多，整个课堂结构是线性的、封闭的、程序化的，而不是发散的、开放的。课前教师已经设计好了跑道，学生只能沿着既定的路线跑。

2. 课堂没有形成师与生的和谐互动，只有从师到生的单向交流，教师成了课堂的主角，学生只是充当配角。这是一堂站在“教师”立场来教学的课。

一年后，笔者第二次执教这篇小说，上了一堂市级观摩课。课前做了学情调查，请学生先预习全文，并写下自己的“不懂的地方”和阅读后的最初感受。然后收集起来，发现学生的问题比较多，例如：

1. 我对这篇小说感到迷茫，它有太多让我无法了解的东西。为什么着力刻画学校走廊的画像，而不正面写战争或抒情？

2. 这篇小说让我觉得很沉闷、压抑，不知所措。

3. 这篇小说读起来情绪激动，给人一种置身战争中的奇妙感觉，却因此感到这篇小说很是艰涩难懂，就像一个人在死亡之际，描写下来的死亡过程。

4. 比尔格勒是谁？

5. “我”为什么最后喃喃地说“牛奶！……”？

6. “我”为何两次问自己在哪个城市？

7. “我”为什么觉得炮声高雅？这种欣赏口味说明了什么？

8. 看到小型阵亡将士纪念碑的时候，“我”有什么想法？

9. 对炮声和纪念碑的想法来自哪里?

10. 为什么反复出现画上的人的名字? 画上都是些什么人?

这些问题散乱无序，不可能在一堂课里全部去解决。一个优秀的教师要具有两种非常关键的智慧，即解读学生的智慧和解读教材的智慧。通过课前学情的调查，知道了学生已经懂的地方和不懂的地方。剩下的就是“分析教材，在教学内容和学生的认知水平之间建立起有机联系，在学生发展的现实状况和‘最近发展区’之间架起桥梁，在课堂教学的现实起点与可能起点之间架起桥梁”①。据此，在教学设计上作了大的取舍，主要探讨了以下几个问题：

1. 创设情境，导入课文。

2. 在阅读过程中，你有哪些地方读不明白的? 和同学交流交流：(1) 为什么“我”觉得炮声是高雅的? (2) 为什么详细描写学校走廊的环境布置? (3) 为什么以“流浪人，你若到斯巴……”为标题? (4) 为什么“我”最后喃喃地说“牛奶！……”?

3. 作业：请你替伯尔为“我”写一段心理描写，可以选

① 程胜．如何分析学情［M］．上海：华东师范大学出版社，2014：79.

择认出了门房比尔格勒而说出“牛奶”这个瞬间，200 字左右。

这次的教学很成功，课堂上学生的思维活跃，师生互动融洽，讨论高效，是一堂富有语文味的好课。反思这堂课，其成功的原因在于：

1. “教不懂的，不教已懂的”，让课堂有效。余文森教授说：“教师要遵循‘三不教’原则，即：凡学生自己看书能看懂，不教；凡看书不懂但自己想想能弄懂，不教；想想不懂但经过学生之间讨论能懂，不教。通过‘三不教’，实现教学内容主要由学生自己掌握，教学问题主要由学生自己解决，教学目标主要由学生自己达成。”① 教师“教”的有效性需要通过学生的学来审议，无视学情必然导致教学的盲目和低效。

2. 发现“学习需要”，让课堂有趣。兴趣本身不能作为教学的出发点，兴趣背后隐藏着学生的学习需要，而这种“学习需要”才是教学的出发点。要从教学内容的层面，来

① 余文森．先学后教：中国本土的教育学［J］．课程·教材·教法，2015（2）.

认识“兴趣问题”。可依据“学生已经有所体验，但仍感到有疑难”的内容组织学习活动，对学生来说，这便是一项“趣味性活动”。当前的新课改，更加注重语文教学的实践活动本质。

二、关注“学”的状态，激发生长力

传统教学中的“备学生”，逻辑起点是知识而不是学生，“备学生”只是被当作教学设计中的一个环节来认识和处理的，只是关注“课前学情诊断”。随着新课改的深入，对“备学生”有了新的认识：陈隆升、程胜等学者，主张从教学全过程的三个层面来观照。课前学情诊断：侧重知识基础、心理发展水平等方面，是对学生学习起点的分析，是静态的。课中学情诊断：课堂上常有许多意外，不是在备课时都能预判的，教师要捕捉有价值的细节，智慧调整，顺学而教。课后学情诊断：课堂教学的结束并非学情分析的结束，它是学情分析的重要环节，是教师专业成长的助推器。

关注“学”的状态，即“课中学情诊断”，主要是指在课堂教学过程中通过师生互动所体现出来的“学”的基本状态，包括师生问答、小组讨论、班级讨论、独立学习等课堂活动中

“学”的状态。既有学生在课堂上表现出来的外显行为，也指与外显行为相关联的内隐学习状态。

要重视教学过程中学生的课堂反应，及时调整教学节奏。课堂中要有教师的预设，然而更多的是教学中的精彩生成。要重视课堂里的“关键事件”，教师不能对出现的问题视而不见，也不能只停留于问题的表象，而应当认真分析，探讨问题的本质。例如，执教《流浪人，你若到斯巴……》时，笔者和学生之间就“牛奶”问题有以下分析：

五、解读“牛奶”，拓展延伸

小说中的“我”深受军国主义的教育，崇尚战争，渴望成为战争中的英雄。小说结尾，“我”喃喃地说“牛奶”，而没有说与战争有关的其他东西，为什么？

生1：我认为他说牛奶，是因为他虽然接受过战争教育，但是他内心还是对和平有一种渴望，牛奶是他对和平渴望的寄托。

生2：课文第4、5自然段说，三个月前的“他”在比尔格勒的小屋里喝牛奶，当时处在和平阶段，后来他经历了战争。这里可以看出他渴望和平，希望能够再像以前那样。

师（进一步解释）：就是说想念从前那种和平的状态。

生 3：我也觉得是他对和平的向往，对以前宁静生活的回忆，牛奶一方面让他认出了比尔格勒，是他和比尔格勒之间的一种回忆，也暗指了从前那种和平的生活。

师：当然，我们对牛奶的解读有多种。例如，我们还可说当时他口渴了，想要喝牛奶，也是正常的。"'牛奶。'我喃喃地说……""我"可能会说些什么呢？请大家课后根据上下文语境，做些补充。

在这里，学生要理解"牛奶"很困难。文本解读是多元的，但是作者的用意应当是单一指向的，需要对此继续探讨。但是限于执教者的理解水平和学生的能力，在这个问题上还有待进一步探讨，这节课后学生还是对"牛奶"的解读心存困惑。

任何一堂课，从某个角度来说都是难以达到完美的，都会留下这样或那样的些许遗憾。"课堂容量较大，有个别学生提出的疑难问题，没能展开探讨。例如，小说中有关'十字架'的叙述，这里有何深刻寓意，学生不理解。但囿于课堂时间，没能放开让学生去探讨。还有小说中有一新奇比喻，把受伤动手术的我比作'襁褓'，如何理解；小说的叙述视角是第一人称的有限视角，作用何在。这些若能展开，一定会迸发出许多精彩的思想火花。”①

三、评析学习结果，精神生命是否增量

“评析学习结果”，即“课后学情诊断”，主要是指评析学生在语文课堂里的学习结果，即学生通过学习活动实际所形成的行为结果的学习经验。例如，学生的“读后感想”“语文作业”等。从“语文作业”的样本中，常常可以探查到真实而具体的“学情”。

教完这一篇小说后，笔者让学生写了自己的感想。例如，有学生写道：

生1：初读此文，我以为这场战争是正义的，是保家卫国的。可是看到文末才发现，“正义”是一个假象。我跳出主人公的视角——视战争为高雅，并心怀崇敬。我开始感到悲哀，不仅为文中的主人公，更为那些千千万万丧生于战争中的德国民众。我憎恶这虚伪的战争，它如同披着羊皮的狼，明明全身肮脏，却以光彩衣着示人。若仅仅是人们的眼

① 贾桂强．以“学生的解读逻辑”为教学起点——《流浪人，你若到斯巴……》的另一种教学视角［J］//羊刚［点评］也说以“学生的解读逻辑”为教学起点．语文学习，2013（11）．

睛被蒙蔽，或许有朝一日能重见天明，可他们的心已被蒙蔽，等来光明的那一天该是多么远呢？

生2：这是一篇趔趄着从时光的缝口挣脱出来的小说，肃穆的文字无不透着浓厚的历史使命感，宛如前人遗留的诏示，谨以此纪念那些不能忘却的祸患与伤感。小说《流浪人，你若到斯巴……》以第一人称记叙，对画面的聚焦分外注意。通篇而看，从开头到结束不过须臾瞬间，但却夹杂了那么多的情愫。像开头的那种到新环境的惑然，对是否是学校的猜测，以及结尾明白一切的震颤，都令人动容。我看过后极为感伤。战争令所有的人都付出了代价。无论你是侵略者还是被侵略者，战争来临了，你都是要受伤害的。

从这两位学生的读后感中，可以看出，他们能够进入文本，贴着文本解读，而不是贴标签，有自己的真切感受，立体可感。这堂课，学生是有所收获的，也就是说这堂课是有效的。一节课总要让学生情感有触动，认识有提升，语言有积累，思维有发展，文化素养有增长，学生个体生命精神增量。

课后学情诊断，目的在于教师要对存在的问题加以分析，找出合理的解决方案，要与将来的教学实践联系起来，来改进下一次教学。

四、构建可操作的“学情诊断”路径

著名教育家皮亚杰和布鲁纳的建构主义理论，认为课堂教学应注重学生“前认知”，把握学习的起点，注重学生的体验，培养学生的探究和思维能力。依据这一教学理论，基于“学情诊断”，可以构建如下具有可操作性的“学情诊断”路径：

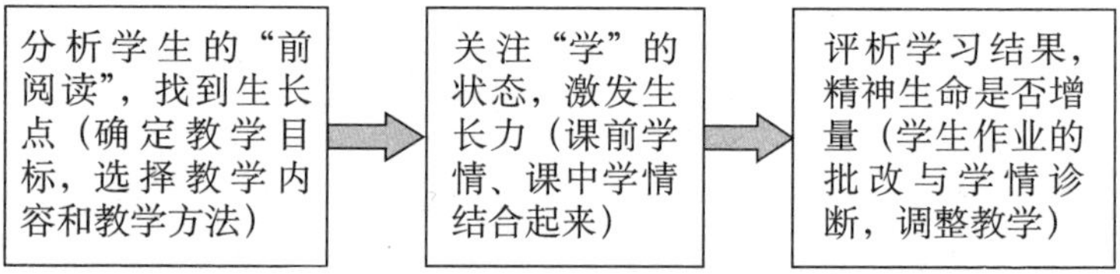

第一个环节是“分析学生的‘前阅读’，找到生长点”，在新课前做好“学情”的调查，可设计问卷，或口头了解，或做“导学案”等。依据“起点状况”，确定教学目标，选择教学内容和教学方法。

第二个环节是“关注‘学’的状态，激发生长力”，把课堂里的学情和教师课前诊断的学情结合起来，不可相互脱节，关注教学的过程，在对话中生成，与他者互动。

第三个环节是“评析学习结果，精神生命是否增量”。教师的教学实践需要按照从第一个环节到第二个环节再到第三个环节的顺序进行。

这三个环节，是动态循环的。例如，根据“学习结果”的反馈，有时需要重新“设计教学目标、选择教学内容和教学方法”，又是一个新的循环。如果笔者第三次执教《流浪人，你若到斯巴……》，便想同学生探讨“‘十字架’的叙述，这里有何深刻寓意”的问题。教案不是定案，教师应随着课堂上学生的思维变化而改变教学策略，时刻体现出“以学生为主体，教师为主导”的教育理念。这三个环节有机结合，构成一个可操作性的动态的“学情诊断”路径，所形成的课堂，是流动的、生成的，充满着智慧，散发着朝气。

“学情诊断”是整个课堂教学结构的逻辑起点，也是课堂教学的发展点——指向学生的“精神生命”增量。学生的“精神生命”实现增长的是有效课堂，反之则是低效的甚至无效的课堂。陈隆升说：“确立以‘学’为出发点的教学视角，实际就是语文课堂的转型，这是语文新课程改革的最终期待。”[1] 我们也期待，课堂教学的视角，不单是教师的立场，更多的是学生的立场。

---

① 陈隆升．语文课堂“学情视角”重构［M］．上海：上海教育出版社，2012：5.

第四节　生长式语文课堂文本解读路径

通过调查，我们发现语文教师备课中的文本解读存在着一些问题。一是过程倒置。不是先阅读文本，而是先阅读教学参考和各种资料，然后再阅读文本，甚至根本不阅读。二是有人无己。备课时会较多地甚至是大量地阅读包括教学参考书在内的相关资料，却没有自己的阅读体验，更没有自己的见解。三是僵化少变。一旦形成了对文本的某种认识，就很难改变，凡是有新的说法，一律不愿接受。教师的不当解读，比如脱离文本、随意解读等问题，也使得学生不会解读，导致学生高考阅读题得分较低、学生对当前的文学文本教学满意度不高等。

我国古代先贤围绕文本提出了至今都有着重要意义的解读主张，比如孟子的“知人论世”“以意逆志”等，这些文学批评方法根植于我们的文化传统之中，又在不同的时代背景下以新的形式呈现出来。后来，当西学东渐以后，特别是当 20 世纪西方哲学实现了语言学的转向，在解释学、阐释学的推动下，文本解读进入了一个无比繁荣的时代。从宏观上看，文本解读主要有三个向度：“以作家为中心”“以文本为中心”和“以读者为中心”。

钱梦龙先生说："解读文本是一件最能显示语文教师'功力'的活儿。从某种意义上说，一篇课文教什么、怎样教、是否教到点子上、能否让学生真正受益，很大程度上取决于教师解读文本的功力。"目前，如何在操作层面上去实践这一点非常关键和迫切。程道明在《高中语文文学文本解读研究》[①] 中用简约的文学理论指导高中文学文本阅读，以寻求"原理-文本"的互证互释规律，使高中文学教学实现理论和实践的自觉。程尚的《高中课本中鲁迅小说的文本解读与对策》[②] 主要针对高中课本中鲁迅的小说提出解读策略。黄厚江在《文本解读的尊重和超越》[③] 中，指出适度解读的策略：一是凸显阅读主体和尊重作者的统一；二是倡导多元解读和尊重文本客体的统一；三是文本解读的教学需要和尊重学生实际的统一。徐聪在《探寻文学类文本解读的途径和方法》[④]中提供了解读方法：文学类文本的解读应遵循工具性和人文性统一的原则，从语言

---

① 程道明．高中语文文学文本解读研究［D］．南京：南京师范大学，2004.

② 程尚．高中课本中鲁迅小说的文本解读与对策［D］．武汉：华中师范大学，2008.

③ 黄厚江．文本解读的尊重和超越［J］．语文教学通讯·初中，2015（2）.

④ 徐聪．探寻文学类文本解读的途径和方法［J］．教育评论，2014（6）.

入手，抓住关键词句，分析情节、梳理层次、概括内容、把握形象，并通过了解作者和写作背景，整体把握作品内容和形象意义，明确文本题旨。孙绍振先生在文本解读上，取得了巨大成就，他提出的“比较还原法”，不仅形成了系统的理论，而且在教学实践中得到运用。还有英美“新批评”理论，把批评的视角从“作家”带到了“文本”，把“结构”“语义”作为研究的重点。它的核心主张通过“细读”彰显出来，今天的高中文学文本读什么、怎么读等问题可以从英美“新批评”理论中汲取养分。

目前，我们对文本解读的认识，繁杂凌乱，让一线教师茫然，无所适从。新课程标准（2017 年版）“学习任务群 5——文学阅读与写作”，指出研读方式为“自主阅读、讨论、写作、交流”。至于如何阅读，则需要给学生一些可操作的路径。笔者在近二十年的教学实践基础上，尝试构建“四维八径”的文本解读模式，希望给学生提供一些智力支持。

一、文本解读的四个维度

前不久，围绕韩军老师教学的《背影》，语文界展开了激烈的争论。批驳的一方认为，韩军老师从《背影》中细读出“生与死”“生命的脆弱和短暂”，是将语文课上成了生命课、政治课，并不符合《背影》的原意，认为《背影》就是写“父与子”“儿子对父亲怀念、感恩、愧疚”的；韩军老师则以自身感受和温儒敏教授等的评价为例，说明自己对《背影》的细读有理有据，完全正确。其实，这场论战反映了语文文本解读一直存在的难题，就是文本解读的标准到底是什么？什么样的解读是正确的？什么样的解读是越界的？这是许多语文老师一直困惑的问题。而造成这样的困惑，又与文本解读多年来一直缺乏可操作的路径与标准有关。

在中学语文教学一线，文本解读常常指向文本、编者、作者、读者四个维度。关于这四个维度之间的逻辑关系，杨帆老师认为：“这四者之间是‘一主三辅’的关系，更具体地说，文本本意是解读的基础，编者立意是解读的方向，作者原意是解读的参考，读者会意是解读的补充。只有遵循这样的逻辑关系和解读原则，才能对文本进行科学、合理、准确的阐释。”① 这给我们的文本解读提供了整体的合宜框架，让解读有了一个看得见的边界。

1. 文本本意是文本解读的基础

解读时，文本自身表述了什么，传达了怎样的情感和意

① 杨帆．文本解读四个维度间的逻辑关系[J]．中学语文教学参考，2016(10)．

义，是理解文本最基本的依据。要仔细阅读文本，紧扣文本中的具体表述，咀嚼富有意蕴的语句，思考文本字里行间到底在表现、传递什么。当下，文本解读常见的误区就是“抽出而讲之”。叶圣陶先生当年针对把语文课教成了政治课和文学课，曾提出一个经典原则，叫“不可抽出而讲之”，即对课文的解读必须还原到文本中去，不可脱离文本随意发挥。但是这种现象时至今日仍不鲜见。其表现主要有两种：一是抓住文中的零散表述，脱离文本做随意联想；二是不紧扣文本，抓住只言片语就生发感悟，并从文外找出依据来解释文本，证明观点。

陈日亮老师认为：“讲解课文，放进文本中讲，还是抽出文本外讲，是区分是人文熏陶还是人文说教，是工具性和人文性的相互统一还是彼此剥离，是语文课还是非语文课的唯一分水岭。”此种对于脱离文本的弊端的分析可谓一语中的。“新批评派”的代表人物威廉·K. 维姆萨塔和罗蒙·M. 比尔兹利认为追求“作者原意”会产生“意图谬见”，他们明确指出：“就衡量一部文学作品成功与否来说，作者的构思或意图既不是一个实用的标准，也不是一个理想的标准。”他们确信，作品一旦写出，就脱离了作者而具有独立的意义，把解读规定为探究作家本人的意图显然十分荒谬。但是，由于“新批评派”把文本的意义完全限定在文本里，割断了文本与作者、社会、时代的联系，也就注定了文本中心论的最终衰落。

2. 编者立意是文本解读的方向

文本解读是针对特定的教材文本进行的解读，而教材文本是许多专家学者呕心沥血的结晶。某一篇文本放进哪一个单元（专题），怎样进行教学，编者都做了深入的思考和合宜的安排，有些解读混淆了普通文本和教材文本的区别。

3. 作者原意是文本解读的参考

当对教材文本出现不同的理解和感悟时，作者原意是一个非常重要的解读参考。作者中心论认为文本解读应当从“作者维度”出发，挖掘作者的创作意图，找出文本和作者之间的关系。这是长期以来人们一直认为天经地义的正确的文本解读观。作者中心论的代表人物、德国著名哲学家施莱尔马赫认为，文本的意义“只能通过重构作者的心理过程而被确定”。他认为解读文本的过程就是重视作者创作心理的过程，只有重视了作者的创作心理，才能找到解读文本的本源。即读者要由当前的阅读心态转向作者的创作心态，尽可能摆脱阅读作品时的主观判断，以内心的空白向文本敞开，这样才能把握作品或者作者的原有意义。而这种客观存在的作者原意，才是评判作品解读是否准确的依据，其他对文本意义的解读都是不当的。正如卡西尔所说：“从某种程度上可以说，如果不重复和重构一件艺术品借以产生的那种创造过程，我们就不可能理解这种艺术品。”

4. 读者会意是文本解读的补充

20 世纪 60 年代开始，随着接受理论、读者反映批评等美学思潮的兴起，“读者中心”解读方式开始引起重视。“读者中心”把解读的关注点从文本转向了对读者的分析。接受美学的创始人、德国著名哲学家姚斯认为：“在作者、作品与读者的三角关系之中，读者绝不仅仅是被动的部分，或者仅仅做出一种反应，相反，他自身就是历史的一种能动的构成，一部文学作品的历史生命如果没有接受者的积极参与是不可思议的。因为只有通过读者的传递过程，作品才能进入一种连续性变化的经验视野。”也就是说，文本的生命是作者给予的，作品的意义由读者创造和延伸，读者才是解读文本意义的最终力量。“读者中心论”的文本解读观给文本解读带入了一股清新之风。

文学的真正价值和生命就在于读者对其做出了永无止境的多元解读，能产生出一个个染上个体独特生命特征的文本意义。所以说，文本常读常新，正是读者的不同会意构成了文学解读五彩斑斓的世界。

面对不同的学生会意，教师要发挥主导作用，客观分析一下：学生的会意主要分为几类？哪一类最贴近文本、符合教材选编意图，能得到大多数人的认同，哪一类只是学生个人独特的阅读感悟？在这些独特的阅读感悟中，哪些能自圆其说，哪些则完全偏离文本甚至错误？对于第一类，应该将其作为文本本意，明确支持、集体采纳并作为教学重点；对于自圆其说的，给予鼓励和赞赏，以不断培养学生的创造思维和求异思维能力，激发学生的语文学习兴趣，但并不能在课堂上专门费时研讨，因为这不是课堂教学的重点，它只是理解文本的补充而已；对于偏离文本甚至错误的，则必须要明确指出，以培养学生正确的阅读文本、鉴赏文本的能力和方法。但随之而来的问题也有目共睹，就是对文本的理解滑向了一种完全的主观和无序，很多偏颇和错误泥沙俱下，影响了文本解读的准确和质量。在多年来不断的碰撞、交锋、融合过程中，大家逐渐意识到，最合理、最准确的文本解读应该是作者、文本、读者的共同参与。

语文老师要想准确进行文本解读，就应当树立“一主三辅”文学解读观，即以文本为主体，以作者原意、编者立意、读者共意为辅助，四者共同参与，相互补充，构成准确合理的文本解读标准。

二、文本解读的八条路径

1. 从“版本校勘和词义考据”入手，考释“误读处”

现行高中语文教科书中的文言文篇目，都是优秀的古代文学作品。但在漫长的流传过程中，同一作品必定有许多不同的版本。无论是哪一种文学批评方法，都会面临版本精确所指的问题。解读古代作品时，我们一般会去寻找一个可靠的版本。沃尔夫冈·凯赛尔说：“一个可靠的版本，我们可以下这样的定义，就是一个能够代表作家意志的版本。”① 古代作品的可靠版本一般来说是那个最古、最真的版本。而现代作品，其初刊本、修改本和定本都应当是可靠的版本，因为它们代表了作家不同时期的意志。这些版本有优劣高下之分，故选入教材和词义注解时应慎重。

2. 从“关键词”入手，理解文本内涵

英美“新批评”注重文本中“关键词”的分析，主要依据某些词语出现的频率进行研究，将其罗列出来，加以理性的分析，揭示其隐蔽的内涵。这些关键词往往与文本的主题、人物形象的品格和文本的寓意有关。可参看笔者的一篇文章《解读小说〈远和近〉的五个关键词》②。

3. 从“矛盾处”入手，关注空白、矛盾，主要运用孙绍振先生的“比较还原法”

孙绍振先生说：“许多文本分析之所以无效，原因在于，

---

① ［瑞士］沃尔夫冈·凯赛尔．语言的艺术作品［M］．陈铨，译．上海：上海译文出版社，1984：23.

② 贾桂强．解读小说《远和近》的五个关键词［J］．语文月刊，2016（7）.

空谈分析，实际上根本没有进入分析这一层次。分析的对象是文本的矛盾，而许多无效分析，恰恰停留在文本和外部对象的统一性上。文本分析的无效之所以成为一种顽症，就是因为文本的内在矛盾成了盲点。”

依据孙氏解读法，可以依此解读。第一，艺术感觉的“还原”。面对形象，在想象中，把那未经作家情感同化、未经假定的原生的形态，想象出来，找到其间的差异，构成矛盾，然后加以分析。第二，情感逻辑的还原。艺术家的情感是绝对化的，可以违反矛盾律、排中律、充足理由律。要把理性逻辑和情感逻辑加以区分，比较其不同。第三，价值的还原。要欣赏艺术，摆脱被动，要善于从艺术的感觉、逻辑中还原出科学的理性，分析其矛盾处，找到情感的审美价值。第四，历史的还原和比较。抓住不同历史阶段中艺术倾向和追求的差异，还原到时代背景中。第五，流派的还原和比较。要真正理解经典文学作品的历史发展，必须分析不同流派的艺术差异。第六，风格的还原和比较。任何审美情感都是不可重复的，但艺术形式和流派却是在不断重复的。

我们不仅要善于从看来相同的作品中看出相异的地方，而且要善于从看来相异的作品中，看出相同的地方。

4. 从“结构”入手，提炼“微主题”，避免解读碎片化

英美“新批评”理论重视文本的结构分析。兰色姆的“构架-肌质”和布鲁克斯的“有机整体论”充分说明了这一点。高中文学文本解读中，我们可以从文本的结构入手，即从作品的情节、主题及逻辑线索等方面进行解读，帮助我们厘清文本的主要线索。还可以提炼“微主题”，进行整本书阅读。例如，《传统文化经典的现代转化与创新——以文化经典〈论语〉整本书拓展阅读为例》① 中，笔者提炼出八个微主题：志于道、据于德、依于仁、循于礼、游于艺、博于学、守于中、知于命。

5. 从“文体”入手，教好“这一篇”

文本解读，要分文体作具体读解。例如诗歌，也要从读解“这一首诗歌”入手，积累共通的方法来，并重在“意象”的解读。教师在对文本进行教学化解读时，不但要考虑某一篇课文作为类的共性特征，更要把握其个性特征，让每一篇各具特色的文本在教学内容的确定上也能有其个性魅力。否则，教散文就都是形散神不散、托物言志、借景抒情…… 教小说就都是人物、情节、环境…… 这样就可能会导致一种固定的、模式化的乃

① 贾桂强．传统文化经典的现代转化与创新——以文化经典《论语》整本书拓展阅读为例［J］．教学月刊·中学版，2017（4）.

至千篇一律的教学内容，那我们的语文教学该是何等地枯燥无味！

6. 从“作者”入手，知人论世，以意逆志

探寻、界定文本作者的原意并非易事。有时会概念化、片面化解读作品，似乎凡是杜甫的诗歌，就一定是忧国伤时的。“知人论世”运用须恰当，否则细读文本时，容易走向公式化并得出错误结论，在实际的教学中我们也容易走向历史考据与索引，对学生“语言文字运用能力”这一核心素养的提高就少了帮助。

7. 从“学情”入手，了解学生阅读中的困惑处

文本解读的主体是谁？在教学场，主要是教师和学生。但是文本的解读者，还有历史上的所有阅读者，他们的解读也是要参考的。教学一个新的文本时，教师常先读文本，要有自己的初步解读。要思考一下，这个感悟是我自己的感悟，还是其他人阅读后可能共有的感悟？如果只能确认是自己个人独特经历的阅读结果，则不能把这个阅读结果强加给别人。

要区分好社会文本和教学文本的解读区别。分成三种情况：第一种是教师“个人意义”的解读基本等同于学生的普遍解读，师生解读的结果基本一致，这个解读结果在教学中当然是正确的并可以传授的；第二种是教师“个人意义”的解读和学生的普遍理解之间有深浅之别，学生一开始并不理解老师的解读，但通过教师富有阶梯性的引导、提问、对话，最终学生

可以理解教师的解读；第三种情况是教师的解读完全是自己的，只与自己的经历和体验有关，这时把自己认为正确的解读强加给学生，就是错误的，没有考虑到教学要求和学生学情。

学生在裸读文本时，有哪些地方不懂，无法解读，这是我们在教学时首先要关注的。备一篇课文，就要写一篇“贴着学生”的赏析文章。要了解学生的困惑之处，罗列出来，挑选主要的问题，进行文本教学设计。对各类文本的细读，应该基于和符合学生的阅读实际，能够用它去指导学生的阅读实际，使之具有“生长性”。

8. 从“编者”入手，让解读有方向，命题有边界

编者对教材文本的思考和安排基本代表了对该篇文本理解的主流认识或最高水平，所以，编者立意在文本解读时必须得到尊重，尤其是在出现解读分歧时，它是需要考量的重要方向。有些解读混淆了普通文本和教材文本的区别，混淆了文学阅读和教学解读的区别，混淆了日常阅读“个人意义”和教材解读“普遍意义”的区别。

韦勒克和沃伦的《文学理论》一书在文学理论发展史上占有重要的地位，作者在其中提出了“内部研究”和“外部研究”的文学研究分野。这种文学理论的论述为文学研究提供了新视野。当前高中语文文本多的是外部解读，缺少内部解读。因此，

在具体的语文教学过程中，对学生进行文学文本的解读教学的时候，应该先抛弃作者的个人生平和时代背景介绍，而是先注重以文本为主的解读，当文本解读到死角的时候，再考虑通过从作者的个人生平和时代背景揣测作者的写作意图的路径来解读文本。

在“四维八径”文本解读框架中，这“四维八径”之间不是散乱无序的组合，而是有内在逻辑联系的。从“学情”入手，是文本解读的逻辑起点，也是教学的逻辑起点。文本解读成果转化的关键，是要由教师的解读视角，转化为学生的角度，从学生的理解水平出发，去发现存在的困惑，加以突破，从而提升学生的理解水平，提高学生的文学鉴赏能力。

第五节　生长式语文课堂教学设计路径

——以《〈论语〉选读》教学为例①

从 2006 年 11 月起，语文出版社版《〈论语〉选读》作为选修教材全面进入浙江省高中语文课堂。《论语》本是零散的语录体散文，篇与篇之间没有严密联系，只是大致以类相从，

① 本节内容原题为《让课堂走向“有序”“有趣”“有味”——〈《论语》选读〉教学内容重构》，发表于《读写月报》2013 年第 9 期。有改动。

教材编者将原本无序的语录辑成相对有序的教材内容。然而，在实际教学中普遍存在着逐句分析、照本宣科的问题，课堂变得“无序”“无趣”“无味”！

课堂教学不应只是“教教材”，而应当是“用教材教”。“‘用教材教’的关键，是我们‘教什么’，而这需要我们联系具体的教材作具体的分析。”① 从教材内容到成为“教学内容”，要经过必要的转化过程，就是对教材内容进行处理、加工、改编乃至增删、更换。

当前，新课程标准（2017 年版）正式颁布并推行，其最大亮点是“语文学习任务群”的设计。“语文学习任务群”以任务为导向，以学习项目为载体，覆盖历来语文课程所包含的古今“实用类”“文学类”“论述类”等基本语篇类型，整合学习情境、学习内容、学习方法和学习资源，充分顾及问题导向、跨文化、自主合作、个性化、创造性等因素，关注语言文字运用新现象和跨媒介运用的新特点，引导学生在运用语言的过程中提升语文素养。关键是在教学中，如何做到以学情为教学的逻辑起点，要构建“有困惑”“有结构”“有活动”“有生长力”的课堂。

---

① 王荣生，等．语文教学内容重构［M］．上海：上海教育出版社，2007：27－28.

一、《〈论语〉选读》教学，需“有困惑”

《〈论语〉选读》中的困惑，是课本虽然附加了参考译文，但许多地方意译较多，甚至比较抽象，不能解决学生在语言文字上的全部困难。这里需要老师多作一点深入研究。《〈论语〉选读》教材主编张万彬说：“《论语》研究成果可谓汗牛充栋。由于《论语》语言简略，有些语句历来就有不同理解。以《论语》为主要内容的教材，在正与误层面一般不应该出现大问题，难点在于对已有成果的选择和处理如何做到最优。对选读本而言，还有主题设计和原文选择组织等问题。在这些方面，我们渴望多多听到老师们的声音。我们拟在大家意见的基础上对教材教参重新进行校读订正，争取在短时间内拿出一个更为完善的本子来。”在教学《〈论语〉选读》的过程中，教材在字音、翻译、标点等方面，均有可以商榷的地方。例如《〈论语〉选读》第一课《为政以德》有两个地方有待改进：

一是，（子）曰：“为政以德，譬如北辰。”［参考译文］孔子说：“运用道德来治国理政，就好像北极星一样。”其中“以德”在原文中做状语，“以”是介词，而不是动词。“用”可做介词，而“运用”则是动词。所以这一句应当翻译为：“用道德来治国理政，就好像北极星一样。”

二是，又如《季氏将伐颛臾》中“是社稷之臣也，何以伐为?”［参考译文］“是国家的臣属，为什么要讨伐它呢?”其中“是”，在原文中，作指示代词，应当译成“这”。在杨伯峻《论语译注》中，这句翻译成“这正是和鲁国共安危存亡的藩属，为什么要去攻打它呢?”这一句，翻译为“这（是）国家的臣属，为什么要讨伐它呢?”更准确。

第十课《诲人不倦》有一个地方有待改进：教材第53页注释①［如切如磋，如琢如磨］：切，切削，加工玉器的方法；磋，磨，加工象牙的方法；琢，雕刻，加工骨器的方法；磨，加工石器的方法。其中“切”和“琢”解释均有误。查《故训汇纂》，有：“切，治器之名。《尔雅·释器》‘骨谓之切’郭璞注。”又有：“切，治骨也。《玉篇·刀部》。”① 关于“琢”，查《故训汇纂》，有：“《说文·玉部》：‘琢，治玉也。从玉，豖声。’”又有：“琢，治玉也。《尔雅·释训》‘如琢如磨’陆德明释文、《说文·玉部》、《玉篇·玉部》、《广韵·觉韵》。”②

---

① 宗福邦，陈世铙，萧海波．故训汇纂［M］．北京：商务印书馆，2003：218.

② 宗福邦，陈世铙，萧海波．故训汇纂［M］．北京：商务印书馆，2003：1454.

孙钦善《论语注译》[1]、杨树达《论语疏证》[2]、钱穆《论语新解》[3] 均注释有："治骨"为"切"；"治玉"为"琢"。教材的注解可以修改为：切，切削，加工骨器的方法；琢，雕刻，加工玉器的方法。

全书类似的词义解释不够精准之处，还有多处。《论语》是语录体的书，其文言式的口语虽然看起来很浅显，但是由于它是面对面的对话交流，所以省略的内容颇多，语言呈现出跳跃的特点，且很多词语在现代汉语中已经无迹可寻了，在文言文的翻译上存在着诸多不便。在研读过程中，关键是要找到学理上的依据，可以参考何晏等集解的《论语注疏》、朱熹的《四书集注》、刘宝楠的《论语正义》、杨伯峻的《论语译注》、钱穆的《论语新解》等。

二、《〈论语〉选读》教学，需"有结构"

常听老师说："《〈论语〉选读》教材，课与课之间内在逻辑不清，上课需要对内容重整。前四课讲政治主张与实践，第五课至第九课讲修身，第十课至第十三课讲学习与教育，后两课

① 孙钦善．论语注译［M］．成都：巴蜀书社，1990：11.
② 杨树达．论语疏证［M］．南昌：江西人民出版社，2007：22.
③ 钱穆．论语新解［M］．北京：生活·读书·新知三联书店，2002：20.

讲哲学。虽然每一课基本上是按一个主题去编排，基本同类的课文也是组合在一块，但是从‘政治主张与实践’到‘修身’，再从‘学习教育’到‘哲学’，它们之间还是缺乏一定的逻辑联系。”

（一）《〈论语〉选读》教学，需“整体有结构”

《浙江省普通高中语文学科教学指导意见》（2012 年版）规定了十课为讲读课文，另外五课为自读课文，学有余力的学生可在课外自学。十篇讲读课文，教材编者是按“政治”“修身”“学习与教育”和“哲学”四个主题依次编排的。编者在“前言”中说：“上述分类（四个主题）只是为了阅读上的便利。”编者分类的标准是“阅读上的便利”，但从实际的教学来看，这样的编排顺序并不利于学生的阅读。

第一，不符合学生的认知规律。人都是先从认识自我开始的，只有自身完善了，才能帮助他人，进而造福社会。人的认识总是由浅到深，由少到多。而教材编排的顺序，先谈政治，然后修身，然后学习与教育，由难到易，由深到浅，很不科学。

第二，不符合新课程“让学生体验探究”的理念。教材要尽量“学本化”，让学生感兴趣，最好的方法是从学生的平常生活入手。笔者在教学中发现，学生特别喜欢“学习与教育”主题里的选文，例如《诲人不倦》；也喜欢“修身”主题里的选文，例如《君子之风》。这些都是关乎个人的，贴近学生的生活，他们很容易进入一个熟悉而亲切的语境中。但是先从“政治”谈起，学生对此很陌生，因此难以融入其中，这挫伤了学生研读《论语》的兴趣。

《论语》的开篇并非谈“政治”，而是讲“学习与教育”。古人一贯主张“修身、齐家、治国、平天下”四个阶段，为什么传统儒家将“修身”放在首位呢？这是有学理依据的，至少符合人的认知规律。在实际教学中，2009 年，笔者给学生上《〈论语〉选读》，借鉴古代教学的经验，打破原有的教材编排顺序，构建了《〈论语〉选读》新的教学顺序，称之为初级版（1.0 版本）：

一是先用了近四个课时，学习教材附录一《史记·孔子世家》。例如：讲些孔子妻儿的趣事，在孔子 19 岁时，家人给他选聘下了亓官氏。亓官氏后来生下了儿子孔鲤和女儿孔娆。孔鲤因其诞生时鲁昭公赐孔子一尾鲤鱼而得名，字伯鱼。后世孔氏子孙讳鲤鱼而称之为“红鱼”，祭祖时不用鲤鱼而用鲫花鱼。这些破除了孔子的迂腐形象，激发了学生兴趣，让学生感觉到孔子身为人夫、人父，不乏儿女情长，是可以接近的。

二是讲完《孔子世家》，然后学习《高山仰止》和《诲人不倦》两课，以便学生更真切地走近孔子，感受他们融洽的师生情谊。任何教育，都有一个或潜在或外显的教育目标。孔子培养学生的最终目标，就是成为一个德才兼备的君子。君子具有怎样的品格呢？带领学生走进《君子之风》。如何修炼成为君子？走入《克己复礼》和《仁者爱人》以及《周而不比》三课。君子不但要独善其身，还要兼济天下，与学生一起感受君子的理想：《沂水春风》《为政以德》《知其不可而为之》三课。无论“独善身”还是“济天下”，都要中行、正直，不走极端，能明辨是非，体悟孔子的哲学沉思——《中庸之道》。

三是，作为一种拓展，给学生介绍了中国儒学产生与发展的全过程，主要参考《中国儒学发展概述——关于语文版选修〈《论语》选读〉“附录”的增补》[①]。让学生了解儒学的历史演变，能客观地评价儒家学说的社会历史意义及其未来的发展趋势。

按照新的教学顺序讲下来，学生觉得《论语》不再是高不可及的，而是我们日常生活中处处可以学以致用的，有一种成就感，课堂也变得“有趣”“有味”了。但是，还可以再进一步深化。

原美国联邦教育署署长马兰（Marland）博士提出“所有的教育都是或都将是生涯教育”，也就是说教育的目的是促进人一生的发展。我们要超越功利的层面，着眼于学生一生的发

① 贾桂强．中国儒学发展概述——关于语文版选修《〈论语〉选读》“附录”的增补［J］．语文学刊，2010（1）．

展来规划课程。

据调查，大多数学生在认真阅读《论语》之后，最大的感受是：全书都是一些散乱的道德箴言，有时说得颠三倒四。如何让学生从整体上把握全书，作为教师，必须先要读通这本书，捋出一条清晰的线索来。笔者经过多年研读，找到了一条合于学理的清晰线索，将《论语》全书梳理出了一个总纲，开发出校本选修课程——“《论语》博客：卓越人生八项修炼”。

这个总纲，来源于孔子的一段话：“子曰：‘志于道，据于德，依于仁，游于艺。’”（《论语·述而》）一个人有理想，有道德，有仁心，则他的立身有依据，处世有方向。有了这一前提，再谈论“艺”（一般学者解释为“六艺”，即礼、乐、射、御、书、数）才有价值和意义。《述而》中的这段话可谓“孔子倡导的人生大纲”。立足学生个人发展，围绕如何成就卓越人生，笔者在“这一人生大纲”中，又增添了四项内容：循于礼，修于己，守于中，知于命。笔者结合《论语》中的经典名句，重新组合，一到八单元为课内研修模块：

第一单元　志于道：卓越人生（3 课时）

第二单元　据于德：知行合一（2 课时）

第三单元　依于仁：厚德载物（2 课时）

第四单元　循于礼：凡事有方（3 课时）

第五单元　游于艺：养浩然气（2 课时）

第六单元　修于己：完善自我（2 课时）

第七单元　守于中：亢龙有悔（2 课时）

第八单元　知于命：敬天顺道（2 课时）

从 2006 年开始，笔者开发并开设选修课程"《论语》博客：卓越人生八项修炼"，指导学生进行《论语》拓展阅读，经过近十年的教学实践，又开设了十一期《论语》精读选修课程班。有 400 多名学生先后参与听课学习，有多篇学生的读后札记在校报上发表。这一选修课程，在十年间先后获以下荣誉：湖州市第二批普通高中精品选修课程；浙江省第四批普通高中推荐选修课程；第三届"真爱梦想杯"全国校本课程设计大赛三等奖。2015 年 8 月，笔者将近十年的研究成果，提炼成书——《〈论语〉新解：卓越人生八项修炼》（杭州：浙江教育出版社，2015）。

是否可以将《论语》选修课程开发中建构的体系移用到课内的《论语》教学中来？2016 年，笔者尝试以下的安排，取得比较好的效果，构建了《〈论语〉选读》新的升级版的教学顺序，可以说是升级版（2.0 版本）。

第一单元：志于道：卓越人生（1. 沂水春风；2. 待贾而沽；3. 知其不可而为之）（个人理想）

第二单元：据于德：知行合一（4. 为政以德）（身正令行）

第三单元：依于仁：厚德载物（5. 仁者爱人；6. 君子之风）

第四单元：循于礼：凡事有方（7. 克己复礼；8. 出辞气远鄙倍）

第五单元：游于艺：养浩然气（9. 学以致其道；10. 高山仰止；11. 诲人不倦）（教学相长）

第六单元：修于己：完善自我（12. 求诸己；13. 周而不比）（严于责己，宽以容人）

第七单元：守于中：亢龙有悔（14. 中庸之道）

第八单元：知于命：敬天顺道（15. 敬鬼神而远之）（面对人生中的挫折，需乐观处之，也可以说是一种生命教育，应珍惜生命）

人有了“梦想”，就要努力奋斗，要做到知行合一，在前行的路上要“依于仁”“循于礼”，还要“游于艺”，一路上离不开“修于己”，为人处世不能走极端，要学会“守于中”，最后也许拼尽全力，依然梦想落空，要学会“知于命”“乐天顺道”。这样的教学，有较强的连贯性，一条线到底，很集中，符合学生认知规律。活动目标也很明确，就是：立足学生的个人发展，成就卓越人生。一部《论语》，千言万语，大要只在教人做人！

（二）《〈论语〉选读》教学，需“篇内有结构”

《论语》的组合形式是“篇”，每一篇都由许多相对独立的段落组成，如何将这些相对独立而支离零散的章节连缀成文，对任课教师来说是个极大的挑战。而且每一篇之中的每一章所包含的丰富思想正如一个个散落于盘中的珠玉，这就需要一根绳子将其有机地串联起来，这根绳子是什么，怎么穿，都在挑战教师的能力。根据平时文言文教学的习惯，遵循选修课程的教学目标，在实践中，可尝试从以下四个维度来重构其教学内容。

1. 围绕文眼，重构文本

所谓文眼，就是在把握文本基础上提炼出来的关键词。

例如，讲授《仁者爱人》一课时，可以用“仁”为文眼来重构教学内容：(1) 什么是“仁”?（孝悌乃仁之本。）(2) 为什么要追求“仁”?（春秋末期，礼崩乐坏，人们开始重视人的作用，孔子因此提出仁的思想，强调自我道德修养。）(3) 怎样去实践“仁”?（问人不问马、见丧不吃饱、导盲尽其道、待人必作趋、子钓而不纲、推己及人。）(4)“仁”的最高境界是什么?（博施于民而能济众。）

2. 围绕主题，重构文本

所谓“主题型教法”，就是要求教师在教学过程中能提炼出每一章的主题，力求把本章每一段根据主题串起来，使之前后相连贯，尽量避免逐条讲述，使学生对主题的内涵形成比较完整的认识。当然，必要时教师也可根据主题有所拓展，补充与之相关内容。例如，讲授《为政以德》一课时。林忠港老师认为：“《为政以德》一课，可以‘是什么—为什么—怎么样’来重构教学内容：（1）什么是‘为政以德’？（2）为什么要‘为政以德’？（大禹、后稷有德而有天下。）（3）怎么样‘为政以德’？（以德导民、以德教民、取信于民、节用爱民、藏富于民、正己以正天下、服人而修文德。）”

从“是什么”到“为什么”再到“怎么样”三个维度来重构该课的教学内容，其实就是将“为政以德”的主题含义贯穿到各章节中去，让学生在整体上获得认识。

3. 围绕行为，重构文本

做一件事，一般要思考以下内容：为什么做，谁去做，做什么，在什么时候做，怎样做。依据这些要素，可以用来构建相对完整的教学内容。

例如，讲授《诲人不倦》一课时。可以按照“原因—对象—方法—结果”的逻辑顺序来重构教学内容：（1）为什么要诲人？（性相近也，习相远也。）（2）诲哪些人？（有教无类。）（3）怎么诲人？（启发诱导、因材施教、教学相长、无言之教、循序渐进。）（4）诲人的结果？（德行、言语、政事、文学等方面均有杰出弟子。）

4. 围绕文脉，重构文本

可以抓住文本特征，依照文本的行文脉络来确定教学内容。

例如，讲授《沂水春风》一课时。我们可以抓住“言其志”这个关键词，设置几个具有梯度而相互关联的教学问题：(1) 子路、冉有、公西华、曾皙四人各有什么志向？(2) 分别谈谈这些志向的异同？(3) 孔子是怎么评价弟子们的志向的？(4) 可以看出孔子的志向是什么？

三、《〈论语〉选读》教学，需“有活动”

纵观学生的高中阶段，仅这一本书是详细而系统地学习传统文化。这文化似乎与我们学生的生活相去甚远，那个时代也与学生的认知有一定的距离。如何让远离传统的学生理解这些文化并接受和传承，值得每一个教学工作者深思。在教学中，想让《〈论语〉选读》教学变得有趣和有味，可通过探究活动，查找背景资料。

1. 链接背景

《论语》中大多语句都没有背景，有时没有背景可以让我们自由想象，使解读更有趣，但有时如果没有背景支撑，就无法理解文本的真实内涵。适当的时候，加一些背景介绍，便会豁然开朗，趣味盎然。

例一：季氏富于周公，而求也为之聚敛而附益之。子曰：“非吾徒也，小子鸣鼓而攻之可也!”可以结合“苛政猛于虎”

的故事，来吸引学生的兴趣。

孔子过泰山侧，有妇人哭于墓者而哀。夫子轼（扶着车前的横木）而听之。使子路问之曰："子之哭也，壹似重有忧者（实在像连着有了几件伤心事似的）。"而曰："然！昔者吾舅（我的公公）死于虎，吾夫又死焉，今吾子又死焉！"夫子曰："何为不去也？"曰："无苛政（残暴的政令）。"夫子曰："小子识之，苛政猛于虎也。"（《礼记·檀弓下》）

例二：子路曰："卫君待子而为政，子将奚先？"

子曰："必也正名乎！"

子路曰："有是哉，子之迂也！奚其正？"

子曰："野哉由也！君子于其所不知，盖阙如也。名不正，则言不顺；言不顺，则事不成；事不成，则礼乐不兴；礼乐不兴，则刑罚不中；刑罚不中，则民无所措手足。故君子名之必可言也，言之必可行也。君子于其言，无所苟而已矣。"

可结合卫国的宫廷斗争来讲，当时卫国父子争位，父不像父，子不像子，孔子认为即源于名不正。所以治理卫国，必须从正名始。正名的要求，即"君君、臣臣、父父、子子"，以维护等级伦理制度，恢复礼治。

卫君，名蒯（kuǎi）辄（zhé），卫出公。他是卫灵公之孙，太子蒯聩（kuì）之子。太子蒯聩因谋杀灵公夫人南子不成，出奔于宋，不久逃在晋国。灵公死，立辄为君。晋国的赵简子想送蒯聩回国，蒯辄派军队阻击其父蒯聩，蒯聩跑到宿地自保。卫出公十二年，浑良夫与蒯聩密谋，潜回卫国，胁迫孔悝（kuī）召集群臣发动政变，蒯辄逃奔鲁国。蒯聩为卫庄公，后来卫庄公因言获罪于晋国，赵简子包围卫国，十一月，庄公出逃。蒯聩和蒯辄是父子关系，然而两父子却为了争夺卫君的位置，抛弃了亲情，抛弃了仁德，成了仇敌。

2. 穿插小故事

巧用故事作稀释剂，尽可能地“降低”《论语》的“高浓度”，让学生在轻松愉悦的氛围里，读懂千古圣贤的教诲。

例如，讲《克己复礼》一课，可借用《豪猪的哲学》这则寓言：有一群豪猪，身上长满尖利的刺，大家挤在一起取暖过冬。它们老是不知道应该保持一种什么样的距离才最好，离得稍微远些，互相借不着热气，于是就往一起凑凑；一旦凑近了，尖利的刺就彼此扎着身体了，就又开始疏离；离得远了，大家又觉得寒冷……经过很多次磨合以后，豪猪们才终于找到了一个最恰如其分的距离，那就是在彼此不伤害的前提下，保持着群体的温暖。

怎样的关系才能称作“好”？人与人之间交往保持怎样的“度”？这则生动有趣的寓言故事，可准确地表明自己的观点。

3. 读出情感

可以通过揣摩人物的情感，读出相应的语气，读出语文味道。例如《诲人不倦》中的对话，可以让学生表演，读出人物的情感，感受孔子及其弟子的喜怒哀乐。让课堂有情感的交流，而不是单纯的文字知识的积累。

片段一：肖培东讲《诲人不倦》。

师：孔子为什么说“启予者商也！（启发我的是卜商啊！）”？

生：因为他由彩绘联想到仁义的事情。孔子对子夏的回答感到意外，因为这是孔子事先没有想到的，给了孔子很大的启发，所以不由得赞叹。

师：了不起！分析很精辟，老师佩服你。

师：我们知道，《论语》是口语的记录，想象一下，孔子说这句话时的语气、潜藏的情感。请同学们大声读一读这句话，应当读出怎样的语气？

生（齐、大声）：开心的、欣喜的。

（生朗读“启予者商也”，但读不出欣喜的语气。教师范读，音调拖长，稍稍停顿。学生再读，就读得很动情了。）

师：可见孔子从弟子的领悟中，自己也得到了提升——这就是什么？（生答：教学相长）我们再来读一读第3.8章。

叶圣陶说：“吟诵的时候，对于讨究所得的不仅理智地了解，而且亲切地体会，不知不觉之间，内容与语法化为读者自己的东西了，这是最可贵的一种境界。”在反复品读中，学生理解了孔子的态度，也激发了学生琢磨文言文的兴趣，让学生明白文言语气对语言表达的重要性。

《论语》是语录体散文，一定要诵读。《论语》中句式语气种类很多，陈述、疑问、判断、祈使、感叹等语气的传达，就是作者感情的流露。同时，还有大量的语气词，如“也”“哉”“乎”等，潜藏了丰富的情感，是有待充分挖掘的教学素材。

4. 专题微活动，拓展文化视野

专题探究是针对某一主题做的深入研究。学生根据自身的兴趣和能力，独立或成立合作小组，进行资料收集、整理，最后得出结论。例如孔子的君子观、交友观、孝悌观、女性观、天命观或《论语》中的语法现象（《论语》中的成语研究、《论语》中的称谓研究、《论语》中的“而”“如”等虚词研究、《论语》中的特殊句式研究等）。开展多种形式的活动，例如：表演、辩论，如“道不同，不相为谋”和“道不同，亦相为谋”；制作手抄报，选定主题，配上合适图片，色彩搭配合宜；微讲座，如孔子的趣味人生、儿子不是传道人等；微写作，字数一般在100～300字，如《论语》中的名言警句、自选角度写评点，还可以结合社会热点写新闻时评。

四、《〈论语〉选读》教学，需“有生长力”

学生对《〈论语〉选读》教材的研读相较于其他必修教材更需要教师的引导和梳理。这就需要语文教师自身对《〈论语〉选读》教学内容有着深度的解读。然而现实中这些解读又往往带有不少主观性，甚至部分内容的理解上是肤浅的、错误的。就算是专门研究《论语》的学者，也常对一些《论语》内容的解读见仁见智。还学生经典作品本来的模样，就要进行思辨阅读。于漪老师老师认为：“‘传统’的关键不在‘统’，而在‘传’。比如阅读优秀传统文化经典，不是回复到彼时彼地彼场景，而是要传承寓合其中的唤醒灵魂，使生命和心智获得成长的中国精神与中国智慧。阅读经典犹如撞钟，小扣则小鸣，大扣则大鸣。”“小扣”“大扣”就是质疑。

在漫长的封建社会，孔子的地位至高无上，是圣人，是没有人敢去批评的，但是随着最后一个封建王朝清朝的覆灭，孔子的地位一落千丈。在西方思想文化的冲击下，在“五四”新文化运动的洪流中，以孔子为代表的儒家成了被批判、被打倒的对象。“打倒孔家店”，成为一个响亮的口号，孔子被人误读，例如：

误解一，孔子是愚忠的提倡者。

“君要臣死，臣不得不死。父要子亡，子不得不亡。”一直被人们认定是儒学教义，但查遍“四书五经”文本，孔子并没有说过这句话。

> 鲁定公问：“君使臣，臣事君，如之何?”孔子对曰：“君使臣以礼，臣事君以忠。”(《论语·八佾》)
>
> 【译文】鲁定公问：“君主使用臣子，臣子侍奉君主，各自应该怎么样?”孔子回答道：“君主应该依礼来使用臣子，臣子应该忠心地侍奉君主。”

就是说，君主如果对臣子以礼相待，那么臣子就对君主以忠事之。反之，如果君主对臣子不以礼相待，那么臣子也就可以不以忠事之。

我们知道，儒学的代表人物是孔子和孟子。孟子继承了孔子的学说和思想，与孔子一脉相承。我们来看孟子是怎么说的，他有两段话说得很大胆，也很明白。

孟子告齐宣王曰："君之视臣如手足，则臣视君如腹心；君之视臣如犬马，则臣视君如国人；君之视臣如土芥，则臣视君如寇仇。"(《孟子·离娄下》)

【译文】孟子告诉齐宣王说："君主把臣下看待为自己的手脚，那么臣下就会把君主看待为自己的腹心；君主把臣下看待为狗马，那么臣下就会把君主看待为一般人；君主把臣下看待为泥土草芥，那么臣下就会把君主看待为仇敌。"

孟子曰："无罪而杀士，则大夫可以去；无罪而戮民，则士可以徙。"(《孟子·离娄下》)

【译文】孟子说："士人没有罪而被杀掉，那么大夫便可以离开；百姓没有罪而被人杀戮，那么士人便可以搬走。"

可见，在先秦儒家观念里，君臣以义合，不义则不合，甚至可以成为仇敌，孔子、孟子、《春秋》及三传（《左传》《公羊传》和《穀梁传》）都是这样的观念。儒家的核心思想是"仁"，其本义是"善待他人"，君主要善待臣下。

误解二，孔子是圆滑、不讲原则的老好人。

子贡问曰：“乡人皆好之，何如?”子曰：“未可也。”“乡人皆恶之，何如?”子曰：“未可也。不如乡人之善者好之，其不善者恶之。”(《论语·子路》)

【译文】子贡问道：“全村的人都喜欢他，这个人怎么样?”孔子说：“还不行。”子贡又说：“全村的人都厌恶他，这个人怎么样?”孔子说：“还不行。最好是全村的好人都喜欢他，全村的坏人都厌恶他。”

孔子认为有缺点的人是可以依赖的，圆滑不讲原则的老好人则是道德的破坏者。孔子极其厌恶这类老好人，称他们为“乡愿”。

乡愿，德之贼也。(《论语·阳货》)

【乡愿】貌似忠厚，实则同流合污的伪善者，今多作“伪君子”之代称。

若今之学宋儒者，直乡原而已，孔孟所深恶而痛绝者也！(《老残游记》)

《笑傲江湖》一书中的华山派掌门人岳不群，起初人们都以为他是一位正人君子，到最后才发现他是一个彻彻底底的伪善者、小人。“五四”新文化运动中，打倒“孔家店”。其实

“孔家店”里摆的，并不都是孔子的东西。现在看来，许多年前，很多时候的确打错了。我们要了解孔子学说的本来面目，才是继承传统文化、择善而用的正确态度。

今天，阅读文化经典《论语》，应当要学会选择与继承，要有判断力。正如鲁迅先生所说：“运用脑髓，放出眼光，自己来拿。”不能“跪着”读经典，一味盲从，全盘接受；也不能“跑着”读经典，一味短平快，求实用；而应当“站着”读经典，怀着敬畏之心，平等交流。今天，阅读《论语》是需要重新“质疑思辨”的，只有经过解释和引申，《论语》才能成为在我们生活中继续起作用的“新经典”。

武侠小说中描写的武林高手，往往不拘泥于一招一式。课堂教学，实则亦是如此。真正有效的课堂还是基于学情，促进学生思考、理解、感受，教师的招式固然重要，但多数时候要融会贯通，随机应变。

第六节 生长式语文课堂教学实践路径

如何在高中语文课堂落实新课程标准（2017 年版）理念？要以“自主、合作、探究性学习”方式为主，改变教师大量分析讲解的模式。需要践行生长式语文课堂教学主张，改变现有的教学困境，找到合适的路径。

一、生长式语文课堂教学实践研究现状

以CNKI平台为载体进行关键词搜索，发现生长式的教学路径研究方面的成果并不多，主要有以下代表性的研究。

1. 立足“学生立场”与学科立场，制定课堂学习目标

在精准地了解学生、确立“学生立场”，准确地解读教材、把握学科立场的基础上制定课堂学习目标，是生长式语文教学的逻辑起点，是让学习真实发生的前提条件。这一点得到了许多学者、教师的认可。笔者在《语文学习》2016年第7期发表《“生长式”语文课堂学情诊断的实践探析》一文，指出分析学生的“前阅读”，找到生长点至关重要。江苏省特级教师姜明红在《江苏教育研究》2010年第16期发表《让语文课堂真实生长》一文中认为：“在一定意义上讲，学情分析的具体和针对性把握，是以教师对文本解读能力的高低为基础的，也是以对学生学科学习成长需要的把握为基础的，只有准确解读教材与本班学生的特点，备出学生的可能性来，并在此基础上具体化，确定课堂教学目标，才能实现真实的教学价值。”

2. 合理选取教学内容，确定教学抓手

有了明确的学习目标，如何达成既定的教学目标？那就必

须以一定的教学内容为具体的教学过程抓手。姜明红提倡对“散装”样式的语文教材进行一定的整合，形成一定的结构，系统考虑一类课文的教学目标，在具体的课文中寻找思维、情感、语文发展的节点，来作为教学的抓手。笔者及李树华老师以具体的教学实践为例，采用“一课多上”的形式，生动阐述如何以学生为本，对教学内容进行合理的整合，逐步提升教学效果。

3. 关注“学”的状态，激发生长力

教师关注“学”的状态，激发生长力，既是生长式教学的目标，也是重要的策略。在一定意义上凸显了学生的主体地位，同时强调了教师主导式的“助学”行为的不可或缺。教师依据学生的需求适时参与到学生的学习过程中，诱发和推进高品质的课堂交流，这种动态生成性的推进和递升就是课堂教学过程的生长，学生在语文素养的发展中获得唤醒、提升、突破、促进。在理念层面，一大批教师对此都能达成共识。然而从实践层面来看，对教师“助学”行为本身的有效性研究却比较零散。一方面可能是从理念到实践的转化需要一个“浸润”的过程，另一方面可能这方面的关注度还不够。

4. 找到抓手，提炼具体操作路径

浙江东阳市外国语小学葛敏辉老师在《上海教育科研》

2015年第4期发表《生长式教学的探究与实施》一文，总结了“三环四自”教学路径。“三环”是指“尝试质疑、探究展示、提炼梳理”，简称“一试二探三理”；“四自”是指：自主尝试——引发问题，自由互动——萌发生成，自觉应用——理解原理，自我反思——形成关联。环环相扣，层层递进，学生在这样的步骤中实现自我超越。葛敏辉老师的成果较为系统地阐述了“小学生长式教学是本着将儿童从被动状态下解放出来的目的，试图改善重教轻学的现状，使课堂教学更符合儿童的心理发展水平和兴趣、需要的要求；强调学生尝试独立学习和互动交流，突出经验继续不断的改造和重组，充分挖掘人的主体性和生长性”的宗旨，探索了相应的操作要素和策略。江苏省张家港崇真中学特级教师曹国庆老师在《江苏教育》2016年第10期发表《让学生拥有自主生长的美丽样态》一文，介绍教师如何以“活动前置式课堂教学探究”为抓手，关注学生在学习活动中的自主性与体验性，在学习活动中激发学生的生命活力，从而实现学生的自我发展。他认为活动前置式教学作为课堂教学的一种结构样式，着力点指向学生，指向自主，指向生长，它包括四个基本环节：预习反馈—互动解疑—当堂反馈—归纳巩固。两位老师提出的流程都体现了“人”的回归，关注学生真实的生命成长，立足学生的实际需求，找准生长点（问题）并与其精准对接，形成教学的落脚点，每一个环节都注重激发学生主体的能动性，都强调学生自主的思考与体验，都指向学生知识、技能与情感的有效发展，最大限度地从客观上促进学生的自主生长。

二、语文主问题导读教学法——生长式语文课堂教学实践路径初探

“把课堂还给学生，让课堂充满生长力”，不但是教育理论的强烈呼唤，也是当下的教育实践行动。林格伦在《课堂教育心理学》一书中说：“如果学校不能在课堂中给予学生更多成功的体验，他们就会既在学校内，也在学校外都完全以拒绝学习而告终。”语文教学，须有“生长”意识，立足学情诊断，构建一个富有“生长性”的语文课堂，笔者提炼出“诊断‘学情’，‘主问题’驱动，‘思辨’解读，指向生长”的教学实践路径。

1. 诊断“学情”，学会“倾听”，转变备课重心

著名语文教育家于漪老师说：“新世纪课程改革，就教师而言，须聚焦课堂教学质量；而提高课堂教学质量，‘学情分析’至关重要。现实状况是，这方面的研究严重缺失，可资借鉴的经验及上升到规律性的认识更是凤毛麟角。”陈隆升先生在《语文课堂“学情视角”重构》中也指出，要重视“学情分析”。

（1）设置前置性作业，梳理学习困惑处。一般要求学生裸读文本，写出自己有困惑的地方。教师通过批阅前置性作业，才能清楚了解哪些是学生学习困难的，哪些是学生感兴趣的，哪些是学生可以通过自学掌握的，哪些是学生学习中有困惑且有价值的问题。如果我们不能准确把握学情，那么教学效果必然会大打折扣。没有针对性的教学设计，往往会出现课堂的冷场。

（2）寻找教学切入点，确定合宜教学设计。教学切入点不单是指教师解读文本后找到的教学突破口，而且是教师根据学情诊断、文本价值、单元价值，发现有教学价值的问题后，思考学生应当学什么，教师应当教什么，应当如何进行教学，找到牵一发而动全身的有效突破口。

2．“主问题”驱动，学会“串联”，重塑教学关系

以“教”为本的课堂，教学关系是连动式的，老师是大齿轮，学生是小齿轮，教师转动，学生也跟着动。以“学”为本的课堂，教学关系是散发式的，教师是汽车钥匙，学生则是动力系统，一旦启动，学生就会迸发出向前去的强大动力。教师要点燃学生的学习引擎，找准前进方向，设计有张力的主问题，来驱动学生进入学习的良好状态，重塑和谐的教学关系。

（1）呈现一般问题，引发学习专注力。课堂教学中要呈现

来自学生的实际问题，这样学生的学习兴趣被激发出来，学习专注度和课堂效率自然就提高了。提出“问题”，是课堂质量的生命核心。

（2）展现疑难问题，引导学生合作学习。课堂教学要释疑解难，让学生进行合作学习，使生生之间有合作碰撞，师生之间有交流质疑。课堂教学中，尽量让学生自主体悟，让学生讨论交流，让学生归纳总结，他们才能习得知识，吸收内化，他们的合作能力、思维能力才能得到提升。

（3）追加生成问题，引领学生深度学习。在互动交流中，教师要敏锐捕捉学生思维中出现的问题与不足，通过适时点拨和追问，激活学生思维，解决问题，生成新的认识，获得精神生长。在课堂中，学生正确的回答往往会得到老师的肯定，精彩的回答常常会得到老师的表扬，但在对话交流中出现的错误则往往会被一些老师忽视，或者遭到批评指责，这样不但会挫伤学生学习的自信心，而且会错失引领学生精神成长的良机。教师要善于通过追问引导，纠正学生认识上的误区，弥补学生知识上的漏洞，拓宽学生思维的广度和深度，提高学生思辨能力以及解决问题的能力，提升语文综合素养。

3. “思辨”解读，学会“反刍”，有个性化感受

在“文本细读”“深度阅读”“多元阅读”等理论的推动

下，广大语文教师逐步意识到：文本解读能力是语文教师的看家本领，是提升阅读教学效率的重要一环。但是，教师却往往忽略将自己的解读成果在课堂上进行有效的转化，一些不适宜的文本解读并不少见。一是在这些课堂中，教师往往简单照搬教参上的现成结论或是别人的解读成果，导致解读肤浅、政治化，没有属于自己的东西。二是脱离实际，过度分析。前不久，“鲁迅作品应该退出中小学教材”的论调甚嚣尘上，这跟过去我们对鲁迅作品的过度分析不无关系。例如，教学《故乡》时，不去从整体上进行阅读理解，而是热衷于肢解分析每一句话的“深刻”含义，这就难怪我们的学生会望而生畏。文本解读如果没有学生的主体参与和情感共鸣，就会成为教师个人阅读体验的自说自话。三是忽视差异，替代分析。学生之间是存在差异的，但是，一些教师却总想着把自己对文本解读的成果强加给学生，使他们形成统一的认识，这样的做法是极其错误的。例如，《红楼梦》是古典文学的一个巅峰，但不同的人会做出不同的判断、不同的解释。如何做好呢？需要从以下三个方面努力：

（1）文本解读的前提：基于学生的认识与体验。法国思想家卢梭说：“儿童有他特有的看法、想法和感情。如果用我们的看法、想法和感情去代替他们的看法、想法和感情，那简直是最愚蠢的。”教师有一定的文学功底和人生阅历，可以通过对文本的仔细研读得出个性化的结论，但是，学生未必会有这样的体验和理解。因此，教师需要依据“最近发展区”原则，思考文本解读的角度和深度问题，做出合适的取舍。有些文章，学生可能暂时无法理解，对此，教师可以“留白”，让他们在人生阅历、情感体验丰富之后，再去体悟。

（2）文本解读的重点：关注学生的活动参与、阅读个性。法国思想界的先锋人物罗兰·巴特认为，对于同一文本，不同读者会做出不同的反应，文本的生命是读者赋予的。所以，如果没有学生的自主阅读，文本解读就会成为教师一厢情愿的展示，所谓的“深度解读”“个性解读”都是无意义的。黄厚江老师有一次执教《孔乙己》这篇文章，课堂上，他引导学生的读、思、写、论全部围绕“手”做文章。学生就在参与中不断地加深了对文本的理解，最终给出了极富个性的解读。这样的做法很值得我们广大语文教师借鉴。同时，对那些超出了教师个人解读范围的学生的个体体悟，教师也要予以尊重，如果剥夺了学生的这一权利，他们就可能沦为接受现成结论的“容器”，课堂就会失去应有的活力。

（3）文本解读的目标：促进学生“思辨力”的提升。对文本的解读不能局限于“这一篇”，而应当让学生既愿意也能够主动地去读懂“另一篇”。对于学生的不同见解，教师可以将它们列出来，让学生进行比较、辨析，交流观点。结果并不重要，引领学生深入阅读文本，在文字中“走上几个来回”，才是最重要的。即便最终仍有分歧，教师也不要急于站在某一边，而是要留下悬念，引导学生进一步自主探究。这样，学生对阅读的兴趣就会持续下去，就会产生一个个新的起点。

阅读教学是学生、教师、教科书编者、文本之间的对话的过程。语文教师在将文本解读成果进行课堂转化的过程中，必须做到心中有学生，这样，才能适度有效。

日本教育学家佐藤学说过：“一个老师在课堂上要做的无非就是三件事：第一件事是倾听，第二件事是串联，第三件事是反刍。”可把这一句话稍加改动，将“反刍”变成“追问”。一名优秀教师应该在课堂上熟练运用“倾听、串联、追问”三种策略。课堂上是能够灵活地生成精彩的问题、催生精彩的观念的。

4. 指向“生长”，激发内驱力，多维评学

教育不是灌输，而是促进生长，教师的作用在于引导、启迪。生长式语文课堂的教学过程，应是学生主动参与知识构建的过程，是学生合作交流、积极探索的过程，是个人精神生长的过程。我们以学生“主动、自学、生长”作为评价的维度，

多元“评学”，回归教学，引领学生不断获得精神生长的本质。

（1）主动参与，发挥自我主体作用。课堂不是教师展示个人才华的舞台，教师不是课堂主体，学生才是。教师要时刻关注学生的表现，包括课前、课中、课后。教师只是课堂教学的组织者、引导者，而非诱导者，不能一步步将学生引入自己精心设计的预设中。要给学生真正的话语权，唯有如此，学生才能主动学习，其精神才能自由生长。

（2）善于学习，建构个性化知识体系。互动也好，讨论也罢，丰富的形式要产生积极的效果，要能训练学生思维，培养学生能力，注重会学，要善于构建个性化的知识体系。

（3）激发内在需求，让精神自由生长。叶澜教授认为，一节好课对学生学习来讲，有三级意义：初级意义——学到东西；终极意义——锻炼了能力；高级意义——有良好的、积极的情感体验，产生进一步的强烈需求。学生的精神生长，需要以文本为抓手，进行一些思辨阅读。

新课程标准（2017 年版）提到“评价时要充分考虑语文实践活动的特点”，可采用纸笔测试、现场观察、对话交流、小组分享和自我反思等多种评价方式，记录学生真实、完整的任务群学习过程。不管是文学阅读、思辨性阅读、实用性阅读，还是整本书阅读，我们都应该通过具体的文本阅读，激发学生继续学习的强烈需求，促使学生提高语文素养、认知水平、思维能力，促进学生精神生命的健康成长。学生的“精神生命”有增量的为有效课堂，反之则是低效的甚至无效的课堂。

第七节 生长式语文课堂教学观课路径

新课程标准（2017年版）倡导自主、合作、探究性学习，要做好学生语文学习活动的设计、引导和组织，注重学习的效果。学习任务群的设计，旨在引领高中语文教学的改革，力求改变教师大量讲解分析的教学模式。这给评课提供了学理支撑。我们在聆听一堂课时，需要关注什么？在笔者看来，要关注这节课教学的起点在哪里，是不是落脚在学生的现有水平。好的课堂，应当是有充分的学情把握的，教学的逻辑起点是设在了学生现有的学情上。另外，要关注这节课的终点落脚在哪里，是不是指向了学生的精神成长。立足学生的生长，如何评价一堂课，笔者以为需有五个路径。

一、要有“理念存在”

一堂课的价值，不是上得如何完美，而是有效引发问题，并且研讨问题，最后解决了问题。要以学生的“困惑处”作为教学的逻辑起点。教学的“起点”在哪里？面对同样的一首诗歌，教师有自身的解读逻辑，学生也有自己的感知逻辑，两者之间并不一致。从前，教师备课往往以自己的解读逻辑为起点，自从新课程改革以来，教师多力争以“学生的解读逻辑”为起点。在教学中，教师的解读逻辑应当去贴近学生的生活实际，顺应学生的感知逻辑。

华东师范大学叶丽新教授说：“在教学设计之前，能充分了解学生个体独立阅读课文过程中的收获、困惑。每个个体的深度解读逻辑不一样，每一个个体在同一篇文本上停留、思考的‘点’可能不一样。只有当教师察觉了这些‘点’以及学生之间的初步感知差异，才能了解：学生对特定文本感兴趣的地方在哪里？学生有困惑的地方在哪里？或者读完了全文只有一种笼统的、说不出来的感觉，说不出哪里好…… 由此教师再去设计课堂教学实施中的解读逻辑才能有的放矢。”①

增强本体意识。例如，写作课是要写的，这是所有老师都在做的，但为什么公开课写不多、写不充分呢？因为这样展示的时间就少了，其实大可以拉长一点。像阅读课，就是需要阅读的。一堂课要符合你本体的要求，一堂好课要有研究问题的

① 叶丽新．阅读教学中的文本“解读逻辑”[J]．语文学习，2012（7－8）.

意识。背后需有教学的理念存在，这样课堂才不会落在浅层面。

二、要有“抓手存在”

一堂课，也需要有一个内在的结构。换一种说法，就是要“有序”，有一个板块，有一条串起珍珠的丝线。教师的解读逻辑、学生的解读逻辑，非常重要，但还有不能忽视的地方，就是文本的内在逻辑，要处理好这三者的关系。拿到一篇文章，首先老师不借助任何参考资料，裸读文本，找到阅读的困惑之处；其次要找到这篇文章的独特之处，要读出“这一篇”的特点，不能把文章上成一个模式；第三要关注学生在阅读“这一篇”时可能会遇到哪些困惑。

例如，就《兰亭集序》而言，更值得关注的是文本的内在情感逻辑，可以说是“这一篇”的独特之处。依据《兰亭集序》文本的情感逻辑，以此为“切入点”，可以构建合宜的教学内容，并设计三个问题：为何而乐？为何而痛？为何而悲？整堂课可围绕这三个主问题依次展开，通过学生品读、讨论，师生共同解决。要有一个有型的抓手，由例子到方法到运用，或将例子融合了分析方法，将思维引向深刻。

三、要有“趣味存在”

一节语文课，要充满生长的气息，不能是压抑学生的封闭的氛围。要有些许趣味，让学生感受到语文课的乐趣。兴趣是最好的老师。在教学文言课文时，教学中要“文言并重”，要避免枯燥的说理和烦琐的字词解释。江苏省语文特级教师黄厚江执教的《阿房宫赋》，值得品味。

师：刚才老师诵读了全文，为了加强效果，配上了古典的音乐。现在同学们可以先自由诵读一下，有谁愿意尝试一下，选择一两个句子、一两个片段，能够在诵读中表现赋的特点。有哪位同学主动试一下？（指名）你读一下第二小节。（为什么选这一段让学生读？因为这一段的虚词很典型，而文气主要是靠虚词传达的。何况黄老师对六个“也”的作用理解独到，有话可讲。所以，选择朗读的语段也是大有讲究的。）

（生读第二小节）

师：总的来说不错，就是意味的表现稍微欠缺了一点。比如“而望幸焉”这里，可以稍微慢些，表现期盼，等了好久都等不到皇上的心理。当然读好这一段，关键在于虚词的

处理，你们知道是哪一个？（指出问题所在，抓住关键所在。同时很自然地带出了“也”的表达效果的分析）

生（全体）：也。

师：对，大家数一数，这里一共有几个“也”？

生（全体）：六个。

师：那你们体会一下这六个“也”表达的效果是否一样？有哪一个“也”和其他“也”作用是不同的？有没有发现？（第二个问题补充及时，降低了思考的难度，规定了思考的范围。否则，学生可要每一个都去细细斟酌了）

生（全体）：最后一个。

师：对。前面五个“也”是表判断，而最后一个“也”更多的是强调。前面五个句子并列关系更为紧密，而最后一个句子要相对疏离一些，所以大家读的时候，最后“辘辘远听，杳不知其所之也”，车远远地来了，宫女心中就充满了希望，“要到我这里来了”，车又慢慢地走远了，心中的失望随着车声的远去而增强。皇帝看不见了，车声听不到了，我们要读出一个效果来，让我们觉得宫女仍然在翘首盼望。下面同学们集体把这一段再读一下。（生集体读）

（黄老师指导得法，入理。老师是从三个方面点拨的：

一是从“也”表达的语气来讲，有表判断和表强调的不同；二是从句子结构来讲，前五句是紧密的并列结构，后一句结构稍有不同；三是从宫女的心理来讲，最后一句读得应该与前几句不同。一个“也”的指导，把内容、结构、虚词语法、词语修辞都串起来了，令人拍案叫绝）

师：“杳”字还是读得太急了，同学们课后再仔细琢磨一下。“辘辘远听，杳——不知其所之也”，不要太急。（学生有时候并不能一步到位的，就是指导以后也不一定就能达到老师的期望。限于时间，教学要进行到下一个环节了，这是教学的机智，也是公开课的无奈）

学生在反复品读中，理解了六个“也”字的丰富情感，激发了琢磨文言文的兴趣，也明白了语气对文言文语言表达的重要性。叶圣陶说：“吟诵的时候，对于讨究所得的不仅理智地了解，而且亲切地体会，不知不觉之间，内容与语法化为读者自己的东西了，这是最可贵的一种境界。”

黄老师的《阿房宫赋》教学，既重视对“言”的品味，又注重对“文”的诠释，在学生反复品读中，使原本枯燥难懂的文言文变得活力四绽，既有语言的建构与积累，也有思维的发展与提升，还有审美鉴赏，更有文化理解与传承，潜移默化之中，巧妙地浸润着语文核心素养的培养。学生的热情很高，跟着老师不知不觉完成了教学目标，达到了预设的教学效果。这是一次智慧的享受，是一次诗意的教学。

四、要有“思辨存在”

在这“万物互联”的时代，知识信息的爆炸性增长已经快到令人窒息的地步。古人常常担心自己所知有限，但当代人却烦恼于被信息的洪流所淹没。这样的时代，对人的思辨能力要求无疑是更高了。阅读渐渐趋向碎片化，信息的海洋中容易迷失方向，我们要警惕“万能搜索”让自己丧失了思考能力。我们需要一双慧眼，有理性地思辨。

当下的一些老师，往往只是网上下载教案课件，便可去上课。没有去独立面对文本，裸读下去。未读出个人的感受，也就难以品出文本的细微之处，更谈不上深度。课堂有例子有分析，但疑惑的是学生在学完之后真正能获得什么，我们到底要把学生引向什么方向什么地方去，课堂的目标是什么。还有一个思考点，就是这些课还有没有后续？它们下一步该怎么走？该怎么深入？它们的序列性是怎样的？不是说今天上完这节课以后就没有了。

五、要有“移植存在”

一堂好课，要有示范性。对别人有指导性的，可以移植过去，学生拿过去可以用，用出来可以生长，而不是写着写着又回到老路去，那就是缺乏迁移性。写作这种东西是生长起来的，而不是教会的。我们需要创造一些条件让它生长。让听课的老师和上课的学生，觉得有所收获，追求一课一得，日积月累，语文之功效自然生发。课有时空的限制，如何把 40 分钟的效益拉长，突破时空限制，拓展开去，这是要思考的。

一堂好课，应当是小切口、深挖掘。始终关注着学情，不脱离学生的实际，找到合宜的教学起点。一堂好课，应当使学生的情感经验在原来的基础上，有了语用力、思维力、审美力和文化力的生长。

第八节　生长式语文课堂写作教学路径

语文课堂，不单是学生成长的场所，也是教师精神成长的地方。新课程标准（2017 年版）教学建议中指出“教师要具有专业发展意识，努力建构教学共同体”，要“善于与同行、学生合作，在集体备课、案例研讨等对话交流中学会自我反思，教学相长”，还需“建构学习与评价的共同体，学会持续反思，终身学习”。

要使学生的写作有提高，教师要有独立的精神，要学会反思与成长。作为一名语文教师，要不断学习，扩充自己的专业视野，不但要阅读学术作品，也要阅读文学作品。笔者很喜欢看鲁迅先生的文章，他写得具体深刻，不空洞，给人精神的启迪。他的文章多说真话，抒真情。鲁迅在《〈华盖集续编〉小引》中说：“不过是，将我所遇到的，所想到的，所要说的，一任它怎样浅薄，怎样偏激，有时便都用笔写了下来。”鲁迅在《作文秘诀》中说，文章“要有真意，去粉饰，少做作，勿卖弄而已”。这些都帮助笔者在平常的作文教学中，让学生将作文写具体，不写空洞之文。

教学中，要学会不断反思。人容易被蒙蔽，最常见的蒙蔽是自己蒙蔽自己。王栋生老师的《不跪着教书》，批评了当下教育界的种种弊端：“如果教师没有独立思考的精神，他的学生会是什么样的人?”“语文教师不能跪着教语文，如果教师是跪着的，他的学生就只能趴在地上了。”

一、教师要成为“大写的人”

2005 年，笔者曾写过一篇文章《我言说，我存在——关注教师精神成长》，谈到了这个问题，文章幸得李海林教授的修改，后来发表在《教育科学论坛》2005 年第 9 期上。这是笔者教师生涯中发表的第一篇文章。

没有教育理念来支撑的教学是贫血的。木工师傅创造的产品是具体的物质的可感的，那教育的产品是什么呢？现实环境下老师和学生都不得不卷进分数的争夺中来。但可以肯定地说，分数绝不是教育的唯一产品。笔者望着窗外，忽然想起了一句古诗：羌笛何须怨杨柳，春风不度玉门关。

现在教师上课多是搬运教参，多是演“教案剧”，并不曾真正拥有课程资源开发的独立权。公开课要包装要作秀已成为潜规则，并且作秀的技术越来越精致。原汁原味的语文味再也不见了，大写的语文教师也不见了。石中英先生说：“知识是一把双刃剑，所有的知识都是被选择和被控制的，这种知识的选择和控制对于控制者而言，可能是有益的，但是对于学习者而言，却未必是有益的，甚至可能是有害的。因此，学习者对知识的态度，从根本上说，应该是一种理性批判的态度，而不是一种朝圣的态度。”而现实的外在力量让我们几乎都成了“教参崇拜者”，都成了卡夫卡笔下那只不能言说的“大甲虫”。遥想孔子的坐而论道，苏格拉底的精神漫游，不禁羡慕万千。

多年的教学生活，有过许多创造的喜悦，留下的多是重复、机械式的生活，但无论怎样，在自己的语文课堂中，笔者都努力坚持与学生自由对话，帮助他们走近高尚思想者的真实世界；要求学生用自己的语言说出他们的观点，不断与他人进行思想碰撞。在白热化的分数大战中，笔者渴望还存有自由素朴的精神对话，还能够与学生一起思考一起成长。

教师的精神成长，最重要的是要努力使自己成为一个独立的“大写的人”。如果不能用自己的语言来描述世界，也就不可能把握世界。但是，我们的理论多是重复着“理论家”的理论，不是我们去言说自己的理论，而是他们的理论在言说我们。教师需要自己的话语，需要在多彩声音世界里占有一席之地。没有独立言说能力和自己的话语权，教师工作就不可能获得鲜活的生命力，教师也就不可能真的摆脱内心积压的苦痛，也不可能有精神的真正成长！

二、教师要成为“示范者”①

语文教师要在写作中成为学生的示范者。一路行来，有许多名师前贤，给笔者激励。布贝尔说“所有真实的生活在于相遇”，教学就是无止境的相遇。每位教师在教学中遇到独特的学生，才有了教师教学生活的存在。王尚文先生的《语感论》

① 贾桂强．阅读：寻找教师专业成长的“镜子”［J］．教育科学论，2008（12）．

（修订本），揭示了语文的本真，抓住“语感”，也就握紧了语文教学的缰绳。

李海林先生的《言语教学论》，则给了笔者理论的拐杖。这本书是一面“镜子”，让当下的种种“语文怪论”现了原形。后记中这段话令人感动：“五年来，对语文教学的种种思考缠绕着我，折磨着我，使我殚精竭虑，欲罢不能。当我沿波讨源逐层推进达于理论的核心，我发现我站在一个巨大的挑战面前。因此，对我来说，批判已是一个无可回避的选择。我深深知道，我面临着一个世纪性的难题，但在我内心深处，我坚信我的选择。言语教学论可以说是一种信念，一种使命。如果在这本小书里，能体现我的这种信念和使命感，则五年来的精神漫游所付出的代价已物有所值。”李老师不曾把自己没有弄清楚想明白的道理写在书中，他的勇气、刻苦和真诚让我一直感念。

多年来，浙江省教研室高中语文教研员、语文特级教师胡勤先生不单是笔者学术的引路人、良师，也慢慢成了益友。胡先生的《语文认识论》，是一部在新课改进入深水区的大背景下，奋力构建语文知识新结构、回归语文本真的宏大的学术力作。在《孩儿塔·序》中，鲁迅先生有这样一段话：“这《孩儿塔》的出世并非要和现在一般的诗人争一日之长，是有别一种意义在。这是东方的微光，是林中的响箭，是冬末的萌芽，是进军的第一步。”笔者相信，《语文认识论》将是现在和以后从事语文教育研究绝不可绕开去的学术存在！

王尚文《语感论》、李海林《言语教学论》和胡勤《语文认识论》这三本书引领笔者走出了语文作文教学的泥沼，走上了平坦之路。

三、让学生写作有“我存在”

让学生放开去写，不要拘泥于条条框框。在教学《病梅馆记》时，感慨颇多。文中写江宁、苏州和杭州都盛产梅。文人画士有他们独特的审美趣味：“以曲为美，直则无姿；以攲为美，正则无景；以疏为美，密则无态。”这些“君子”托人暗示卖梅者，要“斫其（梅）正，养其旁条，删其密，夭其稚枝，锄其直，遏其生气”。联想到当下中学生的写作，他们的写作不也都是被框于盆中，被棕绳捆绑的吗？他们不也都是有待“纵之顺之，毁其盆，（重）埋于地，解其棕缚”的病梅吗？

学生时代，记忆最多、体验最深的当属校园生活。但许多同学除了写过《我的老师》《难忘师恩》之外，其他方面很少涉及。正如胡勤先生所说：“31 万考生，好作文寥寥无几，写自己身边生活的文章几乎看不到。其中不乏空洞之作，披着华丽的外衣，满是整容的痕迹。”当笔者改学生的作文时，常感到似乎不是学生在写自己的生活，而是老师在批量地制造作文。如何改变，需要在教学中不断探索。

1. 写出真我的生活①

当几十个人用同样的故事表达同样的思想，令人怀疑他们能否是一个个大写的独立的个体。他们被一种思想言说着，言说的主人，不是他们自己而是外在的思想。唯有去写自己的生活才能避开这样被吞噬的命运，因为每个人的生活必然会有不同的地方。而这不同的地方便是我们急需开掘的，是我们存在的确证。个人化的语言是我们存在的家。找到这样的地方，无论你用的词语多么浅显，你的表达都会是与众不同的，因为那里有你的思想。这样开出的花是自然的花，它是用生活的阳光雨露酿造的花，是自然的写作。这样的文章是心灵的释放，是灵魂的自我证明。也许它稚嫩，但“无论大狗小狗都应该能叫，且有叫的权利”。唯有这样的存在是有思想地活着。言说自己的独特的生活，是唯一能够免除被集体意识吞没的方法。

当前作文教学过分注重“怎样写”的问题，而忽视了“写

---

① 贾桂强．“学生拒绝写作”的反思［J］．教育科学论坛，2006（4）．

什么”的问题，这恰是当下作文教学需要去突破的核心问题。[①]中学生的作文，应当有两个指向：一是指向“社会生活”；二是指向“自我的个体生活”。生活不能游离于学生的作文之外，不能是水上漂浮的一层油脂，应当是融进水中的蜜糖！今后的作文教学，要引导学生用心观察生活，要多写些自己的生活；要引导学生密切关注社会的变迁，聆听时代的脉搏，对社会多点批判意识和理性思考。那么，学生写作文时，角度就会非常容易选取，素材一大堆，轻松自如，随意中就能拿下高分。

2. 让作文走向理性[②]

孙绍振教授在《理性思维导向及其对抒情性思维的超越》一文中说：“学生误把抒情散文当为唯一的选择，导致了辞藻堆砌成风，滥情淹没思想，议论文写作能力日趋薄弱。……高校不管文科还是理科，其教学和考核都是以理性思维为主。故在美国和欧洲，入学考试均系理性议论，美国托福式的作文命题以两难现象为主，法国的作文命题干脆就是哲学化的。地处亚洲的新加坡甚至明确规定高考作文不得写抒情散文。随着世

① 贾桂强．文章合为生活而作［J］．江西教育，2009（10）．

② 贾桂强．作文命题的现实语境及新变化——评 2015 年浙江省高考语文作文题［J］．中学语文，2015（7－8）．

界各国的命题模式不断被介绍到国内，国内命题与世界接轨的追求逐渐明显起来。高考作文命题的开放，就不限于形式上的材料和话题，而是从感性抒情向理性议论开放。”逻辑思维和理性意识欠缺在我国中学生中极为普遍，这严重影响了中学生的整体素质和个人发展。

在学生不离开个人生活的前提下，让作文多一些理性的色彩，浙江省目前大力提倡写“论述类”作文，正是要让作文走向理性。

3. 作文应纵深挖掘，不可表面滑行

2017 年浙江省高考作文题，继续采用新材料作文题，但在文体方面，与 2016 年明确规定“写一篇论述文章”略有不同，没有规定文体。然而，“对作家的观点加以评说”的要求仍然偏重议论，写成散文类评说也可以，只是相对有点难，用小说去评论则显然不合适。

2016 年的“虚与实”贴近生活，2017 年的“人与书”更贴近文化。有字之书，可以是人类文明的传承，是书籍，读有字之书是学习书本知识或经典作品；无字之书是自然万物和社会生活，读无字之书是从自然与社会的实践中去学习；心灵之书，则每个人有不同的标准，例如，文学是伟大心灵的回声，不仅要学会读书，更要读懂文字背后所蕴含的文化精神。

2017年浙江省高考作文命题，依然注重学生思辨力的考查。这次作文，在审题上降低了难度，但要紧扣要求“对作家的观点加以评说”，也就是说，作家提到“人要读三本书”的说法，需要深入分析，进而提出自己的观点，不可单纯地谈有字之书、无字之书或心灵之书，否则有偏题之嫌。“人与书”，关键是厘清三本书的关系，不能平均用力，要说明白三者的联系，突出重点。“人与书”不是并列而是递进的关系。应当先读书本的有字之书，再读社会的无字之书，最后到读自我的内心世界。重点应当放在什么是心灵之书、如何达成、我们为什么追求心灵之书，关键是思考的深度。对于平时阅读积累不够的学生来说，思维可能只会在“有字之书”和“无字之书”做表面滑行，对“心灵之书”的论述会比较浅层次，不同的思维层次可见学生的思考深度。

这样的作文题，能够较好地考查出学生的真实写作水平，有效防止宿构和押题，有较高的区分度。虽然给了学生较大的思考空间，但要写得精彩，需要注重平时的阅读积淀。高考作文命卷者在注重思辨力的同时，又兼顾了对文学阅读的检测，引导广大考生要关注阅读的数量和品质。考生要写出立意深刻、议论精辟的好文章，难度很大，但要获得42分的基本分不难。

4. 高考作文评价应关注"有文采"①

2000年高考作文评分首次推出"基础等级"（占40分）和"发展等级"（占20分）两级评分标准。发展等级包括"深刻""丰富""有文采""有创新"四个方面，共16个评分点，这是对高考作文思想和语言的细化和强化。阅卷采用"一点评分法"，就是以16点中最突出的一点来评分，有一点突出就可以得分，甚至得到满分。但是，在作文教学中，有部分老师将"文采"等同于文辞华美，学生的作文多是堆砌比喻、排比，形成不良文风。这是对"文采"内涵的误读。

作为文章学术语的"文采"有两个含义：一指辞藻之美，二指文章语言表现出来的一种审美特征。这种审美特征从风格上可分为两种：华丽美和朴素美。同是朱自清的散文，《荷塘月色》是华丽美，《背影》则是朴素美。两篇文章都有文采，是各不相同的文采。看"发展等级"规定的"用词贴切，句式灵活，善于运用修辞手法，文句有表现力"，取的是"文采"的第二义。我们要警惕借口"我手写我心"，而将语言的苍白贫乏视作朴素美！苏轼教侄子写文章，曾说："凡文字，少小

① 贾桂强．高考作文评价应删去"有文采"吗？[J]．新作文·中学作文教学研究，2009（10）．

时须令气象峥嵘，彩色绚烂。渐老渐熟，乃造平淡。其实不是平淡，绚烂之极也。”朴素美是一种“绚烂之极，归于平淡的美”，是更高的艺术境界，是对华丽美的超越！我们要引导学生锤炼自己的语言，而不是任其越来越肤浅、寒碜和苍白！

中学生作文教学培养的是学生基本的写作能力，能具体明确、文从字顺地表达自己的意思。其中“具体明确”是“有文采”中要求的“用词贴切”，而“文从字顺”就要求“文句有表现力”。

“文学写作”固然要“有文采”，但“实用文写作”也要“有文采”！演讲词就是要“有文采”的实用文。例如马丁·路德·金的演讲词《我有一个梦想》，现在读来依然铿锵有力，撼人心魄。他的演讲词如此精彩，得力于气吞山河的排比句、丰富奇妙的比喻、富有表现力的文句！

5. 作文命题须指向“自主发展”

教育即生长，写作则是最富有生长性的。2016 年 9 月 13 日，“中国学生发展核心素养”研究成果正式发布。该研究成果是新课程标准（2017 年版）修订的学理依据。“中国学生发展核心素养”分为文化基础、自主发展、社会参与三个方面。作文教学应当落脚在“自主发展”上。自主性是人作为主体的根本属性。自主发展，重在强调能够认识和发现自我价值、发掘自身潜力，规划出彩人生，发展成为有明确人生方向、有生活品质的人。2018 年 2 月，湖州市高二语文期末半命题作文："我能为这个世界做的是____________________。"笔者批改了近 500 份，感触很深。这是一道面向学生未来的好题目，唤醒了学生沉睡的自我，有许多精彩的作文。例如：

（学生考场作文片段 1）习近平主席的一句"构建人类命运共同体"，唤醒了多少迷茫和无知的人。鲁迅的一句"真的猛士，敢于直面惨淡的人生"，让多少华夏儿女心潮澎湃。如今，活在当下，我们要为了世界，为了自己的国家拼搏和努力。

（学生考场作文片段 2）当身边的"佛系青年"越来越多，他们自身的进步也被忽视了；当"犬儒主义"日益盛行，人们不再坚守道德，而看轻世界，变得玩世不恭；当"丧文化"占据你的生活，"废柴""葛优躺"随时可见，作为个体，我们能做的，就是远离这些时代喧嚣，并逆流而上。

我们能为这个世界做的，就是不被它改变，而是将它变得更好。作文的教学，今天依然是一个无底的黑洞，但是我们必须发出自己的光和热，向前走一小步。

第二章　生长式语文课堂文本解读

生长式语文课堂文本解读，构建了“四维八径”的路径：文本本意是文本解读的基础，编者立意是文本解读的方向，作者原意是文本解读的参考，读者会意是文本解读的补充；从版本校勘入手，考释误读处；从关键词入手，理解文本内涵；从矛盾处入手，关注空白点；从结构入手，提炼微主题；文体入手，教好这一篇；从作者入手，以意逆志；从学情入手，了解困惑处；从编者入手，解读有边界；从专题入手，文化释义等等。本章是“四维八径”解读路径的具体实践案例。

第一节 选文的删改：请勿“惟简是从”①

——关于《谏太宗十思疏》一文的删节

教材编者面对长文时，为了适合中学生的阅读能力，作适当的删改，是必要的。长文删改，当力求“简洁”，但不能“惟简是从”。

人教版高中《语文》（必修）第二册的第六单元，有《谏太宗十思疏》一文，在选入教材时，并未注明“节选自《魏郑公文集》”，可见并无删节。《谏太宗十思疏》收录在许多选本中，笔者借来了四种版本，分别是：《魏郑公文集》（“丛书集成初编”，1985）；《贞观政要》（“四部丛刊”本）；《全唐文》（中华书局影印本，1990）；《旧唐书》（中华书局，1959）。将教材《谏太宗十思疏》与这些选本中的《十思疏》一一作了对比，结果发现删改了八处。

其中有的删改使语段变得简洁了。

人君当神器之重，居域中之大，将崇极天之峻，永保

① 本节内容原题为《选文删改：请勿“惟简是从”》，发表于《语文教学之友》2007年第5期。有改动。

无疆之休，不念居安思危，戒奢以俭，德不处其厚，情不胜其欲，斯亦伐根以求树木茂，塞源而欲流长者也。（《魏郑公文集》）

教材把“将崇极天之峻，永保无疆之休”和“德不处其厚，情不胜其欲”删去了，语句上的确更为简洁了，改得较好。

但有的删改，看似简洁，实则损害了文章的审美价值和思想价值，值得商榷。例如：

凡百元首，承天景命，莫不殷忧而道著，功成而德衰。有善始者实繁，能克终者盖寡。岂其取之易守之难乎？昔取之而有余，今守之而不足，何也？夫在殷忧，必竭诚以待天下，既得志，则纵情以傲物。（《魏郑公文集》）

教材删去了“莫不殷忧而道著，功成而德衰”和“昔取之而有余，今守之而不足，何也?”前一句被删后，不仅作者的语气和其反复陈述的用意都不能得到进一步的显示，还使得本段的段意非常难理解。后一句是一问一答，教材删除之后，成为无问之答，语义、语势都不如《魏郑公文集》中的原文。又如：

载舟覆舟，所宜深慎。奔车朽索，其可忽乎！君人者

诚能见可欲，则思知足以自戒。(《魏郑公文集》)

教材删去了“奔车朽索，其可忽乎！君人者诚能见可欲”。此处“奔车朽索”和“载舟覆舟”形成对举，重复强调了竭诚待下的重要性，省略后则语义不完整，语气也受到影响。而“奔车朽索”一词，指用腐朽的绳子，去驾驭狂奔中的马车，比喻随时有危险，须多加警惕。本出自《书经·五子之歌》：“予临兆民，懔乎若朽索之驭六马。”这两句非常形象地说明了后文“知足以自戒”，而且有着深厚的古代文化内涵，不应删去。又如：

文武争驰，君臣无事，垂拱而治。何必劳神苦思，代百司之职役哉？(《魏郑公文集》)

教材删去“君臣无事”，就不能突出君王的地位。而这篇疏奏，正是进献给皇帝阅读的。故“君臣无事”不应删去，看似简洁，实则有损作者的一片忠心。

教材编者这些不恰当的删改，使这篇文章的文脉大打折扣，原有的丰富文化内涵也大为削弱，甚至有的地方文意模糊难解。

另外，选文作了多处删改，但教材只注“选自《魏郑公文集》”，并未写明“选自《魏郑公文集》，有改动”。这样的“题注”不仅会误导教师，影响其备课，也误导了学生，使他们认为原文本就如此。就教材的编写而言，也有失严谨。

语文学习，很大程度上就是“学生”与“文本”的对话，要尽可能给学生读者一个“原生态”的文本。选文删改，追求“简洁”，但请勿“惟简是从”!

第二节　《“暮雨潇潇江上村”引义探疑》商榷

——关于《江南的冬景》的一处注解[①]

读罢夏云陶老师的《“暮雨潇潇江上村”引义探疑》(《语文学习》2009 年第 12 期)，笔者深为其一字不肯放松的严谨治学精神所感动。然而，仔细品读该文，其中“‘暮雨潇潇江上村’是唐五代诗人李涉（曾任太学博士）《井栏砂宿遇夜客》中的一句”，对于“李涉是唐五代诗人”，笔者深感困惑!

《江南的冬景》是郁达夫先生的一篇成名作品，现选入苏教版高中《语文》(必修一)。文中说：“我们总该还记得唐朝那位诗人做的‘暮雨潇潇江上村’的一首绝句吧？诗人到此，

---

① 本节内容原题为《〈“暮雨潇潇江上村”引义探疑〉之商榷》，发表于《语文学习》2010 年第 5 期。有改动。

连对绿林豪客都客气起来了，这不是江南冬景的迷人又是什么?”可见郁达夫先生认为李涉是唐朝诗人。教材的编者在课下注解说“‘暮雨潇潇江上村’，语出五代诗人李涉《井栏砂宿遇夜客》诗”，认为李涉当是“五代诗人”，不赞同郁达夫先生的说法。夏云陶老师则将两种讲法统而笼之，说李涉是唐五代诗人。他的意思即李涉是“唐末五代初年的人”，就如我们常说的，《三国演义》的作者罗贯中是元末明初著名的小说家。那么，李涉究竟是唐朝诗人，还是五代诗人，抑或是唐末五代初年的诗人？为此，笔者查阅了相关资料。

首先，据《旧唐书》卷 154《孔巢父传》记载：“元和初……试太子通事舍人李涉知上待承璀意未衰，欲投匦上疏，论承璀有功，希光无事，久为心腹，不宜遽弃。戣为匦使，得涉副章，不受面诘责之。乃进疏于光顺门，戣极论其与中宫交结，言甚激切，诏贬陕州司仓。”① 可知元和（唐宪宗在位的年号，大约是公元 806—821 年）初，李涉在朝中担任“太子通事舍人”一职，后流放陕州。唐宪宗之后，是唐穆宗（年号长庆，大约为公元 821—825 年）。李涉在长庆年间的活动，《旧唐书》没有明确的记载。

① 刘昫，等．旧唐书［M］．北京：中华书局，1975：4097.

唐穆宗之后，是唐敬宗。据《新唐书》卷174《李逢吉传》记载："敬宗新立……罢归不得用，怨望，与太学博士李涉，金吾兵曹参军茅汇居长安，以气侠相许。"后"涉（流放）康州"。[①] 可知宝历中（唐敬宗在位的年号，大约是公元825—826年），李涉为"太学博士"，复流放康州。李涉任"太学博士"当是唐敬宗时代。而"五代"指后梁（公元907—923年）、后唐（公元923—936年）、后晋（公元936—947年）、后汉（公元947—950年）、后周（公元951—960年）。最早的后梁朝建立，是在公元907年，距离元和初（公元806年）有100年，假如李涉25岁做官，担任"太子通事舍人"，那么他活到五代初年的话应当有125岁左右。就当时一般人的寿命来看，这极难达到！

其次，唐代范摅的笔记小说《云溪友议》中有一篇《江客仁》，在文学史上最早记录了这首诗。诗歌题目是《赠豪客》，"暮雨潇潇江上村，五陵豪客夜知闻。他时不用相回避，世上如今半是君。"宋、元、明、清，乃至民国和今天，诸篇所记李涉此诗，均源于《云溪友议》中这篇《江客仁》。后来影响较大的《全唐诗》，也都来源于《云溪友议》的记载。

---

① 欧阳修，等．新唐书［M］．北京：中华书局，1975：5223.

范摅是唐代文学家，约唐僖宗乾符年间（公元 874 年前后）在世。其字不详，自号五云溪人。居若耶溪，若耶别名五云，因以自号。乾符年间，客于雪溪，亲见李涉赠盗诗手迹，其余事迹均不详。当时，李涉很可能已经过世。唐僖宗乾符年间，距离元和初（公元 806 年）约 70 年，假如李涉 25 岁做官，担任“太子通事舍人”，那么他活到乾符年间的话应当有 95 岁左右，极长寿了。按当时人们的一般寿命推测，李涉可能在公元 874 年前就已经去世。否则，如果李涉活着，范摅应当会有更详细的记载。

最后，翻检唐诗选本。清代彭定求等编的《全唐诗》收录了该诗。“李涉，洛阳人。初与弟渤同隐庐山，后应陈许辟。宪宗（公元 806 年，年号为元和）时，为太子通事舍人，寻谪峡州司参军。太和中（唐文宗在位的年号，大约是公元 827—836 年），为太学博士，复流康州。自号清谿子。集二卷，今编诗一卷。”① 《全唐诗》写明了李涉是唐朝诗人。《全唐诗》中收录了李涉赠张祜的《岳阳别张祜》一诗，张祜（约公元 792—854 年）生活在唐德宗至唐宣宗时期，字承吉，苏州人，在元和、长庆间诗名较大。代表作《宫词》：“故国三千里，深宫三十年。一声何满子，双泪落君前。”李涉也应当和张祜年岁相近。

---

① 彭定求，等．全唐诗［M］．北京：中华书局，1960：5432.

综上所述，我们可知李涉是“唐朝诗人”，而并非“五代诗人”，更不可能是“唐末五代初年的诗人”。这一常识错误，亟待更正！

第三节　错位的风景

——解读小说《远和近》的五个关键词①

文学作品是多重意义的叠加，文本是开放的，但是它只对那些“理想中的读者”开放。文本的解读需要有具体的切入点，笔者在引导学生赏析托马斯·沃尔夫的小说《远和近》的过程中，发现可以从五个角度切入，来剖析这篇小说。

一、美在别处

当火车司机还没有踏上这座小镇时，小镇在他的心中是“经过千万次”的，是熟悉的而不是陌生的。当他还没有走近小屋，只是在高高的窗口眺望时，小屋在他的心中是那么亲切美好。当他还没有见到那对母女时，她们那“勇敢、美丽、万劫

① 本节内容原题为《解读小说〈远和近〉的五个关键词》，发表于《语文月刊》2016 年第 7 期。有改动。

不变和始终如一”的“挥手致意”，给了他太多的温暖和勇气。

美似乎只存在于人的记忆中，不要去揭开那美丽面纱，不要靠近，也许才能真正地保留住美。当火车司机第一次真正踏上这片土地，依然感到疑虑重重，虽然二十多年里，他经过这里千万次。他为什么会感到“疑虑、迷惑和慌乱”呢？笔者想，这是因为他不了解这个小镇，小镇也和他想象中的不一样。人们都对自己不了解的事物，没有信心和把握，刚接触时都会有些许紧张。正如古人所说，“近乡情更怯”。当火车司机看到熟悉的小屋，想到它的温馨，和那对勇敢的母女，心中忐忑不安。人的想象总是美的，最害怕的就是美好的想象破灭。小镇、小屋都只是人生舞台的布景、道具，他最想见到的是小屋的主人，二十多年来，虽然他没有近距离和她们交谈过，但他以为“自己完全了解她们的生活”，并且将她们的生活和自己的生活完全融合在一起了。扣响小屋的门时，他的手在不停地发抖。正如我们经过漫长的学习，并参加了激烈的竞争，在等待结果的揭晓时那种急切盼望，却又害怕失败的心理。火车司机渴望见到母女俩，却又害怕自己会失望。

他所害怕的“失望”可能是什么？他害怕自己会打破那美好的印象。生活有时候的确很奇怪，陌生时渴望了解，了解了又发现其中的不完美。于是当初新奇的情感渐渐麻木，代之的是冷漠。

人们始终希望找到的是陌生而熟悉的风景。也许有的美好的东西，我们只能远远地观望，但不能走近，就让那份美好留存心底。

二、梦醒后的大悲哀

鲁迅先生说："希望是本无所谓有，无所谓无的。这正如地上的路，其实地上本没有路，走的人多了，也就成了路。"火车司机似乎是在二十年前，为自己编织了一个美丽的梦。怀揣这梦，他渡过了多个人生的难关。在他的前面，始终有一个梦想，等着他去实现。这一天终于来到，他也将要触摸到自己的梦想。在他的梦中有完美的小镇、小屋和母女俩。但当他来到这真实的小镇，靠近这小屋，才发现这街上的一切都好像是噩梦中的景物。

东坡有云，"人生如梦"，既然是梦，就难免有醒的一天。那母女"疑虑、疑惧、怀疑的眼光，冷冷的声音，迷茫的敌意和阴沉"将火车司机的梦惊醒了。人生不能没有梦，有的人这个梦醒了，又会有新的梦产生，但火车司机却突然发现自己已是一个老人了，他的"幻想之地都一去不复返了"。此时，我们深切地体会到了鲁迅先生所说的那种"无路可走的悲哀"。

三、寻找失落的故乡

王富仁先生认为在《故乡》中有三个故乡：过去的故乡、

现实的故乡和未来的故乡。在火车司机心中，母女俩的挥手致意是“美丽、不朽、万劫不变和始终如一的象征”。而不朽、万劫不变和始终如一的可能是什么？是对正义、良知的不懈追求。文中说“小屋”是他梦寐以求的幸福的目的地，那里才是他精神的家园。

每个人都在不断地追问：我们来自何方，将去到何方。人们都在渴求生命的价值。西方社会，人们更多地把自己对人生的终极追求，指向了上帝。在传说中，“圣母”马利亚是母性圣洁、完美的象征，她与神感应而孕育了耶稣，并引导耶稣独立去走一条充满荆棘的路，从而磨灭人本性中的狭隘与私欲，获得博爱、光明与重生。马利亚还象征着母亲的宽容和接纳，只要迷途知返，就能重获光明。而小说中挥手致意的母女俩，在火车司机的心中似乎就是那“圣洁、完美、博爱、光明、宽容”的“圣母”马利亚的象征。而且他在退休之前，生活的全部重心都在工作上，他虽有疲惫，却并不感到迷惘，工作让人暂时忘却了生存的终极追问。现在生活的大厦坍塌了，他急切地需要一种新的人生寄托，需要向别人倾诉，需要一种近似宗教的信仰。

四、一堵冰冷的墙

鲁迅先生的小说《祝福》，开头便暗示出故事发生的背景：封闭、愚昧、守旧的鲁镇。而这篇小说却没有明示故事发生的背景，只是说“一个小镇……”，没有鲁四老爷那样的迂腐之人，也没有柳妈之类不自觉地伤害别人的愚昧妇女。火车司机和母女俩虽见过面，但只是远远地遥望，谈不上交流，更不了解对方。而母女俩对陌生人的态度（“疑虑、疑惧、怀疑的眼光，冷冷的声音，迷茫的敌意和阴沉”）将他所有渴望的温情都剔除了。有一堵冰冷的墙横亘在他们之间，冻僵了人仅存的善良。猜疑、冷漠伤害的不仅是火车司机，更有那对母女。她们能对远处的人热情地挥手，却对走近自己身边的陌生人没有哪怕一点点信任和温情。莫泊桑在《我的叔叔于勒》中，感叹金钱改变了血水交融的亲情。《远和近》感叹了什么？也许就有人与人的不信任和冷漠。

2006年上海市高考作文题目是《我想握住你的手》，其中“握住你的手”一夜之间成为上海最流行词语。除了“握住你的手”之外，还出现了“握住青春的手”“握住大家的手”……我们不禁要问，“握住你的手”为什么能够激起社会广泛而强烈的共鸣呢？我想，缘由就在于，现代社会人们近在咫尺，心却远在天涯。人与人之间不再开放心灵，不再与他人坦诚交谈。

五、错位的风景

这对母女二十年来坚持朝火车司机挥手致意，她们似乎也在追寻某种希望。也许火车承载了她们所有的希望——不断地前行，坚定而勇敢，也许她们不是在看真实的风景，而火车和司机就是她们心中的风景。这始终如一的坚持，就孕育了虔诚的信念。而司机也似乎在寻找精神的风景，母女俩成为他心中美丽的风景。正如卞之琳《断章》所写的："你站在桥上看风景，看风景的人在楼上看你。明月装饰了你的窗子，你装饰了别人的梦。"母女俩勇敢的、美丽的"挥手致意"装饰了火车司机的梦，开往远方的火车和司机又装饰了母女俩的窗子。在无意的错位中，他们互相装饰了对方的梦。直到终于见到母女俩，火车司机才发现自己只不过是让别人来装饰了自己的梦。

第四节　诗歌鉴赏要抓住"不变量"

——现代诗歌《断章》文本建构的三重意蕴[1]

法国文学理论批评家莫里斯·布朗肖说："只有当作品成为写作着的某人与阅读作品的某人之间发生某种开放着的亲密性，作品才存在为一个事件。"[2] 仅仅作者写出作品，并不意味

---

① 贾桂强，张建庆．诗歌鉴赏要抓住"不变量"——《断章》文本建构的三重意蕴［J］．中学语文教学参考，2017（9）.

② ［法］莫里斯·布朗肖．文学空间［M］．顾嘉琛，译．北京：商务印书馆，2003：76.

着作品的诞生，如果没有读者的出场，那么作品就只不过是一些无意义的语词的堆积而已，只有当作者与读者存在着某种“开放着的亲密性”互动，作品才成为一个真正的“有意义事件”。在布朗肖看来，作品是无限的，是朝向作者和读者的开放空间。如果说一首诗是一座“迷宫”，那么作者只是起到了设计师或建筑师的作用，对于任何一篇能够打动读者的经典作品而言，其最大的魅力正在于：作者以作品这一“迷宫”的形式，引诱着读者充满好奇地步步进入，但要在“迷宫”找到属于自己的秘密通道，却又必须调动已有的经验和智慧，尝试进行新的有意义的探索。

一首诗，在它呈献给读者的时候，便不再属于作者了。“作品”一旦从作者的世界中“分离”出来，那么，由谁来阅读，如何阅读，就已脱离作者的掌控了。作为现代诗歌史上的经典作品，卞之琳先生的《断章》（苏教版高中《语文》“必修一”）在无数读者心目中留下了深刻印象。《断章》是诗人流传最广、最有代表性的一首诗，虽然全诗只有短短的四句，但其干净、简练的文字之后，单纯、朴素的意象之内，抑扬、顿挫的节奏之间，却蕴含了丰富的信息和多重的体验。笔者在教学过程中，尝试从不同的维度，和学生一起进入、探究、分享这首诗歌的意蕴。

一、联想：溯源《断章》的古典意蕴

《断章》给人的第一印象，好像一首唐人绝句，也好似五代冯、李词的意境。诗歌所表达的内容看似简单，而其内蕴的语义却极其丰富。全诗两段四句，出现了五种中国古典诗歌中常见的意象——楼、桥、窗、月、梦，这些文字像一排密码，一直通向中国传统文化、古典诗歌的“迷宫”深处，从而使读者产生曲径通幽的浮想。“中国古典诗歌有着超稳定的审美规范：采用单音单字的‘汉字思维’，能充分释放汉语诗歌的弹性蕴藉；以意境为最高美学，极易滋养、美化人心；平仄之间的韵律流转充满了内外交融的音乐性，起承转合的结构又极为自然。”①

“俄国的符号学家洛特曼提出，语言文字的符号的社会文化背景，是重要的，每一个语言符号，在一个特定的文化环境之中，形成了一定的效果。……语码的这种作用，意味着只有在相同文化背景中的人，才能体会到这种语码的效果。”② 比如，只要稍微有点古典文学修养的读者，结合中国人对于

① 陈仲义．新诗百年：如何接受，怎样评价？［N］．人民日报，2017－04－18（14）.

② 叶嘉莹．唐宋词十七讲［M］．北京：北京大学出版社，2007：37.

“月”的种种传统来联想，就知道它所暗示、透露的是一种相思怀念的感情。这种传统，在《断章》一诗中，留下了清晰的痕迹。笔者在教学中，首先设计了一个“飞花令”环节，让学生充分发挥联想，通过记忆搜寻、追溯《断章》中的古典意象，深切体会其中的古典意蕴，如下表：

<table>
<tr><th>古典意象</th><th>古典诗歌（诗句）</th><th>作者表达的情感（精神状态）</th></tr>
<tr><td>桥</td><td>1. 小桥流水人家，古道西风瘦马。（元・马致远《天净沙・秋思》）
2. 独立小桥风满袖，平林新月人归后。（南唐・冯延巳《鹊踏枝》）
3. 伤心桥下春波绿，曾是惊鸿照影来。（南宋・陆游《沈园二首》之一）</td><td></td></tr>
<tr><td>楼</td><td>1. 明月高楼休独倚，酒入愁肠，化作相思泪。（北宋・范仲淹《苏幕遮》）
2. 暝色入高楼，有人楼上愁。（唐・李白《菩萨蛮》）
3. 梳洗罢，独倚望江楼，过尽千帆皆不是，斜晖脉脉水悠悠。肠断白蘋洲。（唐・温庭筠《望江南》）</td><td rowspan="2">“思念”是贯穿中国古典诗词的一个重要主题。在此主题下，有不同的“思念”对象、不同的“思念”视角，更有不同的“思念”浓度。诗人在不同的环境下，借助一支生花妙笔，通过不同的物</td></tr>
<tr><td>明月</td><td>1. 明月不谙离恨苦，斜光到晓穿朱户。（北宋・晏殊《蝶恋花》）
2. 昭昭素明月，辉光烛我床。忧人不能寐，耿耿夜何长。（《汉乐府・伤歌行》）
3. 屏风有意障明月，灯火无情照独眠。（南朝・江总《闺怨篇》）</td></tr>
</table>

续前表

古典意象	古典诗歌（诗句）	作者表达的情感（精神状态）
窗	1. 夜来幽梦忽还乡，小轩窗，正梳妆。相顾无言，惟有泪千行。（北宋·苏轼《江城子》） 2. 何当共剪西窗烛，却话巴山夜雨时。（唐·李商隐《夜雨寄北》） 3. 守着窗儿，独自怎生得黑。（南宋·李清照《声声慢》）	象，以表达人类最真挚、最普遍的情感。
梦	1. 细雨梦回鸡塞远，小楼吹彻玉笙寒。（南唐·李璟《摊破浣溪沙》） 2. 梦里不知身是客，一晌贪欢。（南唐·李煜《浪淘沙令》） 3. 寂寞起来褰绣幌，月明正在梨花上。（北宋·欧阳修《蝶恋花》）	

“人有悲欢离合，月有阴晴圆缺”，聚散离合喜怒哀乐，本是人生的常态，古往今来莫不如此。人是有情感的特殊存在物，如果说人生总是离不开“思念”，那么，“思念”却又是受客观条件限制的，“思念”的温度与浓度，与时代的变化、社会的变迁密切相关。“思念”随着时间的流逝和空间的延展而产生、加深，在交通方式和通信技术相对落后的古代社会，人们表达思念的方式，往往要诉诸文字，借助于书信，而最终凝练为诗词，在中国古典文学中，诗词成为表达人们“思念”

的最重要、最普遍、最有效的载体。“五四”之后，随着新文化运动的兴起，人们以文字来表现这种情感的方式发生了明显的变化（白话诗、白话文学的兴起），但是诗人所表达的内容和主题，却仍一以贯之。在上述最常见的古典意象中，我们可以深切地体会到这种思念的浓郁、纯真和无所不在的弥漫。

二、分享：体验《断章》的人生意蕴

一首好的诗歌，一定蕴含了作者的生命体验，也借此希望唤醒读者的生命体验，从而实现作者与读者之间相互交流、彼此分享的愿景，这也正是经典作品的魅力所在。现象学学者罗曼·英格顿说：“一个艺术品一定要经过读者的欣赏，向它投注、跟它融洽，才能使这个艺术品有一种生趣，它才有它的生命。”[①] 阅读作品的过程，正是在作者和读者的两个世界、两种精神、两种情感之间交流、互动、分享、建构的过程。从教学角度而言，当师生双方共同面对一个文本的时候，由于各自对于文本的不同体验和理解——不同的读者通过对作品的深入阅读，各自唤醒或激发了其内在的“生命意识”，从而使教学过

① 叶嘉莹．唐宋词十七讲［M］．北京：北京大学出版社，2007：134.

程中师生双方的交流、对话和分享成为可能，成为必然。

一首经典诗歌作品，一定是开放性的，作者愿意并希望每个读者能够进入作品的“迷宫”之中，并真切领会“迷宫”中的每一处细节、伏笔所隐藏的信息和意旨。《断章》中引发读者和作者交流的一个重要触媒，就是作品中的人称代词——“你”。“你站在桥上看风景”，作者一开篇就以一个“你”直接切中了每一个阅读的人，从而使读者情不自禁地从一个“旁观者”的身份转变为“亲历者”，每一个有情感经历的读者都会这样认可：自己就是那个正在看风景的“你”。“看风景”这样的人生体验，是一种普遍存在的现象，作者起笔之高明就在于，以一个“你”字，打开了读者进入《断章》世界的“窗户”。

作为“读者”，我们在阅读的经验中一般是作为“旁观者”出席的，但是在阅读《断章》的过程中，我们都被还原为“见证者”“参观者”和“亲历者”。作者所设置的这个“你”的“陷阱”，使作为“读者”的“我”，已经不可能只是作为《断章》世界中的“他者”存在，而必须作为“我”出场了，这使本来只作为“旁观者”的读者有可能开启通向“内心世界”的艰难旅程，并尝试建构“作品世界”与“我”的有意义的关系。为此，笔者在教学中设置了如下的问题，以唤起学生的人生体验：

师：《断章》第一段，使用了两处“看”的动词——“你站在桥上看风景”“看风景的人在楼上看你”，如果“你”是“站在桥上看风景的人”，或是“在楼上看风景的人”，“你”会觉得自己是在“看”呢，还是“看见”了呢？

生1：“看”字好像有更多的想象空间，“你”只是在“看”，但并没有“看见”。

生2：如果“看见”了，那么也就团聚了，也就没有接下来要表达的那种思念了。

师：在《断章》的世界中，“你”有没有真的“看见”“你”想要“看见”的那个人？为什么？

生3：当然没有真的“看见”，《断章》中的“你”一直只是在“看”。

生4：也许，“相见不如怀念”吧。

师：如果“你”“看见”了，那么还会有下文“你装饰了别人的梦”吗？

生5：如果说前两句是铺垫，那么后两句就是一个自然而然的情感流露了。

生6：如果说人生总是处于一种正在“发生”的状态，那么“看”字是比较合适的；如果用“看见”这个词，似乎木已成舟，也不可能会有接下来的“梦”了。

通过这样的对话，我们会尝试着进一步思考一首诗歌背后的更深刻的问题，这就是人生的意义和价值之所在。

三、省察：深入《断章》的哲学意蕴

《断章》一诗，不仅情深意长，而且富有哲理。这首诗为何名为“断章”而不是“短章”呢？按照作者自己的说法，这四句诗本来是一首长诗中的四句，后来截下来成为独立的篇章，故而名为《断章》。但是“命名”的背后是否存有深意？我们是否可以“断章”取义？如果我们把作者所要表达的意图，理解为“普遍性寓于特殊性之中”，理解为以具体之事件——人生中的某一片段、某一场景——来揭示一个更为深邃的哲学命题，是否也是可以的呢？对于高中阶段的学生而言，在经过相关的《生活与哲学》（高中思想政治课程必修 4）的学习经验之后，是否可能从《断章》中进入一种更为理性的哲学思考呢？

人生活于世界之中，每天都在与世界交往，哲学所探讨的正是“人与世界相遇”时产生的种种问题。对于具有“生命意识”的人而言，世界每天都是一道风景，在这个世界上，其实只有两种人——“看风景的人”和“作为风景被看的人”；人既是外在于风景的独立“存在”，也是内置于风景的“存在”。

"你站在桥上看风景，看风景的人在楼上看你。"正是在"看"与"被看"之间，人与人之间有了不同的相遇和交流，"人生何处不相逢，相逢何必曾相识"，每一个人都在这个过程中，建构起和世界（他人）的有意义关联。

人生活于世界之中，不能不思考"我"之所"在"。"我"存在于"你"的世界之中，"你"也存在于"我"的世界之中，"我们"成为彼此生命世界中的一个重要组成部分，因而得以发现生存的价值和生命的意义。"我之'在'不是'在'那虚无缥缈、无何有之乡，而是'在'一个世界中，在时空中，在世间。我之'思'和我之'在'不可分，即我之思和我之世界不可分。我在世界之中，即思在世界中，即非纯思，亦非纯有。""人之世界，首先是他人的世界。'我'并不是孤独地在世上，相反，人使世界成为世界，首先指他人使世界成为世界，世界的意义（什么）是他人向'我'指示（揭示）出来的，他人使'我'成为'我'。"[①] 正是因为有"你"和"我"相遇之"共在"，因而才会有彼此之"思"；又因这彼此之"思"，而能够确认"你"和"我"相遇之"共在"，正所谓

① 叶秀山．叶秀山文集：散文随笔卷［M］．重庆：重庆出版社，2000：305.

“海上生明月，天涯共此时”。

《断章》中，尤其值得注意的是前后两段之间所揭示的这种“人”和“世界”（他人）相遇的本质性关系，以及这种关系对于“你”“我”之“在”的意义和价值。如果没有第一个场景（片段）中的“看”，那么也就没有第二个场景中的“装饰”（思），正是在白天经常出现的“看”而“不见”，使人在明月高悬之时深陷于“思”之焦虑中；人不仅生活于客观的、实在的世界中，更生活在精神的、灵魂的世界中；人生的问题，正在于这种现实的“分离”（“看”而“不见”）与精神的“相遇”（“装饰”或“梦见”）之间的冲突；正是人与人在现实世界中的“分离”（茫茫人海之中），在一定的意义上促成了我们在精神世界中的“相遇”，这正是“人”在这个世界最基本的存在状态。为此，笔者在教学的最后，给学生布置了如下思考题：

作品第二段——“明月装饰了你的窗子，你装饰了别人的梦。”请依据全诗的意境，仔细体会：1. 作者为何用了“装饰”一词？你是否有更合适的词语可替代？2. 为什么作者不说“别人装饰了你的梦”或者“你装饰了我的梦”，而说“你装饰了别人的梦”？3. 从“明月装饰了你的窗子”到“你装饰了别人的梦”，这样一个看似不经意的转折，背后有怎样特别的深长意味？

从常理上说，如果“你”能出现在别人的梦乡，这正说明“你”是对方很在乎的人，当“你”想到对方正在梦见“你”的时候，内心里会涌起一种特别的安慰和温暖，这样的一种想象似乎遮蔽了前一段揭示的只能“看”而不能“见”的事实，抚慰了“离”而难“聚”的痛苦。“我思故我在”，人因为“思”着世界（他人），因而使“我”和世界（他人）都具有了意义。

但是作者却令人疑惑地使用了“装饰”一词，“装饰”也可以理解为一种人生无奈的点缀吧，“明月装饰了你的窗户”，这令“你”辗转反侧，这种“装饰”背后有一种深藏于内心深处的不安；这种不安又进一步传递到“你装饰了别人的梦”，对于“你”所“思”念的人而言，他是不是也同样地在“思”念着“你”呢？是否只是你的一厢情愿？所以，最坏的结果，也许“你”只是“装饰”了“别人的梦”而已。夜深人静之时，当一个人独居内室，月光照进来了，“你”的内心会有一种油然而生的“思”念随之升起，“思”念使“你”的内心有了一种充实的感觉，所以可以安然人梦；“思念”也可能使“你”的内心更为不安，让你“忧愁不能寐”，甚至只有“举杯邀明月”。“装饰”一词深刻揭示了“你”与世界（他人）之关系的复杂性和不确定性。

在诗歌鉴赏中，要抓住“不变量”，要考虑学生已有的诗歌阅读“前理解”，更要契合学生生命成长的需要，还要以哲学的眼光洞彻诗歌中的秘密。朱光潜先生说：“诗歌是培养趣味的最好媒介，能够欣赏诗的人们不但对于其他种类文学可有真切的了解，而且也绝不会觉得人生是干枯的。”《断章》一诗“言有尽而意无穷”，正如“一百个读者的眼中就有一百个哈姆雷特”，当我们与《断章》中的“你”相遇，当我们在有意无意间走进《断章》，我们也许会发现另一个不一样的“自己”，不一样的“人生”，不一样的“世界”。

第五节　传统文化经典的现代转化与创新

——以文化经典《论语》整本书拓展阅读为例[①]

2017 年 1 月，中共中央办公厅、国务院办公厅印发了《关于实施中华优秀传统文化传承发展工程的意见》，并指出要“坚持创造性转化和创新性”发展，“使中华民族最基本的文化基因与当代文化相适应、与现代社会相协调”。[②] 在深化课程改革的

① 本节内容原题为《传统文化经典的现代转化与创新——以〈论语〉拓展性课程的开发为例》，发表于《教学月刊·中学版》2017 年第 4 期。有改动。

② 中共中央办公厅，国务院办公厅．关于实施中华优秀传统文化传承发展工程的意见［N］．人民日报，2017－01－26（6）．

今天，中华优秀传统文化在各校开发的拓展性课程中占有较大的比重。相关课程的开发者如何才能更好地进行“创造性转化”，让青少年能因此被吸引，甚至幸福地徜徉在中华文化的殿堂中？笔者结合文化经典《论语》的拓展开发，谈一点自己的做法和收获。

一、《论语》拓展开发价值

梁启超先生说：“《论语》为两千年来国人思想的总源泉。”以《论语》为代表的“优秀传统文化是一个国家、一个民族传承和发展的根本，如果丢掉了，就割断了精神命脉。我们要善于把弘扬优秀传统文化和发展现实文化有机统一起来，紧密结合起来，在继承中发展，在发展中继承”。①

当前国人的思维方式、道德规范，大多是在以《论语》为代表的儒家思想的影响下形成的。《论语》一书，凝聚了“信仰、责任、尊重、宽容、诚实、协作”等核心素养。2006 年下半年，国内有语文出版社《〈论语〉选读》、山东人民出版社《〈论语〉〈孟子〉选读》等五种版本的《论语》选读教材编写完毕并投入使用，这是我国首次尝试编辑“文化论著研读”类

① 习近平．习近平谈治国理政·第二卷［M］．北京：外文出版社，2017：313.

选修教材。上述五种《论语》选修教材都只是《论语》全书的节选，有必要进行《论语》整本书的拓展阅读。语文出版社的《〈论语〉选读》，从2006年9月起，作为限定选修教材全面进入了浙江省高中语文课堂。

二、《论语》拓展开发五种路径

2003年到2006年，笔者在浙江师范大学攻读教育硕士专业学位期间，师从著名楚辞学者黄灵庚教授，黄老先生专攻先秦古文，精通文字、音韵、训诂之学，蒙其严格教导，得以通晓国学门径。2004年开始阅读《论语》全书，此后一直不曾间断。当前解读《论语》的书籍，非常多，也各有其特色。遍览群书，大致有以下五种开发路径可资借鉴：

1. 考据式开发

按照原书顺序，一字一句，一章一节，一篇一篇，细读《论语》。先从前人的旧注，梳理文义，再考证疑难之处，把全书仔细过一遍。关于《论语》词义解读的著作，真是汗牛充栋。对于高中学生，要求放低一些，有基本的理解就可以了。推荐阅读中华书局出版的杨伯峻《论语译注》，该书注重字音词义、语法规律、风俗习惯等的考证，语言流畅，表述清晰准确，有很高的学术价值，是普通读者了解《论语》的入门参考书。

2. 主题式开发

如何把书从“厚”读“薄”，一个比较好的方法是按主题分类阅读。可以打乱《论语》原书的顺序，把全书分成若干个主题，每个主题下分出若干细目，按细目摘录。这一类的优秀读物较多，推荐阅读钱宁重编的《新论语》，该书打乱《论语》全书顺序，分为内编和外编，内编是孔子之言，外编是弟子之语，体例上有创新。

3. 传记式开发

阅读《论语》时，以人物为线索，打乱原书顺序，将孔子言行汇辑在一起，孔门弟子的言行辑录在一起，其他人物的言行另外编辑在一起。这种读法，有趣些，把《论语》当作传记来阅读。推荐阅读石毓智的《非常师生：孔子和他的弟子们》，该书把《论语》读成传记，把文化经典读成故事，把孔子和他的弟子这些古代“大人物”还原成“一般的人”。

4. 比较式开发

《论语》阅读的核心，在于其文化价值的解读。如果站在文化的大视野背景下，来解读《论语》，会有全新的启示。推荐阅读石衡潭的《东风破——〈论语〉之另类解读》，该书把东西方的两大经典《论语》和《圣经》作了对比阅读，相互参照，彼此发明，弘扬《论语》的普世价值，新意迭出。

5. 批判式开发

在《论语》阅读的过程中，注重批判性思维的培养，不是一味地肯定，而是有所取舍，加以鉴别，培养学生合理、公正和创新的思维方式。推荐阅读李泽厚的《论语今读》。该书以哲学为主线贯穿整部诠释，著述体例分为“译、注、记”。最能体现批判色彩的，就在书中的“记”，对读者的思辨有较大的启发价值。

三、《论语》拓展开发个案

语文版《〈论语〉选读》，从2006年11月起，作为限定选修教材进入了浙江省高中语文课堂。《论语》全书共20篇、512章、《〈论语〉选读》教材编者从中择取了174章，编成15篇课文。这174章，是编者精心选择的语录片段，但还是不够。对高中生来说，阅读“原典”更重要。笔者立足课本，从实际学情出发，拓展到阅读《论语》全书，并采用主题式拓展开发，设计了八个单元，开发出校本课程：“《论语》新解：卓越人生八项修炼”。

（一）课程目标

通读《论语》全书，勾画圈点，梳理全书内容，养成良好的阅读习惯，把握书中的重要观点和价值取向；通过反复精读，掌握传统文化论著类作品研读的一般方法，感受《论语》的语言魅力和思想力量；践行《论语》基本思想，形成个人的思想、行为准则，为卓越人生打造坚实地基。

（二）课程设计

据调查，大多数学生在认真阅读《论语》之后，最大的感受是全书都是一些散乱的道德箴言，有时还说得颠三倒四。为了让学生从整体上把握全书，教师必须先要读通这本书，理出一条清晰的线索来。经过多年研读，笔者找到了一条合于学理的清晰线索，将《论语》全书梳理出了一个总纲，设计了八个单元的阅读活动，详见本书第一章第六节。

这个总纲，来源于孔子的一段话："子曰：'志于道，据于德，依于仁，游于艺。'"（《论语·述而》）一个人有理想，有道德，有仁心，则他的立身有依据，处世有方向。有了这一前提，再谈论"艺"（一般学者解释为"六艺"，即礼、乐、射、御、书、数）才有价值和意义。《述而》中的这段话可谓"孔子倡导的人生大纲"。笔者在这一"人生大纲"中，又增添了四项内容：循于礼，修于己，守于中，知于命。

（三）课程安排

《论语》全书共有 20 篇、512 章、15 918 个字。笔者将其打乱，组合成八个单元，每个单元 2 课时，总计 18 个课时可完成。学生参考的教材，主要是杨伯峻《论语译注》。

（四）教学流程和方法

1. 每个单元的教学流程如下

（1）有趣的故事导入；（2）辑录《论语》中的相关语段，分“主题”研读（18 个主题），然后交流评点，组织专题辩论；（3）在讲述过程中穿插历史故事，深度解读；（4）问题与讨论（收集学生阅读中的困惑处，同伴之间互助解疑，教师参与答疑）。

2. 教学《论语》过程中，主要教学方法有“四结合”

（1）精读与泛读相结合。《论语》中的精彩段落，作批注式的文字，摘抄并且写点心得，有的可以泛读，理解即可。（2）三种“共读”相结合：生生共读，写心得；师生共读，做专题汇报；与名人共读，写专题小论文。（3）整体与专题相结合。读《论语》，要着眼整体，更要分专题阅读。例如，可围绕《论语》中的“孝”，展开思辨阅读。

(1)《论语》一书中共出现“孝”字18次。归纳之后，进行深入分析，探究出“孝”有三种境界：第一是养亲，重在物质的供养；第二是敬亲，对父母要和颜悦色；第三是养志，扬名立身，以显父母。这是从《论语》中归纳出的，是孔子的观点。(2) 关于“孝”的问题，很复杂。后来，宋代理学家将“孝”绝对化，甚至成了愚孝，出现了极端的例子，如《二十四孝》中宣传的“郭巨埋儿”，这种愚孝是可怕的。鲁迅先生曾就此专门写过批判文章。要谨慎待之。(3)“主题式”研读，不是碎片化阅读，而是一种深度阅读，带有思辨的力量。

(4) 阅读与写作相结合，学生反思自己读《论语》的收获。每个学生写一篇读《论语》全书的随笔，结集成册，全班进行交流、研讨。

（五）课程评价

对《论语》阅读活动进行评价，是一个复杂的问题，评价可以从自我、同伴和教师三个维度展开。学生根据个人阅读的体验和收获进行自我评价，同伴则是根据他人在上课时的积极性、研讨情况等进行客观评价，教师则是根据活动目标、课堂互动表现以及摘抄、随笔、论文等质量进行综合评价。

四、《论语》拓展开发成果

从2006年开始，笔者指导学生进行《论语》拓展阅读，经过十余年的教学实践，开设了11期《论语》精读选修课程班，有近400多名学生先后参与听课学习，有多篇学生的读后札记在校报上发表。此外，还取得了以下一些成果：

校本课程“《论语》博客：卓越人生八项修炼”，被评为“湖州市第二批市级普通高中精品选修课程”（2013年10月）。

校本课程“《论语》博客：卓越人生八项修炼”，被评为“浙江省第四批普通高中推荐选修课程”（2014年2月）。

校本教材专著《〈论语〉新解：卓越人生八项修炼》，在浙江教育出版社出版（2015年8月）。

校本课程“人生八项修炼”，在第三届“真爱梦想杯”全国校本课程设计大赛评选中，获得三等奖（2016年4月）。

微课程“《论语》新解：卓越人生八项修炼”（30节微课），在2016年度浙江省微课程开发活动中，获得一等奖（2017年1月）。

五、《论语》拓展开发反思

《论语》一书的阅读，如果只是照着原书顺序，一篇一篇讲下去，学生会觉得枯燥、无趣、散乱。要有一个恰当的切入点，不能零敲碎打，使其碎片化。要带着问题阅读，并且对相应的阅读材料加以整合，“主题式”分类阅读，可能是比较有效的开发路径。

第六节　诗歌类文本解读的三个维度及教学路径初探

——以执教现代诗歌《面朝大海，春暖花开》为例[①]

“文学在本质上是人学”，诗歌的生命或者说文学的生命，源于作者的生活体验，也发生于读者在阅读过程中被不断唤醒的生命意识，被逐渐丰盈的精神世界，按照接受美学的说法，“一首诗、词，如果没有人阅读，没有人反应，只是一个艺术的成品，没有美学的意义和价值。当读者阅读的时候，它才有美学的感受，才有了美学的作用。”[②] 阅读一首诗歌的过程，是一个相互嵌入的过程：一方面，读者需要将自己的生命嵌入诗歌文本所营造的世界中去，成为这个看似虚拟的世界中的真实存在；另一方面，也是读者将诗歌中的精神世界植入自身生命

---

① 本节内容原题为《诗歌类文本解读的三个维度及教学路径初探——以〈面朝大海，春暖花开〉为例》，发表于《语文知识》2017 年第 4 期。有改动。

② 叶嘉莹．唐宋词十七讲［M］．北京：北京大学出版社，2015：97.

中的一个过程。这个过程，于教学而言即是意义的建构。如何打开诗歌文本的秘密通道，经由师生双方的阅读与吟诵、分享与对话，将诗歌中的生命之火与思想之光，照亮每一个年轻的，正在展开的生命世界旅程，正是我们在教学《面朝大海，春暖花开》时所需要思考的。

一、文本解读的三个层面

美国哥伦比亚大学教授谢尔登·波洛克（Sheldon Pollock）对语文学（笔者界定为“文本解读”）下了新的定义，指出语文学不是在文本中确定信息的一种能力，而是能够让文本产生新的意义，“语文学……是教人如何正确地阅读、理解和解释文本的一门学问”。诗歌的文本教学，主要不是为了培养学生“确定文字信息的能力”，而是要养成一种“有意义建构的能力”，意义不是被赋予的，而是由学习者在教师的引领下自主发现和建构的。诗歌阅读是一种有意义的建构活动，教学的作用在于启发和促进学生发现和建构自身的生命世界与文本世界，以及与作者的精神世界之间的内在关联，从而使自己的人生具有美的价值和意义。正如哲学家伽达默尔所说：“对文本和艺术品真正意义的发现是没有止境的，这实际上是一个无限的过程，……新的理解也不断涌现，并揭示出新的意义。”正因为文本意义的可能性是无限的，所以文本的真正意义也总是和读者一起处于不断生成之中的。

波洛克教授“三个维度的语文学”（Philology in Three Dimensions）指出，文本解读自身当定位于三个不同的意义层面：第一层，是文本产生时的意义，或者说是作者赋予它的意义；第二层，是此前的阅读者们所赋予的意义；第三层，是当下的读者此时此地从这个文本中所读出的意义。就诗歌教学而言，师生双方要真正进入一个文本的内在世界，就必须同时兼顾文本在三个不同层面上所产生的意义。也就是说，当我们阅读《面朝大海，春暖花开》时，须在上述三个层面上，去发现文本深处所隐藏着的作者的精神世界，并以此来唤醒阅读者自身的想象和体悟。这个过程，也就是学习者通过对话而完成自我建构的过程。

二、教学互动的三种方向

教学，在本质上是一种对话，胡适先生说：“对话（dialogue）比讲课（lecture）更有价值。”日本学者佐藤学提出，“学习是意义与关联的建构”，“所谓学习，就是同情境的对话、同他者的对话、同自身的对话”。对语文教学而言，当我们（师生）面对同一文本时，也需要开启三种方向的对话。

第一，师生双方作为当下的读者，要与看不见的作者进行对话。这种对话是虚拟的，但又是可以真切实现的。我们需要通过文本中的某些秘密通道，譬如文字、意象、结构、节奏、韵律等，来体会作者在创作这首诗歌时的思想、心境等。我们需要了解他是在什么样的情况下写下这首诗的，为什么要写这首诗？他在自己的生命世界中遭遇了什么，他在与世界相遇时发现了什么，想要表达些什么？

第二，师生双方和作为“他者”的其他读者间展开的对话。作为当代诗歌史上最具影响力的诗人，海子的诗歌极大地影响了后来者。《面朝大海，春暖花开》这首经典诗歌，在其广泛传诵的过程中被越来越多的读者赋予了个性化、多样化的读解，并可能引发种种非议。这些读者有过什么样的议论？不同年龄段、不同性别，乃至不同群体的读者，在阅读这首作品的时候，有过何种感受？这些“他者”之论，对于我们解读此诗具有什么意义？我们可以从中获得什么启发？这都是需要我们和学生交流的重要话题。

第三，师生双方基于文本展开的当下的现实对话。这种对话，需要从两个维度展开：一方面，师生之间围绕文本的对话，譬如，教师和学生阅读文本的第一感受，分别是什么？为什么会有这些不同的感受？另一方面，学生之间开启的即时对话，处于相同年龄段，拥有相近的人生阅历、情感体验和学习能力的人彼此之间围绕文本进行的交流。

波洛克教授提出的“三个维度的语文学”，佐藤学的“对话学习”，都是基于文本解读的多元化视野。事实上，任何一种文学文本，对每一个时代的读者都是一种开放性的存在。从语文核心素养的培育来说，教学的目标应当立足学习者自身的人生经历、情感体验、学习能力，引导学生经过对文本的新诠释而不断丰富、拓宽、促进其个体生命的精神成长。

三、教学演进的三条路径

西方符号学认为“语言就是符号……当你仔细地阅读，每一个符号，都是显微的结构，它那些非常细致的、精微的字句的变化，可能提供给你的那种种联想，那种暗示，不同的读者或有不同的反应”。[①] 我们也可以这样理解，语文教学实践是一种以语言为媒介的交往实践和符号实践，其本质是“言语实践”。言语实践的核心是学习者能够借由言语这一特定的符号与不同文本、不同作者进行对话，从而获得生命滋养的无穷养料。对学习者而言，其他人的帮助，包括教师的引导，乃至隐

① 叶嘉莹．唐宋词十七讲［M］．北京：北京大学出版社，2015：441.

藏在文本之后的作者，都只能是作为文本阅读中的“他者”而存在的。

笔者以为，可以从下列三条路径进入课堂教学：第一，在课堂教学中师生双方直接面向文本，通过默读、齐声朗读、个人朗诵等多种方式，借语言、文字、意向、诗歌的内在韵律、节奏等这些“符号”“密码”，在学生个体最真实的感受基础上进行师生之间、生生之间的对话和交流，这种方式，可以称之为“个人视域”。第二，通过了解和把握作者创作该作品时所处的社会时代背景，从而进入对文本的历史层面的深度诠释，这种方法，不妨称之为“历史视域”。第三，通过其他读者、评论家对于该作品的解读，引导学生开启进入文本背后精神世界的秘密通道，这种方法，可以称之为“他者视域”。

这三种教学路径，应当以“个人视域”为主，后两种“视域”为辅。教学中，应当先让学生充分裸读文本，直指文心，涵泳玩味，使其在阅读文本之后，形成自己的“第一感觉”。因为学生的个性、经历、理解能力存在差异，对文本的解读自然也是多元的。阅读过程中，学生会产生这样或那样的问题，这正是教学的内驱力之所在。例如，学生在理解“春暖花开”这一意象时，就会有这样的困惑：怎样理解“面朝大海，春暖花开”中的“春暖花开”?

生 1（颇为自信）：诗人看到了花开，感觉到了春天的温暖。

另有同学发问：作者是在大海边看到花开吗？

生 2（可能查阅了参考资料）：这个只是诗人梦想中的温柔之乡，理想世界。

我想学生不再会有新的见解了，正打算公布课前预备好的答案，却瞥见生 3 举手。

生 3："春暖花开"应该是诗人看到的海上跳跃的浪花，仿佛是鲜花正在盛开，此时恰是温暖的春天。

我发觉他的解读颇有创意。参考资料上说"面朝大海"可以看作是实写，"春暖花开"是虚写。仅有"面朝大海"就流于枯燥平淡。"春暖花开"更灵动，更温暖明丽，是神来之笔。"春暖花开"是诗人的"心画"，是梦想的温柔之乡，寄托着诗人无限渺远的情思，有诗人的"真意"，表现出诗人的纯真和他的精神追求，他的精神花园鲜花盛开，春意融融，给人以遗世独立之感。

但"大海"如何与"花开"联系起来，参考资料中未作解释，显得有些突兀。生 3 将"大海—海浪花—春花"巧妙地联系到一起，很好地弥补了参考资料解释不清楚的不足。

学生在文本的多元解读中，实现了信息的沟通、情感的交融、思想的碰撞，在情感、态度、价值观方面得到了提升。

美国学者 R. M. 加涅认为，“学习在很大程度上依赖于个体和与之发生相互作用的环境事件（情境）”，“从最一般的意义上来说，教学的目的是促进学习，这意味着需要安排外部情境，以便激活、支持和维持构成事件的内部过程”。海子的这首诗，是一首和春天有关、与生命相连的诗歌。要真正进入这首诗歌，教学中须安排好“合宜的外部环境”。

“面朝大海，春暖花开”，是一个基于想象中的、精神性的世界（广阔的空间、流动的时间），这样一个世界在教学现场是难以还原和创设的。另外，作者曾经的生命历程、当时的社会背景，也难以在教学中一一展开。但是，中国古典诗歌有着悠久的“比兴”传统（当诗人的精神与外物接触的时候，一种由物及心的直接的自然的感发）。据此，我们可以找到进入这首诗歌的一条秘密通道，一个作为密码或符号的时间节点：春天。一方面，《面朝大海，春暖花开》一诗的主体意象，呈现出了一个无限明媚、灿烂的春天；另一方面，还应关注到，诗人创作这首诗歌的时间是 1989 年 1 月 13 日，两个半月（3 月

26日）后，海子就离开了人世。全诗的最后一句——“我只愿面朝大海，春暖花开”，留给了读者巨大的想象空间，春天这样一个特殊的时节，与作者最后的人生选择之间，是否会有某种隐秘的关系？我们应如何看待作者的选择？事实上，这个问题，是我们在教学中无法回避的问题，也是每一个人在成长过程中必须直面的问题。这样的思考也许是沉重的，甚至是压抑的，但却是必需的，因为，“生存，或者死亡，这是一个问题”。

当然，为了思考和理解上述问题，教学中还可以提供其他的辅助性阅读材料，为学习者提供同一时期海子的其他诗歌作品。例如，《春天，十个海子》一诗。这是海子最后的心灵告白，留给世界的最后预言：“春天，十个海子全部复活。”曾经那个悲伤的海子放下一切安静睡去，长久的沉睡以后，诗人坚信在一个阳光明媚的春天，许多海子一定会重获新生，去拥抱一个春暖花开的世界。

诗者，歌也。日本汉学家川和康三教授呼吁：“像孩子念诗那样回到诗歌本身。”通过师生共同的朗读，借助韵律与节奏的呼应、情感与呼吸的调控、文字与语言的参差……营造出一种有助于学习者进入文本内在世界的情境，使学习者“触境生情”，并唤起内心深处的某种记忆，开启通往诗歌文本内在世界的秘密通道，在学生的精神生命成长道路上留下些深深浅浅的痕迹。

第七节 把“我”摆进作品

——文学类文本教学中言语实践的路径和策略初探①

新课程标准（2017 年版）界定“语文课程”是一门“学习祖国语言文字运用的综合性、实践性课程”。“语文课程应引导学生在真实的语言运用情境中，通过自主的语言实践活动，积累言语经验，把握祖国语言文字特点和运用规律，加深对祖国语言文字的理解与热爱，培养运用祖国语言文字的能力；同时发展思辨能力，提升思维品质，培育社会主义核心价值观，培养高尚的审美情趣，积累丰厚的文化底蕴，理解文化的多元性。”

实践一般分为三种类型：与自然界有关的物质实践、与社会生活有关的交往实践、与各种符号有关的符号实践。语文教学实践中的主体是学生，主导者是教师，实践的客体主要是话

① 本节内容原题为《文学类文本教学中言语实践的路径和策略初探》，发表于《中学语文》2016 年第 4 期。有改动。

语和各类文本。在语文教学实践中，有教师与学生或学生与学生的交往实践，还有教师与文本或学生与文本的符号实践。语文教学实践，是一种以语言为媒介的交往实践和符号实践，其本质是“言语实践”。

语文实践活动的目的是提高学生的语文核心素养。“语言建构与运用”是语文核心素养的一个重要维度。“语言建构与运用”是指学生在丰富的言语实践中，通过主动的积累、梳理和整合，逐步掌握祖国语言文字特点及其运用规律，形成个体的言语经验，在具体的语言情境中正确有效地运用语言文字进行交流沟通。

人一旦出生，便置身于一个特殊的语言结构中，婴儿的语文实践活动主要是日常的语言习得和理解，在默会中积累了大量的语感图示。对婴儿来说，与他人的言语交往是最重要的语文实践活动，这是自为的、无序的、开放式的语文学习。儿童进入学校之后，接受的语文学习则是精细化的实践活动，是有为的、系列的、情境式的语文学习，这一阶段的语文实践活动主要是审美体验和审智体验。

高中学段，语文教学实践活动的审美体验和审智体验对象，主要是各类教学文本。在新课程标准（2017 年版）的规约下，教学文本分为实用类、论述类和文学类。实用类文本和论述类文本面对的是客观世界和现实社会，要从真实性与合理性角度进行批判性阅读，需要审智体验；文学类文本面对人的内心世界，其意义不是直白的，而是含蓄的，具有丰富的联想性和不确定性，是最具有审美特质的，需要审美体验。

本节主要探讨在文学类文本的教学实践中，如何建构和运用语言进行言语实践，获得审美体验。

一、文学类文本教学中言语实践的路径

文学类文本教学一般可分成三个方面的教学。一是文学知识的教学。例如诗歌中的“意象”“意境”“比兴”，小说中的“人物”“情节”“环境”，散文中的“形”“神”，戏剧中的“台词”“戏剧冲突”等。二是文学创作的教学。例如现代诗歌、微型小说、现代散文、戏剧的创作。三是文学鉴赏教学。例如诗歌的“意象赏析”、小说的人物刻画描写、散文的抒情形式、戏剧的人物台词品味等。笔者这里说的“文学类文本的言语实践”指的主要是“文学鉴赏教学”。

文学类文本的语言，是一种意蕴无穷而又人人可以领悟的弹性语言。德国哲学家卡西尔说：“人是符号的动物。”人通过语言把自己的实践活动变成了一种客观存在。人通过语言世界来反观自己，人与自我构成了主体与客体的关系。语文教学的

终极目标，是实现人的充分自由发展，实现人的精神存在。

胡勤先生在《语文认识论》一书中说："语文教学的语言实践与其他学科不同，数学学科以现实世界的空间形式和数量关系为实践对象，物理、化学学科以客观物质、自然规律为实践对象，美术学科以线条、色彩为工具，而语文教学的实践是语言的实践，它通过语言实践而获得认知与体验。"语言既是语文教学活动的对象，又是实现教学目标的工具。

文学类文本教学要立足"学生体验"，用一种审美的方式，引导学生去直面文本。什么是"体验"？所谓"体验"，就是"主体借助经验、运用直觉、通过感悟来理解客体时所感受到的无穷意味的心灵战栗"。[①] 文学类文本教学中言语实践的路径，主要是"体验式"的教学路径。

二、文学类文本教学中言语实践的策略

文学类文本教学中，如何进行"体验式"的言语实践？结合日常的语文教学实践活动，笔者提炼出以下三种教学策略。

1. 获得"原初体验"，走进文本

"体验式"的言语实践，要从学生的原初体验开始。所谓

---

① 胡勤．语文认识论［M］．杭州：浙江教育出版社，2014：209.

“原初体验”，就是学生阅读文本后最先获得的情感体验，它是下意识的不带偏见的，鲜活的富有生命力的。语文教学中的主体是学生，必须让学生在场，进行文本的裸读，而不是处于“离线状态”。

当代文艺理论区分“文本”和“作品”，作家创造出来的只是“文本”，经读者阅读参与创造而完成的才是“作品”。每一个学生在阅读文本之后，都形成了自己的“作品”。当前许多学者强调“学情分析”，学生的“原初体验”是最重要的“学情”，是语文教学的逻辑起点。例如，笔者在教学小说《流浪人，你若到斯巴……》这一课时，先让学生初读，提出不懂的地方。许多学生提出了以下问题：“为什么‘我’觉得炮声是高雅的？为什么详细描写学校过道的环境布置？为什么以‘流浪人，你若到斯巴……’为标题？为什么‘我’最后喃喃地说‘牛奶’？……”整堂课里学生围绕这几个问题，反复品读课文，从文本中找寻答案。课堂里不但有琅琅的读书声，还有激烈碰撞的思维火花，更有精彩的智慧生成。

“体验式”的言语实践，落脚点在“对话”。文本的解读是多元的，“一千个读者有一千个林黛玉”。常态的语文教学中，往往是教师先与文本对话，形成教师的“这一文本”解读。然后教师引导学生与文本直接对话，形成学生的“这一文本”理解。教师与学生的两种不同解读成果，可以进行“师与生”的对话，这是第一重对话；不同学生之间的差异交流，可以进行第二重对话；同一学生课前的文本解读与课中及课后的文本对比解读，有经验理解力的增长，是自身的对话，这是第三重对话。教学文本的意义理解，在师生之间、生生之间的多重对话中得以实现。

2. 审美式“诵读”，融入文本

文学类文本深入人的内心世界，有的情感是只可意会而不可言传的。文学类文本中的诗歌，是最富有情感性的作品，只有通过反复诵读，才能走进诗人的内心世界。

文学类文本教学中言语实践的最重要方式，就是“诵读”。所谓“诵”，《说文解字》有：“诵，讽也，从言，甬声。”段玉裁在《说文解字注》中，解释道：“以声节之曰诵。”诵的本义是指按照一种抑扬顿挫的声调念出来。另外，根据古汉语中“因声求义”的原则考察声音，但凡有以“甬”为声旁的多有跳动义，如“涌”字，指水在跳跃，所以“诵”要突出声音的跳跃，要有抑扬顿挫的变化。读，《说文解字》段玉裁注为：“抽绎其义，蕴至于无穷，是之谓读。”可见“读”不仅包括诵，还特别侧重内容的理解。读有三个层次：第一层次是字正腔圆地读；第二层次是带着情感，披文入情地读；第三层次是带有审美意味地读。在不同层次的诵读中，营造一种诗歌美的意境。通过有梯度的诵读，读懂诗歌，读懂诗人，读懂社会。

记得某次省优质课比赛，课题是《声声慢》。一位男老师执教此课，因为其体格高大，台下的听课老师便担心，他讲不好如此凄美的一首词。不曾想到，该老师的诵读震撼了全场，学生情不自禁，都潸然泪下，一下子便把学生带入诗词的情境中去了。此后的课堂，学生也多模仿老师的诵读。

反观当下的一些诗歌教学，多的是知识累积、鉴赏技巧剖析。教师将一首精美的诗歌拆解得细碎不堪，诗歌的美早已荡然无存。诗歌终究是情感的结晶，诗歌教学还是要以情感体验为主线，辅以知识积累和鉴赏方法的渗透。文学类文本的教学要用心去品读，让课堂成为“有我的课”，要追求语文课堂的“有心、有我、有灵魂、有生命”。

3. 想象还原，文本“再生产”

文学类文本属于主观世界，是作家内心自我的外化。其最大特征是想象性、虚构性。黑格尔说：“想象是最杰出的艺术本领。”雨果说：“想象是人类思维中最美丽的花朵。”文学语言是蕴藉的、混沌的，具有丰富的联想性，是一种集意象、情感、理性于一体的特殊物，有时是只可意会，却难以言传。

诗人在写一首歌之前，必然会有许多的情感积淀，犹如春天满园的茶树，有鲜活的叶子，在某一个瞬间，诗人将其凝注成一首诗歌，鲜嫩的茶叶经过烘焙成了干的茶片。我们欣赏一首歌，要进行想象还原，如同泡一杯茶，茶叶在沸水中又复活了。诗歌文本教学中，可以引导学生在读的过程中，去想象各种画面场景。例如，教学柳永的《雨霖铃》，可以让学生用散文化的语言来描绘离别的场景，换一种言语的形式感受诗歌的情感。诗歌的语言富有跳跃性，画面感特别强。而散文的语言，则是生活化的，贴近现实的，少了一些审美的想象的东西。

小说文本和戏剧文本教学中，要多一些想象的参与，“阅读小说首先不是去‘解释’，而是把自己摆进去，带着自己的人生经验去遭遇小说的世界，遭遇小说里的人生。”① 充分想象主人公的喜怒哀乐，可以进行相应的评点，或者改写成微型的小说，进行文本“再生产”。

文学类文本言语实践的成果，既不是知识，也不是智力，而是能力。通过品味语言，去想象、还原文本的丰富意境和故事情节，提高学生的言语鉴赏力，这是语文课堂的生长力之所在。

中国的文字，是一种有声音、有色彩、有画面的文字。

---

① 倪文尖，朱羽．重塑小说观　建构新图式——《现代小说阅读》编写札记之一［J］．语文学习，2005（3）.

"文学教学要扣住语言，要把作品放到语言中整体思考，把握住作品中的关键语句，这样才能把握整部作品。一个词，一个句子，一个段落，会点亮我们的心，也会点亮整篇文章，让我们领悟到文学的力量和文化的魅力。"① 不管我们选择的文本赏析"点"是什么，都应当紧紧抓住语文教学的逻辑起点与落点——言语实践。让学生与文本有真的对话，产生"化学反应"，而不是铁板一块。唯有这样，学生方能走进语文之门，体验文学之美。

第八节 向文本的更深处漫溯

——外国小说《流浪人，你若到斯巴……》解读综述②

小说《流浪人，你若到斯巴……》（以下简称《流浪人》），是诺贝尔文学奖获得者、德国作家海因里希·伯尔的名作。2004 年，该小说入选苏教版高中语文教材。它是高中阶段最难的文本之一。本节立足于高中语文教学的需要，对《流浪人》

---

① 胡勤．语文认识论［M］．杭州：浙江教育出版社，2014：209.

② 本节内容原题为《向文本的更深处漫溯——〈流浪人，你若到斯巴……〉的研究综述及教学建议》，发表于《中学语文教学》2015 年第 6 期。有改动。

的相关解读研究成果试作综述，谈一点看法。

一、对该文本的解读，大体有以下三个角度

1. 叙事学解读

《流浪人》在艺术手法上最为独特之处，就是其叙事角度的选择。多位老师从此角度解读文本。

俞秀玲在《叙事学视角下的〈流浪人，你若到斯巴……〉解读》一文中认为："小说如果不采用有限视角的叙事方式，而采用全知视角的叙事方式，也可以表现出反战的主题，但是，选用了有限视角，却将人感受上的'有限'和精神上的'受限'结合起来，作者的创作意图可以借助这种形式达到更进一步的深度和广度，甚至超越了战争的背景而成为对人类无法挣脱的普遍悲剧性命运的观照。"[①] 作者采用有限视角，和内心独白的形式，使小说与读者之间保持了一种距离，而这距离正是小说的内在张力所在，看似平淡的叙述，却潜藏着激越的情感之流。

成旭梅在《战争叙述的智慧：〈流浪人，你若到斯巴……〉的叙事学解读》一文中说："这是一个叙事学（鉴赏）的尝试，

---

① 俞秀玲．叙事学视角下的《流浪人，你若到斯巴……》解读［J］．语文学习，2009（3）.

解读（鉴赏）目标定在：伯尔以‘一个伤兵’的‘外战争’距离的设置使文章获得了对战争进行深入审视与思考的可能，从而使文章呈现出许多近距离战争文学难以捉摸的战争状态和远距离战争作品难以企及的思辨高度。普通却人文的视角，此即伯尔战争叙述的智慧所在，这也正是文艺最终的智慧与良心，体悟这样的匠心，才是人文学科学习的目的。”①

刘卫平与王薇则在《德国“二战”后短篇故事叙事策略——以〈流浪人，你若到斯巴……〉为例》一文论及小说的叙述策略，有“时空倒错、内心闪回和意识流”三种。② 其中意识流，便是从第一人称叙述视角来论述的。由于第一人称叙事的局限性，作者没有明确揭露德国法西斯的军国主义教育，而是多处暗示，给读者留下了广阔的回味和反思空间。

也有人从局部入手。例如，王义刚在《抓住“尼采的小胡子”——〈流浪人，你若到斯巴……〉教学片段》一文，抓住尼采的“小胡子”，解读小说。叙述学理论认为，叙事作品的作者为了引导读者理解自己所要表达的意义，经常在叙述过程

---

① 成旭梅．战争叙述的智慧：《流浪人，你若到斯巴……》的叙事学解读［J］．中学语文教学参考，2010（9）．

② 刘卫平，王薇．德国“二战”后短篇故事叙事策略——以《流浪人，你若到斯巴……》为例［J］．江苏技术师范学院学报，2012（10）．

中设置标记。小说中，“尼采的胡子”曾三次出现，“不妨将它看作是这篇小说的叙述标记之一，循此标记，可以帮助我们更好地解读文本”①。

对于表现本文主题，有限视角是最合宜的叙述角度，对于解读者来说，从叙事学的角度来解读本文，不失为一种适宜的解读方式。

2. 社会学解读

很多教师将这篇小说的教学指向定位在“反对战争，珍爱和平”，揭示个人悲剧的根源在于纳粹的欺骗与煽动。周广平在《〈流浪人，你若到斯巴……〉教学指向体认》一文，认为“对课文做出这样的解读，实际上是不够的”，“伯尔在描写战争时，选取了看似与战争无关的物品进行精心布局，透视到内在的根源，揭示了狂热背后的历史与现实土壤”，“作者批判的是战争背后的民族心理和性格，是悲剧背后的纳粹文化的历史和现实土壤，而不仅仅是揭示战争的残酷性，不仅仅是批判军国主义教育以及这种教育引起的青少年的狂热”②。

---

① 王义刚．抓住“尼采的小胡子”——《流浪人，你若到斯巴……》教学片段［J］．语文学习，2010（9）.

② 周广平．《流浪人，你若到斯巴……》教学指向体认［J］．语文学习，2011（4）.

叶军彪从社会学角度进行了解读，“这所摆满了古希腊和罗马艺术作品的文科中学，象征着德国民族性格中唯美和‘向善’的一面，也浓缩着德国的高度文明和先进文化”[①]。而与此形成鲜明对比的，是“这个国家无处不在的军国主义和极端民族主义的教育”，显示了这个民族性格中丑陋和“为恶”的趋向。从历史上看，德国民族性格中这种“向善”和“为恶”的趋向，总是混杂在一起的，时而成为天使，时而成为魔鬼。在伯尔看来，战后的德国民族，背负着历史的罪责，要有足够的勇气进行自我否定，祛除性格中恶的毒瘤，建立对人类正义、文明的信仰。小说《流浪人，你若到斯巴……》意在让人们的目光透过战争的硝烟，去反思造成战争的深层次原因，揭示战争背后一个民族的性格悲剧。这样的解读，将学生的思考引向了深刻，提升了文本解读的深度。

3. 符号学解读

有的研究者借鉴西方的符号学理论，拓宽了文本解读的视野，值得关注。黄宏武运用符号学理论，解读了小说中的环境描写。“这些环境布置，相当于瑞士语言学家索绪尔所说的一

---

① 叶军彪. 民族双重性格的反思——《流浪人，你若到斯巴……》的社会学解读［J］. 中学语文教学，2008（11）.

个个符号，在索绪尔看来，符号是一个具有一定意义的客观对象。”① 对小说中四个单体符号分别作了解释。费尔巴哈的《美狄亚》，其象征意义是复仇；《挑刺的少年》表现法西斯灌输学生要崇尚武力；雅典娜女神庙的庙柱中楣，暗示了学校教育中对军国主义的崇尚；多哥的风景画，是德国法西斯殖民主义在学校里渗透的标志。

对小说中的两组关联符号，作做了深入分析。第一组：大选帝侯、希特勒画像，老弗里茨像，和恺撒、西塞罗、马可·奥勒留的胸像；第二组：人种脸谱像和尼采像。“这些单个的或成组的符号共同构成了符号类群，正如索绪尔所说，各个有某种共同点的词会在人们的记忆里联合起来，构成具有关系的集合。这些符号，深刻揭露了纳粹法西斯军国主义教育的惨无人道，委婉而又沉重地批判了战争的罪恶；而作者是用符号暗示的手法表现出来的，从而使之更加含蓄蕴藉，但揭露的效果却越发深刻。”

经典的文本总是开放的，而非封闭的。因此，读者的阅读感受也是多元的，而非单一的。在教学中，教师的文本解读也不可单一僵化，要有个性化解读，要鼓励学生多样化地解读小说。

---

① 黄宏武．一斑知全豹 一沙见世界——《流浪人，你若到斯巴……》的符号解读［J］．语文学习，2012（10）.

二、文本细读中的几个难点探究

1. 炮声为什么高雅?

教学参考书的解读，把小说主人公“我”定位为一位麻木的不觉悟的战争炮灰，所以认为炮声是高雅的。

龚修森则提出了不同看法，认为是“反讽”。“关于他在重伤后还‘赞美’炮声，完全可以有另外一种解读：反讽。反讽可以从两个层面上去理解。其一，大炮和炮声其实并不高雅，尤其是在‘传来大火的吞噬声，以及黑暗中什么地方山墙倒塌的巨响’的时候，‘我’的赞美其实是反语，是一种沉痛的讽刺。”“其二，大炮和炮声确实可能是高雅的，这不因其破坏力而改变”，“高雅的‘形’和‘声’与其破坏力的惨烈结果形成反讽，这一段最后一本正经乃至不惜啰唆强调‘高雅’，强化了反讽的意味”。① 这一说法，颇有新意。

2. 比尔格勒是否认出了“我”?

教学参考书上并未给出结论。寇永升认为，从他管我叫“兄弟”，对医生耳语，以及他的微笑、忧伤等，可见比尔格勒

---

①　龚修森．炮声为什么高雅——《流浪人，你若到斯巴……》的人物解读［J］．中学语文教学参考·高中，2013（6）.

是认出了“我”的。“比尔格勒是一个悬念，是一条线索，‘我’在反复地确认他，认出了他，也就确认来到了母校。他也认出了‘我’，尽己所能地帮助了‘我’。”① 这一说法，从文本自身出发，加以证明，可自圆其说。

3. 小说结尾的“牛奶”一词用意何在？

为什么“我”喃喃地说“牛奶”？寇永升认为：“一是‘我’重伤口渴之时对液体的无限向往；二是对昔日学校生活记忆的苏醒；三是提醒眼前的比尔格勒——你可认出了以前在你那间昏暗小屋里喝热牛奶并冒险抽烟的‘我’。”② 笔者在《以“学生的解读逻辑”为教学起点——〈流浪人，你若到斯巴……〉的另一种教学视角》一文中，认为“牛奶是他对和平渴望的寄托”，也可说“当时他口渴了，想要喝牛奶，也是正常的”③。

徐红芬认为：“‘牛奶’是德国陆军少年师的标志，是少年实现英雄梦的标志，而如今17岁的‘我’发现自己失去了健全的肢体，惊呼‘牛奶’，也许可以看作是英雄梦的彻底破碎。”④

---

①② 寇永升.《流浪人，你若到斯巴……》教后思考［J］. 中学语文教学参考·高中，2014（1-2）.

③ 贾桂强. 以“学生的解读逻辑”为教学起点——《流浪人，你若到斯巴……》的另一种教学视角［J］. 语文学习，2013（11）.

④ 徐红芬. 用“德国的良心”书写“悲惨世界”——《流浪人，你若到斯巴……》解读［J］. 语文教学通讯，2013（1）.

其根据是：1937 年德国法西斯在全国设立 10 所“阿道夫·希特勒学校”，学生从 12 岁儿童中间选拔，学制 6 年。“二战”期间，这些孩子也都被蛊惑着，纷纷奔赴前线。在德军系列中，他们服装上的标志是一只奶瓶。因为他们尚未成年，每人每周要保证能喝到 3.5 公升的鲜牛奶，所以别名又叫“婴儿师”。这支军队就是党卫军第 12 装甲师，即“希特勒少年师”。这些孩子在军国主义的蛊惑下，每个人心里都膨胀着“英雄梦”。

“牛奶”的解读可以是多元的，不拘于上述的观点。

4. 黑板上的“流浪人，你若到斯巴……”为何没有写完整？

周广平认为：“当年不经意地把那句英雄语言写得残缺不全，又何曾想到几个月后便会步了两千多年前斯巴达人的后尘……”

杨仕威说：“铭文没有写完，小说中的解释是黑板太短，字体太大。其实是作者故意安排他们不写完，是对‘至死恪守命令’的否定，表明作者的政治立场。”[①] 朱前珍指出：“满怀热忱的人们连一段铭文都无法书写完整，狂热的行动必然会招

① 杨仕威.《流浪人，你若到斯巴……》“课眼”教学思路［J］. 语文学习，2012（2）.

致失败，这不是宿命的暗示，而是自取其咎的悲剧隐喻。”① 林燕娜认为“铭文在这里还隐喻着谎言的美丽与残缺”②，铭文再怎么工整再怎么美丽，始终还是残缺的。

寇永升说这一难题，还有待继续讨论，“这个典故没有写完整的原因期盼有能力读懂伯尔原文的有心人来指点”。目前，大家意见纷纭，这一问题还有待进一步研讨。

5．“好似一个格外嫩弱的早产儿”的寓意是什么？

“我躺在手术台上，看见自己的身影清晰地映照在上面那只灯泡的透明玻璃上，但是变得很小，缩成一丁点儿的白团团，就像一个土色纱布襁褓，好似一个格外嫩弱的早产儿。”（48 节）这句话是什么意思？杨仕威认为：“直到现在才看清自己，自己也是生命个体，是应该被呵护的生命个体。‘我’不再是军国主义教育下的那种坚不可摧的强者，我只是一个普普通通的生命个体。‘我’不敢相信自己曾经有过战争的狂热。”这个解释让我们明白了比喻背后的含义。

周武忠在《〈流浪人，你若到斯巴……〉中的隐喻艺术》一文，认为：“法西斯当局推行的军国主义教育，彻底剥夺了

---

① 朱前珍．“流浪人”的梦魇［J］．语文学习，2012（2）．

② 林燕娜．《流浪人，你若到斯巴……》难点试析［J］．语文学习，2008（7－8）．

像‘我’这样的学生的一切思想，简单幼稚得就像一个婴儿，而且还是不足月的早产儿！这样，三个月之前，‘我’为什么会甘心充当法西斯当局的炮灰，稀里糊涂地踏上战场，悲惨地失去了双臂和右腿，也就一目了然了。”① 周、杨二人的见解，均能切合文本主旨，但还需要进一步研讨。

6. 美术教师为何“摇着头”写下残缺铭文？

石月勤在《美术教师为何“摇着头”写下残缺铭文——探究〈流浪人，你若到斯巴……〉细节的深意》一文，认为：“‘摇着头，自己却也用同样大的字’写了不完整的铭文，暗示了对自己正在进行的教学活动、教学内容的不满与无奈。”还表现了“这一民族普通人内心深处微弱的良知与理性，它是这个民族能走出罪恶泥淖的希望之源”。② 这一解读，是否有拔高之嫌，笔者以为值得商榷。

在教学中，教师引导学生关注以上六处难点，进行适当讨论，可以没有最后的结论，答案也可以是多样的。从而将学生的阅读引向细腻、深刻、敏锐，让学生看到文字背后的东西，

---

① 周武忠．《流浪人，你若到斯巴……》中的隐喻艺术［J］．语文教学通讯，2010（11）．

② 石月勤．美术教师为何“摇着头”写下残缺铭文——探究《流浪人，你若到斯巴……》细节的深意［J］．中学语文教学，2012（11）．

而非走马观花。

第九节　不识“娜塔莎”真面目，只缘身在选文中

——从“学情”视角看外国小说《战争与和平》的节选

《娜塔莎》一文安排在人教版《外国小说欣赏》第四单元“人物”话题单元。该小说节选自列夫·托尔斯泰的长篇小说《战争与和平》，呈现在教科书中的三部分是：第二卷第三部第14节、第16节和第二卷第五部第15节。第一部分是写娜塔莎第一次参加一位要人家举办的大型舞会前的兴奋、激动与焦急的心情。第二部分是写娜塔莎在舞会上的心理、与安德来公爵相遇并双双在心中埋下爱情的种子。第三部分是写已经许配给安德来公爵的娜塔莎因为孤独与寂寞，受美男子阿那托尔的诱惑而背叛安德来后的心理状态。至于此后的娜塔莎的故事，学生并不知晓。

一、问题呈现

在教学过程中，笔者让学生试着分析娜塔莎这一人物形象，学生的回答大大出乎我的意料，少数同学赞美她“纯真善良”“活泼开朗”，而更多的则是严厉批评，例如：

生1：我觉得娜塔莎率真中带有一丝轻浮。

生2：原以为她会好好地爱安德来公爵，不曾想到，她竟移情别恋，她的这种做法使我对她原本还有的那一点好感也荡然无存了，她是一个令人厌恶的贵族小姐。

生3：我不喜欢娜塔莎对待爱情的态度，单纯不能够成为她移情别恋的理由，她不能忍受孤独，对爱不忠贞。

生4：我总觉得自己的感觉与书中概括的人物性格有出入，编者说娜塔莎十分单纯，但在我看来并非单纯，而是一种很自私的行为。她如果单纯，至少应该考虑别人的感受，因为单纯的人不会伤害别人。她可能本身就是卑劣的代表。

生5：我不喜欢娜塔莎，她对爱情不忠贞。她与安德来公爵有了相伴一生的约定，但她却以爱上一个只认识了三天的阿那托尔来回报安德来公爵，还不知羞耻地堂而皇之地对劝告她的好友索尼亚大发脾气，甚至说出“除了他，我什么人也不需要，我什么人也不爱”这种无耻的话，更理直气壮地给玛利亚公爵小姐写信说所有的误会都消除了，她要利用安德来公爵给她的自由和信任，不做她哥哥的妻子了，要与别人私奔了。这样的人，我不知道列夫·托尔斯泰为什么还视她为心目中的理想女性！

学生心目中的娜塔莎，与教材编者预设的形象相距甚远！教材编者说：“被阿那托尔吸引之后，娜塔莎被这份爱情冲昏了头脑，不管不顾，和索尼亚的对话显得兴奋、冲动，却又用近乎粗暴的口气来遮掩着心灵深处潜在的不安，这时候的娜塔莎，完全成了一个爱情至上的热恋中人。褪去了少女时期的那份青涩，盛开为热烈的花朵。”她“是一个充满浪漫与幻想且又多愁善感的女性。她纯真善良，渴望生活、爱情与幸福，是托尔斯泰笔下的一个经典形象”。但学生不认可这样的分析，他们认为娜塔莎是自私的，背叛爱情，意志不坚定，花心。她的内心世界是很肤浅的，对人的爱也比较直接，也容易动摇。娜塔莎是可憎的，并不可爱的。编者和学生对娜塔莎的理解，截然相反，原因何在？

二、原因分析

1. 主要是教材选文删节不当。教材编者在节选时，没有顾及人物形象的完整，没有顾及本单元的话题“圆形人物”和“扁平人物”。

例如“教参”第 69 页：“娜塔莎的第一天性是天真、活泼、炽热，充满青春少女的活力（这一特点在选文中有生动体现，节选文本充分表现了她的天真活泼），但是经历了和安德来的爱情以及和浪荡公子私奔、和彼埃尔的结合之后，她形成了第二天性（这一特点在选文中没有体现，学生也无从感知），这就是失却了内心青春火焰的妻子的贤良、母亲的沉静，厌弃一切打扮的妇人的成熟。所有在娜塔莎婚前认识她的人，对她发生的这种变化，好像对一件异乎寻常的事情一样感到惊奇。性格运动把娜塔莎的性格从第一天性推到了第二天性，变得复杂了。”娜塔莎是一个性格复杂的立体的人物，属于该单元话题中介绍的“圆形人物”，但选文所呈现的更多的是一个“扁平人物”的特征，不能起到圆形人物范例的教学作用。本单元另一篇小说，是泰戈尔的《素芭》，素芭这一人物的性格则是单纯善良，属于“扁平人物”。按照课本的处理，本单元两篇小说的主人公呈现的都是“扁平人物”的特征，导致选文没有很好地完成自身的任务。

2. 因为编者不了解学情，小说的节选要根据学生阅读的实际情况，适合学生学情，要避免学生对小说人物的片面理解。

潘新和曾感慨地说：“教材，一般在编写上是不怎么征求学生的意见的。”[1] 编者不知道学生会如何评价娜塔莎，因此出

---

① 潘新和．语文：审视与前瞻——走近名家［M］．福州：福建人民出版社，2009：56.

现了前面所列举的种种负面的理解。这不能责怪学生，他们根据选文，只能得出“她对爱情是不忠诚”的结论！

三、改进措施

教材的节选要慎重，《娜塔莎》一文有待重新删选。《娜塔莎》一文，可以选她一生的三段爱情来展现其复杂的不断成长的过程。（1）与安德来公爵。后来娜塔莎全力照顾重伤的安德来公爵，但已无力挽救他的生命。如果还活着，相信他们会走到一起，并且安原谅了娜塔莎。（参见《战争与和平》第四卷“尾声”）（2）与阿那托尔。彼埃尔去看望娜塔莎时，她表现了悔恨、自责：“他现在在这里，您告诉他……要他饶恕我……饶恕我。”“我的日子吗？不！我的一切都完了。”（参见《战争与和平》第二卷第五部）（3）与彼埃尔。娜塔莎出嫁了，有了三个女儿和一个儿子。婚后的她不再热衷社交生活，不注意自己的举止、语言的文雅以及装束。现在的她长胖了，身子也粗了，不再苗条了。她正在成为一个贤妻良母。（参见《战争与和平》第四卷“尾声”）

这样的节选，会较完整，且易于学生理解。不识“娜塔莎”真面目，只缘身在选文中。完整地看到娜塔莎从单纯的少女到成熟的妇人的全过程，学生便不会断章评人，中间还可加上编者注，介绍有关的未选入的情节。

这个单元的话题是谈小说的人物，重点是关于“圆形人物和扁平人物”。其中《娜塔莎》侧重圆形人物，而《素芭》则侧重扁平人物。娜塔莎是位性格复杂的贵族女子，先是对安德来公爵一见钟情，其后又耐不住寂寞孤独，被花花公子阿那托尔欺骗，显示其对爱情并不是很忠诚的，而是多情善变，这也充分说明了人物是多变的复杂的。

笔者后来鼓励学生去看四卷本的《战争与和平》，有一位学生在随笔中写道：“娜塔莎向我展现了一个真实的女性形象，一个从女孩蜕变为女人的过程。品尝了爱情的苦与甜，亲身经历了离别与背叛，才了解人生的真谛。面对明天的那份勇气，将稚气脱去，披上成熟的外衣，却不舍弃戴在胸前的那枚真诚的勋章，娜塔莎用自己的生命与时间去经历。我更爱她的直率，尽管略带贵族千金的傲慢与虚荣，但她从不吝啬自己的情感表达，她像一朵盛开的玫瑰，把爱和希望燃烧。”

在处理节选类小说名著时，教师需要在自己的教学实践中，增补一些教学内容，向原著整体拓展。从而促进文本内容的理解，较全面地鉴赏人物形象，生成合理的教学内容。更希望教材编者在节选文本时应最大限度地保持小说主要人物形象的完整性，要顾及学生的实际阅读情况，要倾听学生的意见。

第十节　文本解读：要“适度”而非“失度”

——我看小说《老王》中的“不老实”[①]

新课程标准（2017 年版）背景下的阅读教学强调学生应注重多元解读、个性化解读，从而激发学生的创新思维和探究精神。然而，在多维度个性化解读与单一性文本价值取向之间往往存在一定的距离，也正是这距离，成为许多教师课堂教学的难题之一。文学作品的解读多种多样，但在笔者看来，解读文学作品重在把握中庸的法则，即过犹不及。换句话说，也就是文学作品的解读要“适度”而非“过度”。本节针对杨绛先生的《老王》一文关于“不老实”的问题而展开论述。

一、《老王》的“不老实”

在苏教版高中语文必修三的第二单元“号角，为你长鸣”中收录了杨绛先生的写人散文——《老王》。在某次公开课上，一位女老师执教这篇文章，其关注点引起了笔者的注意。

---

① 贾桂强，刘春凌．要“适度”而非“失度”——我看《老王》中的“不老实”［J］．语文知识，2016（10）.

那堂课上，该老师抛出问题："课文中说道：'乘客不愿坐他的车，怕他看不清，撞了什么。有人说，这老光棍大约年轻时候不老实，害了什么恶病，瞎掉了一只眼。'那么，这里的'不老实'指的是什么？得的是什么'恶病'？"

有学生在台下说："'不老实'就是不守规矩。"老师进而做了分析："老王'有个哥哥，死了，有两个侄儿'，'此外就没什么亲人'，可以看出他就是个'老光棍'。"此语一出，台下就有了小小骚动，就连听课老师也颇为意外。该老师进一步引导："同学们，你们想，人总是有七情六欲的，有生理需求的，老王是光棍，怎么办？"有些大胆的学生开始在台下窃窃私语或者坏笑，但大多羞于启齿，低头不语。老师引导说："那无非是寻花问柳了，也就运气不好地染上了花柳病。"这不仅使得学生们大出意外，作为听课老师的我们也大为吃惊。

《老王》的不老实，应当如何理解，当前的学者都有哪些解读，这是我们解读的逻辑起点。

二、"不老实"的争论

课后，笔者明白这是那位老师的新读体会，课余查阅了一些有关这个问题的研究资料，有两种相反观点。

有学者支持把“不老实”解读成男女之事。

例如：黄厚江老师认为：“（《老王》一文）‘有人说，这老光棍大约年轻时候不老实，害了什么恶病，瞎掉了一只眼。’有两个词需要注意。一个是‘光棍’，你说光棍不老实会干什么‘坏事’呢？还有一个是‘年轻’。年轻时候不老实，年轻的光棍不老实，会干什么‘坏事’呢？尽管同学们还不是成年人，但从阅读的角度还是应该能理解的。这个‘不老实’的说法是否可靠，我们不敢断定，但我们可以由此看出老王在他那个群体中是被人嘲笑的对象，是被人当作笑料的，而这恰恰使我们看到他的‘老实’。而且，我以为，一个年轻光棍，有些不老实的事，也不一定是什么坏事，应该是正常的精神需求和情感需求。对不对？”

黄老师认为年轻的光棍，确乎有“不老实”的可能，也能够理解。我们都知道这篇《老王》是在老王去世几年后才写成的，可见作者对老王的感情是十分深沉的，这种感情，用文中的词语来说就是“愧怍”二字。杨绛是位散文大家，那么，杨绛在文章开头就不惜笔墨地将“有人说”的不确切的话写入文章，能否理解成：作者因为“愧怍”而维护老王的自尊心，所以才套用“有人说”的方式将老王年轻时候品德上的“不老实”述诸笔端，但也正是因为有了这方面的顾忌，身为女性的作者对老王或多或少会心存芥蒂，才会对老王的心意一次次地与他“钱情两清”。也正是这种芥蒂，构成了“愧怍”的一部分。

在涉及老王“不老实”这段话之前，作者交代了老王的基本情况：“北京解放后，蹬三轮的都组织起来，那时候他‘脑袋慢’‘没绕过来’‘晚了一步’，就‘进不去了’，他感叹自己‘人老了，没用了’。老王常有失群落伍的惶恐，因为他是单干户。他靠着活命的只是一辆破旧的三轮车。有个哥哥，死了，有两个侄儿，‘没出息’，此外就没什么亲人。”按照现代人的话说，老王就是个无钱无妻的老光棍。孔子在《礼记》中指出：“饮食男女，人之大欲存焉。”而告子也提到说：“食色，性也。”每个正常人都会有合理的生理需要，但一个青年男子拼命工作最终还是娶不到媳妇，一时不慎而染上恶病，岂不是更深的不幸？从中正是体现出老王的不幸命运。

也有学者反对把“不老实”解读成男女之事。

一种角度来看，老王的一只眼是“田螺眼”，瞎的。瞎眼不但让他没了乘客，而且招致了别人的诋毁——“这老光棍大约年轻时候不老实，害了什么恶病，瞎掉了一只眼”，这句话的立足点是“大约”，也就是说所有的根据都是来自主观的臆测："大约"的潜台词是乱猜疑，而"什么恶病"的隐性含义就是瞎估计。那么，也就是说，老王除了要忍受独眼、独身、独户的不幸之外，还要忍受起码的尊严被欺侮、被凌辱、被践踏的不幸。老王的"田螺眼"成为人们嘲笑的把柄，人们幸灾乐祸，恶语相向，使得生活在底层的老王在身体、精神上承受双重的不幸，令人反思回味。并且在后文中可以看出，同院老李面对老王之死时的轻描淡写，似乎是一件十分平常的事。从全文看，老李不仅是老王的"同院"，还曾代他传话给作者，那么关系还是比较亲近的，老李此时却是如此态度，可想而知其他同行的态度了。从这个角度来说，老王的不幸，更多的是这个时代的不幸。

此外，老王是底层的劳动人民，沪教版把《老王》编写在"平民生活"里，苏教版把《老王》放在"底层的光芒"这一板块中，固然是读出了散文对普通劳动者善良与诚实的褒扬。并且在后文中提到"胡同口蹬三轮的我们大多熟识，老王是其中最老实的。他从没看透我们是好欺负的主顾，他大概压根儿没想到这点"，拿老王跟其他车夫比，他是最老实的一个，而之前所谓的"不老实"的假设只是假设而已，仅是为了说明"乘客不愿坐他的车"，他的生活比较贫困，同时也通过"我"女儿给他吃了大瓶的鱼肝油，看出我们全家对老王的关心。

三、“不老实”的合宜解读

按一般常理来说，以上两种解读均无不妥之处，并且都有自身立足点，各圆其说。但问题是，教师在上课时应当选择哪一种观点作为教学内容呢？其学理的依据又在哪里？笔者认为，把“不老实”解读成“男女之事”，是过度解读，是不恰当的，理由如下。

1. 基于对教材重点的把握

这一课的教学重点是让学生感受底层百姓的善良品质。老王是底层的劳动人民，前文中也有提及，沪教版把《老王》编写在“平民生活”里，苏教版把《老王》放在“底层的光芒”板块中。而上课的老师把课文中的“不老实”作为教学重点，是不合适的。在笔者看来，这里没有让学生深入探讨的必要。但值得肯定的是，该老师提出的那种思路并没有错，想法也值得肯定，但是犯了将主次位置颠倒的错误，未能抓住课堂教学的重点。《老王》一课教学的重点在于理解“那是一个幸运者对不幸者的愧怍”，从而更好地体会底层人物的光芒。

2. 基于对学情的诊断

《老王》一课，学生在初中时大抵都学过，放在高中再次来学，老师在教学时应当把握：凡是学生懂的，要略讲，而学生不懂的要多讲。这里的“不老实”，学生看过，一般不会去追问，老师也无须在此大做文章。笔者认为，文章要精读，适度解读，而不是为了刻意追求“新味”而过度解读。

3. 基于对文本主题的解读

这一板块重在颂扬底层人物身上所散发出的美好、善良、纯真品质，并引导学生以一种平等和人道主义的眼光去关注底层人物的生活疾苦，也就是要引导学生从字里行间体悟老王这个底层人物形象值得学习、敬佩的地方，从而在情感态度与价值观方面争取让学生关注和热爱底层人物，传递社会正能量。若是一味关注老王“不老实”或者多么不幸，便是对《老王》一文的过度解读，是不合理的。如果真如那位老师解读的那样，揪住“寻花问柳”不放，那么与作者的本心、教材编辑者的本意，是不是南辕北辙了呢？如此一来，老王便不再是一个值得同情的人了。

第十一节　悦读社会“新词语”

——汉字汉语专题研究

新课程标准（2017 年版）学习任务群 13——“汉字汉语专题研讨”，就汉字或汉语的某一问题，加以归纳、梳理，训练学生从应用中观察语言文字现象和总结规律的综合分析能力，旨在加深学生对汉字、汉语的理性认识。前几年，对社会上出现的语言新词语，笔者作了一些分析，现选录三篇。

一、“山寨”到“山寨文化”[①]

自从中国古典小说《水浒传》里的梁山泊出现后，“山寨”一词仿佛就让人有了与“庙堂”“官府”相对照的印象。2008年，“山寨”不仅“蹿红”网络，山寨手机、山寨明星、山寨名牌、山寨歌曲、山寨电视剧更走下电脑的显示屏，现身中国老百姓生活的角角落落，山寨“水立方”、山寨“百家讲坛”、山寨“诺贝尔奖”、山寨春晚更是闹得沸沸扬扬、热议纷纷。

何为“山寨”？“山寨”最早的意义是“筑有栅栏等防守工事的山庄”[②]。如：

(1) 王钺又请于其前筑水礶山寨，以为戍守之所，朝廷皆从之。（宋・李心传《建炎以来朝野杂记・龙州蕃部寇边》）

(2) 飞指画甚大，今已至伊洛，则太行一带山砦必有

---

① 贾桂强．从“山寨”到“山寨文化”［N］．中学语文报（高二版），2009-06-15（1）.

② 汉语大词典［M］．上海：上海辞书出版社，1994：792.

应者［山砦同山寨］。(《宋史·岳飞传》)

其实“寨”这个字早在魏晋南北朝时就已经出现了。它的原义是栅栏，引申义为营垒、军事障碍物。如：

(3) 多设屯砦（砦同寨），置诸要道。(《三国志·吴书朱桓传》)

但“山寨”这个词却到南宋才出现，而且表示的是村寨。由营垒到村寨，所指范围明显扩大，而这除了与单纯词向复合词的发展趋势有关，还与当时的社会面貌、生活方式有密切的关系。

宋代长期受到北方强邻的侵凌，而南宋则先后受到金和蒙古的威胁。此时的民众受到强烈的民族精神影响，纷纷组织起来对抗金人，他们利用地势险要的山寨为据点，抗拒善于骑战的女真兵以及后来的蒙古兵，形成一股不可小觑的力量。而南宋政府认识到这股力量的强大，因此把民间自卫武力纳入边防系统中，积极设置寨堡，组训民众，实行屯田长期抗敌。而随着这些民间武装势力不断壮大，寨堡的地位也越来越重要，因此在宋代“寨”已经成为一个设置在边区的军事行政单位，隶属于州或县。再加上南宋南渡以后，以四川为上游重镇，四川成为对金作战的前线。而其地势险要，多山多谷，因此宋代的

“寨”大多建在山里，以便能够便于防守，由此“山寨”这个词产生了。

而从“山寨”这个词中，我们鲜明地看到宋代民间势力的壮大，并且这种势力得到了政府的承认，这在宋代以前是不曾出现的。在以前，这样的地方势力会遭到剿灭，而在宋代，受于当时社会环境所迫，主导力量不得不承认边缘势力的存在，并对其加以利用。

随着时代的发展、社会环境的变化，“山寨”的词义发生了变化，第二个意义表示旧时绿林好汉占据的山中营寨[①]。如：

(4) 吴学究道：“山寨里头领多多致意，今番教吴用和雷督头特来请足下上山，同聚大义。”(《水浒传》第五十一回)

(5) 流民附贼者至百万……贼潜伏山砦（砦同寨），伺间出劫。(《明史·项忠传》)

在此时，“山寨”特指绿林好汉占据的营寨，在远离朝廷的某一山头，几个绿林好汉聚在一起，一个集政治、军事、经济等为一体的小王国就此宣告成立。从“山寨”的这个义项中，我们可以看出民间力量越来越壮大，他们占山为王，有自

① 汉语大词典［M］. 上海：上海辞书出版社，1994：792.

己的一套法律、规则，不再受中央政府的控制，与主流力量疏离。而这与“山寨”的第一个意义不同，虽然第一个意义也说明民间势力的壮大，但它仍在中央政权的管辖之下，受着政府的控制。而这个义项则完全与中央政府背道而驰，他们是政府的反抗者。因此在此时山寨的存在是不合法的，它为政府所不容，遭到政府的剿杀，然而由于民间力量的壮大，这样的山寨一直作为边缘势力而存在，直到新中国成立后它才消失。

但不管“山寨”的意思是“山庄”还是“营寨”，它们都是名词，这是毫无异议的。“山寨”的第二个意义在现代已经消失，但由它引申出来的比喻义还存在，这一意义即“山寨厂”。

“山寨厂”属于粤语方言，在《香港粤语词典》便收录有“山寨厂”词条：“指设备简陋的家庭式小工厂。”① 改革开放后，市场经济蓬勃发展，广东作为改革开放的前沿，市场经济更是活跃，尤其是电子产品制造业。这些家庭式小工厂没有牌照、难入正规渠道，在地下工厂生产时下流行的电子产品，而这些产品与正规产品格格不入。这样的工厂偏僻、隐蔽，难以让人发觉，也让国家工商行政部门难以下手，这些特点与旧时绿林好汉的山寨有相似之处，都有占山为王，和正规品牌“分

---

① 郑定欧．香港粤语词典［M］．南京：江苏教育出版社，1997：218.

庭抗礼”的味道。因此粤语方言把这些地下工厂很形象地称为“山寨厂”。

而由这种山寨厂生产出来的无品牌的手机自然就被称为山寨手机。例如：“7月的深圳天气酷热烤人，但这丝毫没有影响全国乃至海外的大量采购人群涌入华强北、华强南购买山寨手机。”（《羊城晚报》2008年7月24日第A17版）而后其他的任何东西都可以“山寨”，例如“山寨歌曲”“山寨电视剧”“山寨电影”“山寨百家讲坛”，还有“山寨五角大楼”“山寨前门楼”，奥运会期间还有“山寨鸟巢”，等等。

“山寨”还可以形容人，如“山寨明星”之类。例如：“前日，某知名视频网站上爆出一条‘山寨明星’广告：‘周杰伦’竟然成了某技校的代言人！”“拍摄该广告的‘山寨版周杰伦’周展翅，因为模仿周杰伦已经小有名气……连周董本人见到他，都赞叹地表示：‘真的太像了，像到都想叫他声弟弟。’”（《南方都市报》2008年9月5日第B11版）

现如今，“山寨”却是仿冒、仿造的意思，其反义词就是“正版”。从语言学的角度看，“山寨”应该是形容词性的。这种词义和词性的演变可能是由“山寨”原义中的“非官方”“非正式”等含义引申出来的。

最后，作为动词的“山寨”出现了——“今天你山寨了吗?”（在词汇的流行进程中，若名词或形容词足够流行，往往会动词化。）又如：“网络上山寨手机、山寨 MP3、山寨明星都已不再新鲜了。近日，网友发现，刚刚开播的电视剧《丑女无敌》是根据美剧《丑女贝蒂》改编的。再一细数发现，中国改编的美剧太多了，于是，网友命名为山寨影视。比较成功的山寨作品如：《远东特遣队》山寨《兄弟连》，《家有儿女》山寨《成长的烦恼》，《好想好想谈恋爱》山寨《欲望城市》等。”（《中国教育报》2008 年 10 月 18 日第 4 版）在以上例子中，“山寨”成了动词了。

可见“山寨”一词的词义范围不断扩大，它已经从一种经济行为逐渐演变为一种社会文化现象，即所谓的“山寨文化”。山寨文化能如此广泛地流传，与人们的求新求异心理有一定的关系。人们对新事物敏感，喜欢追求新颖，而“山寨”这个词也表现出趋新、趋简、趋雅的语言特征。但最重要的还是“山寨文化”本身所蕴含的文化意蕴。山寨文化有三个本质特点：以模仿起家，而且多为模仿流行大牌；花样翻新，层出不穷；紧贴草根，与大众走得最近。它虽然是模仿，但却不是一般的抄袭仿效，其中还夹杂着创新的因素，它深深地打上了草根创新、群众智慧的烙印，是一种民间文化、大众文化，在这里每个人都有展示自我的平台。

从“山寨”这个词中我们可以感受到汉语词汇强大的生命力，以及词汇中所蕴含的深厚的文化意蕴。

二、何为“型男索女”?[①]

一日晚饭后，在大学校园散步，看到一则海报：型男索女之夜——首届“我为歌狂”英文卡拉 OK 大赛（题目）；时间——××；地点——××；赞助商——型男索女专业烫染吧。笔者是第一次注意到“型男索女”这个词，它是什么意思？不知道。

第二日到图书工具室查阅一些词典，“型”字在《辞海》有两种意思：(1) 铸造器物的模子（用木做的叫模，用竹做的叫范，用土做的叫型）；(2)（引申为典型）式样。组词有新型、血型、型砂、型钢、型架等，可看出“型”多做修饰成分。但没有找到“型男”这个词语。“索”字在《辞海》（第 161 页）中有八个义项：(1) 绳索；(2) 绞合；(3) 求取；(4) 寻找；(5) 完，尽；(6) 离散孤独；(7) 法度；(8) 须。组词有绳索、索句（动词）、索要、索引、索居等，可看出“索”可做

① 贾桂强．何为“型男索女”[N]．中学语文报（高二版），2010-03-22 (1).

多种成分（例如动词、名词），但无“索女”这个词。其他词典也找不到“型男”和“索女”这两个词。看来是新出现的社会流行语。

网络的力量是强大的，鼠标一点，出现了几万个和型男索女有关的网页。关键是要找到型男和索女到底有何含义。“型男：他或是用花衬衫把自己包装成都市浪子的形象，或是用各色指环把自己武装成指环王。他有十分的勇气，玩弄时尚于股掌之间。”（《南方都市报》2004 年 5 月 13 日）例如许志安在时装杂志上代表最有型男装。在“南方网”上介绍了型男的八种武器：耳坠、眼镜、项链、丝巾、胸针、皮包、袖扣、名笔。从以上介绍中可得出型男的一大特征即舞弄时尚，落伍于时尚者绝而不能成为型男。型男偏重于形象，它是一个名词。

那么索女何意呢？“她经受得住各种服饰气质对自身时尚敏感度的考验”（《南方都市报》2004 年 5 月 13 日）因为索女一词是广东的流行语，在汉语里又有了多层寓意。有的认为索女须有漂亮精致的脸蛋和火辣养眼的身段；有的认为索女须有旷世的才华；有的认为美女是天生的，才女是花工夫养成的，索女是要去扮去秀的；也有的认为“美女＋才女”才是审“索”的标准。看来对索女的概括分歧较多。总而言之，索女要有点身段，有些才气，有时尚秀的本领。“索女”不是搜索美女之意，和“型男”一样都是名词。型男索女都是冲击流行时尚的弄潮儿。例如：“2004 年极端的头发颜色会跳上历史舞台，也就是说，2004 年的染发将更讲究视觉冲击力，以往的栗色、深紫色、枣红色将被视为‘较保守的颜色’，而银灰色、亚麻色、青色这些与头发本来颜色相去甚远的颜色才是型男索女的最爱。”（《深圳月刊》2004 年 4 月 12 日）

网页上还有型男排名、型女排名、型男索女相片集、型男索女秀等词。有则新闻标题为：“摩登时代　广州型男索女大搜查”。所谓“型男索女”，用广东话来说，意为“正点男女”。即是说他或她，几乎完全吻合了人们某一方面的审美。可以说演艺明星的动态最能看出型男索女们的最新潮流所向。追逐时尚潮流者，是青年一族。可见型男索女有特指的对象人群，一般是青少年（年龄多在 30 岁以下）。

型男和俊男、酷哥、帅哥相比，更突出有型，更突出时尚自我；索女和辣妹、靓女、美女，更突出特立独行的个性。所有的型索武器只是外壳，内蕴的是卸下面具本真的自我。

一个时代有一个时代的生活，一个时代的生活有一个时代的流行语，透过这些鲜活的语词，我们触摸到了时代的心跳。

三、流行的“××达人”①

近来翻阅一些报刊，看到一个词语被频繁地使用着，且到了让笔者不得不关注的程度了，那就是“达人”。例如：

(1) 近日，由 CityFM 城市之音、山东广播音乐频道和东南卫视一同主办的“奥康 OFFICE 时尚达人”济南站选拔赛结束，通过才艺展示、服饰搭配、商务情景真人秀等环节，10 位选手从近千名报名者中脱颖而出，代表济南进入在北京举办的城市决赛……②

(2) 因为一篇“甲骨文作文”，四川省绵阳市南山中学的高考考生黄岭，成为网络上走红的“古文字达人”，“甲骨文作文”也成为炙手可热的网络词语之一……③

(3) 美国总统奥巴马 21 日做客美国全国广播公司的《今日》节目，谈及最近穿着高腰牛仔裤去棒球赛场遭到时尚评论家嘲讽一事。奥巴马说，自己并非时尚达人，绝对

---

① 贾桂强．流行的“达人”一词 [N]．中学语文报（高二版），2009-09-29 (1).

② 贺剑摄．他们是“时尚达人”[N]．都市女报，2009-06-09.

③ 董碧辉．当高考遭遇甲骨文 [N]．钱江晚报，2009-07-06.

> 不会穿紧身低腰牛仔裤…… ①
>
> （4）中国首部数字3D立体影片《乐火男孩》即将于8月底上映，该剧由快乐男生领衔主演，著名音乐人小柯亲自操刀，并加入时尚歌舞元素，讲述时下年轻人为梦想努力打拼的故事。其中魏晨扮演一个不务正业、爱泡妞的花花公子，对此魏晨却表示剧中的他其实只是一个失败的“恋爱达人”…… ②

“达人”到底是什么意思呢？这先要从“达”字谈起。

“达”的概念在中国传统文化里占有重要地位。《孟子·尽心章句（上）》：“穷则独善其身，达则兼济天下。”这种“穷、达”观念影响了一代代文人。“达”谓得行其道，故能兼善天下也。“达人”首见《左传·昭公七年》：“圣人有明德者，若不当世，其后必有达人。”孔颖达疏：“言其后必有达人，谓知能通达之人。”“达人”意为通达之人，也即显达之人。在蒲松龄的《聊斋志异》（二十四卷抄本）（齐鲁书社，1981年版）中多次出现，例如：卷五《胡氏》中：“主人近握其手，邀入故斋，置酒

① 杨笑．奥巴马拒穿紧身牛仔裤，称自己非时尚达人．北京晨报，2009-07-23.

② 徐攀亚．魏晨《乐火》变身“恋爱达人”，屡战屡败［EB/OL］．金鹰娱乐网，2009-07-24.

相款，从容曰：'先生达人，当相见谅。以我情好，宁不乐附婚姻？但先生车马、宫室，多不与人同，弱女相从，即先生当知其不可。且谚云：'瓜果之生摘者，不适于口。'先生何取焉？"卷十七《陈锡九》中："善莫大于孝，鬼神通之，理固宜然。使为尚德之达人也者，即终贫，犹将取之，乌论后此之必昌哉？"这两处"达人"都是"显达之人"的意思。

鲁迅先生曾在《"碰壁"之余》一文中说："至于李仲揆先生其人也者，我在《女师风潮纪事》上才识大名，是八月一日拥杨荫榆女士攻入学校的三勇士之一；到现在，却又知道他是一位达人了，庸人以为学潮的，到他眼睛里就等于'观剧'：这是何等逍遥自在。"这里"达人"一词，含有贬义，指"貌似通达，实则为恶势力的帮凶"。

现代的"达人"，多受台湾流行用语影响，可能来源于日语，由日语汉字直接翻译过来的。"达人"，意思是指经过长年锻炼，积累了丰富的经验，而得到某个领域真谛的人。这与中国传统文化中"圣人有明德者，若不当世，其后必有达人"有所不同。

因此，现代的"达人"，多为形容在某一领域非常专业、出类拔萃的人物的俚语。一般用法为"××达人"，褒义为主，无贬义。形形色色的"达人"充斥于网络，在网站、论坛随处可见，形成一道亮丽的风景线，促成了“达人文化”的形成。例如：“古文字达人”就是在古文字方面有高超造诣的人；“音乐达人”就是在音乐方面非常杰出的人；“灌水达人”就是指在BBS里长期大量发无意义帖子或回帖非常熟练的人。以及“恋爱达人”“美丽达人”“博客达人”“医疗达人”等。

综上所述，可见“达人”并非一个开天辟地的词语，追根溯源，人们所说的“高手”“牛人”“八面玲珑”都曾经是“达人”的过去式，“达人”也就是和“专家”差不多，只是换了个听起来比较时髦的称呼罢了（实际上已经是几千年前的古董）。

第三章　生长式语文课堂教学设计

生长式语文课堂教学设计，要围绕“四有”来展开：有困惑，这是教学设计的起点；有结构，这是教学设计的成败关键，用主问题导读，散而有序；有活动，新课程标准（2017年版）强调语文的实践性和综合性，突出语文活动性；有生长，在语用力、思维力、审美力和文化力等方面都有提升。

第一节　让课堂有一点深度

——白话散文《都江堰》阅读教学设计

2011 年 5 月 17 日，笔者参加浙江省湖州市第六届高中语文优质课评比，执教《都江堰》（选自人教版《中国现代诗歌散文欣赏》），获一等奖。

【教学过程】

一、导入新课

“有的人活着，他已经死了；有的人死了，他还活着。”这是著名诗人臧克家写的两句诗。“有的人死了，他还活着”，在余秋雨的散文《都江堰》里，便有这样一个人：他未曾留下什么生平资料，只留下硬扎扎的水坝一座，让人们去猜详。人们到这儿一次次纳闷：这是谁呢？死于两千年前，却明明还在指挥着水流。站在江心的岗亭前，“你走这边，他走那边”的吆喝声、劝诫声、慰抚声声声入耳。他是谁呢？他就是 2 000 多年前的四川郡守李冰。今天让我们一起品读作品，走近李冰！

二、文本细读

（1）同学们已经预习过课文，作为 2 000 多年前的四川郡守的李冰，他有什么伟大的功绩？明确：修建了都江堰。

（2）都江堰是一座水利工程，主要部分是鱼嘴、飞沙堰和宝瓶口。鱼嘴是建在江心的分水堤，把岷江水分隔为内江和外江。外江是岷江主流，内江为引水渠。飞沙堰是内江分洪减沙进入外江的工程。宝瓶口是控制内江流量的咽喉，是一个引水通道。鱼嘴、飞沙堰、宝瓶口三者配合，加上其他水利设施的作用，可以保证灌区在岷江水小时够用，水大时不成灾。但作者没有在文中详细介绍都江堰的具体工程，而是紧紧抓住了游览都江堰时所看到的水，这水有怎样的特点？

带着这个问题，请同学们齐读第二部分。

明确：水的一面是：精神焕发、喧嚣的生命、壮丽的、最强悍的；另一方面是：又极有规矩、驯顺的，没有一滴水溅错了方位。

同学们！如此壮丽、强悍的水，居然又是如此的规矩、驯顺，为什么呢？因为李冰收服了水。

是的，李冰做到了这一点，是李冰将喧嚣、强悍的水收服了，作者如此浓墨重彩写水，就是为了突出了李冰征服江水的巧妙和伟大。

（3）过渡：李冰修建的都江堰是伟大的水利工程，在我国还有许多伟大的工程，例如长城、北京故宫、京杭大运河等。有一首歌，叫《万里长城永不倒》，长城是中华民族的坚强不屈精神的象征，被公认为是中国历史上最伟大的工程，是中国人的骄傲，然而余秋雨竟然说："最激动人心的工程不是长城，而是都江堰。"为什么？（可与同桌交流。）

同学们分析时，看看作者主要是从哪几个方面作对比的：

明确（口头总结）：都江堰历史更悠久——长城还只是它的后辈。

都江堰社会功用更长久——至今还在为无数民众输送汩汩清流。

总之——为天府之国提供庇护和濡养，永久性地灌溉了中华民族。

我们知道，长城建成以后，曾经抵御外敌，功不可没，是非常伟大的，余秋雨认为都江堰超越了万里长城，主要是在哪一方面？明确：社会功用。

（过渡）都江堰的社会功用是为民造福，是无私奉献，因此，作者把都江堰比作了什么？

明确：比作母亲，而且是乡间的。为什么比作乡间母亲？

明确：因为它几千年来卑处一隅、绝不炫耀、毫无所求、只知贡献，像最具有奉献精神、最无私的母亲。作者给予了都江堰最高的评价！

因此，这样伟大的工程，从某个角度讲超越了长城。

(4) 都江堰能够造福百姓几千年，要归功于谁呢？归功于遥远得看不出画影的李冰。让我们一起走近李冰，看看他是一个怎样的人？

请同学们齐读第三部分从“四川有幸……到（第 91 页）他大愚，又大智……”

① 李冰——蜀郡守。郡守，是地方行政长官。

李冰身处官场，而中国千年官场的惯例是什么？

把一批批有所执持的学者遴选为无所专攻的官僚。

② 过渡：这些无所专攻的官僚，用课文的话说，一般手中握的是什么？它们代表了什么？

金杖玉玺、铁戟钢锤治人的计谋、征战的野心。

③ 而李冰手中握着的是什么？代表了什么？

一把长锸，治水的工具，兴修水利。

④ 为什么说“他失败了，终究又胜利了”，结合文本分析。（四人小组交流，请四大组各推举一人回答，等四组的发言完毕，再总结。）

在千年的官场中，许多官员都是极力追求权势，以权谋私，把获得高官厚禄，作为为官的目的和成功的标准。如果说这样的官员是成功的话，那么李冰显然不是一个成功的官员，在官场上，他表现得“大愚大拙”；但李冰手握长锸，建造了都江堰，造福百姓，历史铭刻着他的功绩，他才是真正的胜利者，做到了“大智大巧”！

正是因为他在官场上的“大愚大拙”，舍弃了利己，选择了利民，才有了“大智大巧”，造福于民！

（5）西方有句名言：“思想决定行动。”作为一名地方官员，他的一切行为，是由他的政治理念决定的，在李冰看来，政治的含义是什么？

浚理、消灾、滋润和濡养，具体又质朴。

这位同学，请你解释一下这几个词语的含义。（浚理：疏通治理；消灾：解决旱灾、水灾；滋润和濡养：兴办许多水利工程。）

过渡：为官的根本任务，在李冰看来，是浚理、消灾、滋润和濡养，做实事。这是李冰修建都江堰的出发点。“有什么样的起点就会有什么样的延续。”

下面，齐读“有什么样的起点就会有什么样的延续。……只能说都江堰为自己流泻出了一个独特的精神世界。”

（6）李冰死后站在了他最合适的岗位，都江堰流泻出了一个独特的精神世界，也就是李冰的精神世界，这个精神世界的本质是什么？请大家用简洁的话概括一下。

课文中有一段话：前不久我曾接到一位极有作为的市长的名片，上面的头衔只印了“土木工程师”，我立即追想到了李冰。

我们知道，现在许多人的名片，往往挂了一大串头衔，而极有作为的市长，却只印了“土木工程师”的头衔，说明了什么？淡泊名利，极为务实。

为什么“我立即追想到了李冰”？李冰也是“淡泊名利，极为务实”的官员。

李冰精神：务实质朴、淡泊名利、贴近苍生、为民造福，永久性地濡养了中华民族。

师读：石像终于被岁月的淤泥掩埋，20 世纪 70 年代出土时，有一尊石像头部已经残缺，手上还紧握着长锸。

一位现代作家见到这尊塑像怦然心动，“没淤泥而蔼然含笑，断颈项而长锸在握”，作家由此而向现代官场衮衮诸公诘问：活着或死了应该站在哪里？

李冰站在了哪里？（板书：活着或死了应该站在哪里。）

百姓的一边，为官一任，造福一方。虽然李冰未曾留下什么生平资料，但正如鲁迅所说的（幻灯片展示鲁迅的《中国人失掉自信力了吗?》，齐读）：我们从古以来，就有埋头苦干的人，有拼命硬干的人，有为民请命的人，有舍身求法的人，……虽是等于为帝王将相作家谱的所谓“正史”，也往往掩不住他们的光耀，这就是中国的脊梁。

李冰就是中国的脊梁！

三、拓展延伸

都江堰永久性地灌溉了中华民族，它的建造者李冰身上闪耀的精神光芒也永久性地濡养了整个中华民族！照亮了整个中国历史文化的夜空！

活着或死了应该站在哪里？李冰用他的实际行动诠释了活着的意义，李冰精神，给了我们这些平凡人什么启示呢？请在书上，写 50 个字左右的感想！

做人：要务实质朴，不空谈，淡泊名利，尽己所能，为他人为社会，多做一点贡献，成为一个大写的人！

中国历史上也有许多具有李冰精神的人，请举一个例子，谈一谈。

[杭州西湖白堤（唐代大诗人白居易修建）和苏堤（北宋大文豪苏东坡修建）]

四、收束全文

这篇课文写了一座工程，写了一个人。这项工程即使再伟大，放眼整个中国历史，它也是极其渺小的；这个人即使再伟大，置身于历史长何，他也只是沧海一粟。但这渺小的工程和渺小的人，却犹如清晨草叶上的一颗露珠，折射出了整个太阳的光辉！

“一粒沙里见世界，半瓣花上说人情”，这是郁达夫先生谈中国现代散文时作的一个比喻性的总结，道出了现代散文的一个很重要的特点：以小见大。

都江堰只是一座水利工程，只是一粒晶莹的细沙，它的背后是其建造者李冰身上折射的精神，照亮了千年来的官场！

与其说《都江堰》是写都江堰，不如说是写李冰，与其说是写李冰，不如说是写对中国千年来官员使命的思考，不如说是写一种文化！

五、课后作业

阅读余秋雨的其他作品（《道士塔》《莫高窟》《三峡》等），进一步感受其人文情怀，并学习他的文化散文的写作方法——以小见大。

【执教反思】

语文课堂从本质上讲是教师、学生基于文本的对话，课堂的最终效果也往往取决于这对话的效果，而影响这种对话效果的不仅是教师对文本的解读，还有学生的学习需求，还有文本提供了多少探求的空间，以及教师与学生以什么为核心进行对话等。因此，我们要根据文本、学生乃至教师自身的特点来确定能够统率整堂课的最有价值的东西。

教学内容的选择应合宜。教学内容要正确，要适合学生的学习需要，要给学生学习提供较大的帮助。

一、教师所应具备的裸读能力

把握课堂的核心价值，首先应重视的就是教师对文本的解读。教师能否把文本读懂读透，这是至关重要的。文本的解读是有层次性的。例如余秋雨的《都江堰》，这个文本有相对明确的三个层次内涵，而这三个层次主要借助比较来体现。第一层次是第一个比较，把都江堰与长城作比较；第二层次是第二个比较，把都江堰与大海作比较；第三层次是第三个比较，把都江堰的创造者李冰与一批批有所执持的学者遴选为无所专攻的官僚作比较。如果仅仅把文本解读为人的价值“贴近苍生，造福万民”，是否全面呢？在文本的最后一段，还出现了这样一句话：“我突然产生了对中国历史的某种乐观。”笔者将其解读为“与其说《都江堰》是写都江堰，不如说是写李冰，与其说是写李冰，不如说是写对中国千年来官员使命的思考，不如说是写一种文化！”

二、依据文本体式确定教学内容

把握课堂的核心价值，其次应重视的就是对文本文体特征的把握。好的阅读教学，往往基于合适的文本解读。余秋雨的《都江堰》是一篇游记散文，游览了都江堰，追思了李冰这个人，是“写了一座工程，写了一个人”，但从这“渺小的工程和渺小的人”中折射出了深刻的思考，体现了现代散文的一个很重要的特点——以小见大。

文本除了思想价值外，还有其所特有的语体价值，因而就有了如何通过文本学习，提升学生解读和鉴赏能力的问题。教师必须善于在将这诸多价值融合的过程中最终确定本堂课的核心价值。

三、根据学生学情选择教学内容

把握课堂的核心价值，最终应重视的就是对学生阅读的实际情况的准确了解。教师要教的，应是学生读不懂的地方，是学生读不好的地方。例如：

第一部分：余秋雨认为都江堰超越了万里长城，主要是在哪一方面？社会功用。

都江堰的社会功用是为民造福，是无私奉献，因此，作者把都江堰比作了什么？母亲，而且是乡间的。

为什么？因为它几千年来卑处一隅，绝不炫耀，毫无所求，只知贡献，像最具有奉献精神、最无私的母亲。作者给予了都江堰最高的评价。

第二部分：水的一面是：精神焕发、喧嚣的生命、壮丽的、最强悍的；另一方面是：又极有规矩、驯顺的，没有一滴水溅错了方位。如此壮丽、强悍的水，居然又是如此的规矩、驯顺，为什么呢？

因为李冰收服了水。是的，李冰做到了这一点，是李冰将喧嚣、强悍的水收服了，作者如此浓墨重彩地写水，就是为了突出李冰征服江水的巧妙和伟大。

尽管所花费教学时间不多，但却将一、二部分解读清楚，而三部分之间也巧妙贯穿，牵一发而动全身。

四、教学环节的展开

教学环节的展开应有效。教学流程、教学方法要有效地使学生达到我们设定的教学目标。

（一）教学流程的确定性和生成性

一篇课文依据体式，它的核心教学内容大致是确定的。而依据学生学习的逻辑来设计的教学流程，在具有确定性的同时又为生成留下了广阔的空间。这堂课形成了三个核心教学环节：

（1）请同学们找出“李冰与一批批有所执持的学者遴选为无所专攻的官僚的区别?”

（2）请同学交流，理解作者的评价：“在李冰看来，政治的含义是浚理，是消灾，是滋润，是濡养，它要实施的事，既具体又质朴。”“他失败了，终究又胜利了。”“他大愚，又大智。他大拙，又大巧。”“作家由此而向现代官场衮衮诸公诘问：活着或死了应该站在哪里?”

（3）高难度问题：“李冰的精神世界实质是什么?”

在这里，主要的教学内容，是确定的；核心的教学环节，是确定的；教学环节之间的关联，也就是教学流程的流向，是确定的；最后一个“高难度的问题”，很大程度上也是确定的。

但又不是僵化的确定性，它蕴含着生成性。在对每个句子的分析、品鉴中，都可自然地顺势引发思考：都江堰流泻出了一个独特的精神世界，也就是李冰的精神世界，这个精神世界的本质是什么？

每个学生都在按流程的方向学习，都经历了学习的过程，都能获得不同程度的成果，但他们所获得的，是他们能获得的，而不是教师硬塞给他们的。

（二）教学方法的合理性和合适性

讲究课堂教学艺术，是为了使学生“学的活动”更有结构一点，更完整一点；使学生的语文学习方式更丰富一点，更多样一点。教学方法的讲究，至少有两个标准：第一，合理与否；第二，合适与否。

这堂课还有待改进之处在于，课堂教学的“师生对话”，有的变成了教师和学生两人之间的窃窃私语，不合理。如果能在分析作者评价的四个句子时，将句子在屏幕上投影下，会更合适。

总之，任何一堂课都应该明确两个问题：教什么，怎么教。其中，怎么教主要是技术层面的东西，包括教学环节、教学方法等。而相对更重要的是教什么，也就是确定课堂的核心价值，而这是建立在对文本、对学生、对教师自己充分解读的基础上的，都是今后需要引起高度重视的。

第二节　以“学生初步感知”为起点

——文言散文《兰亭集序》阅读教学设计①

【教学过程】

一、导入新课

略有文学常识的人，不会不知道“诗圣”杜甫；同样，略懂书法的人，不会不知道被誉为“书圣”的大书法家王羲之。谈到王羲之，同学们知道，他有一幅作品被称为天下第一行书，知道是什么作品吗？对，是《兰亭集序》！今天就让我们一起走近这篇既是书法名作，又是文学精品的《兰亭集序》吧！（板书课题）

二、课文研读

课前已请大家预习了课文，现在请同学们高声齐读全文，并谈谈自己阅读的最初感受，尤其是不懂的地方。

---

①　本节内容原题为《让浓缩的课堂“具体而微”——〈兰亭集序〉微型课教学设计》，发表于《新作文·中学作文教学研究》2013年第6期。有改动。

师：嗯，同学们读得很好，把握住了文章的节奏、气势。刚才三位同学也谈了自己阅读的最初感受，就是不理解为什么谈到了生和死。看来，这个问题比较难，我们今天要重点探讨这个问题。

王羲之为什么要写这篇序呢?

明确：在公元353年的三月初三，当时担任会稽内史兼右将军的王羲之邀请谢安等41位名士，在会稽山阴兰亭溪头聚会。活动结束时，包括王羲之在内的26人共赋诗41首，有16人交了白卷。大家提议将这41首诗编成集，这便是《兰亭集》了。又请主人王羲之作一篇序，这便是《兰亭集序》的由来。

请同学们看课本插图，王羲之的字飘逸秀美。但只选了前一部分，现在老师手中的是后一部分。我们不难发现有涂抹修改的痕迹，为什么呢?是他写了错别字吗?

师：这位同学回答得很好！说明当时王羲之已经喝醉了。后来他又写了几遍，始终无法赶上酒醉时写的，这真是神来之笔，天才之作！

《兰亭集序》是一篇自读课文，我们采取合作交流的学习方法，疏通文义；用讨论探究的方法，品味文章的情感，理解作者的生死观。好不好?

1. 合作学习，梳理文章

先请大家把课文自由朗读一遍，画出重点的字词句。

刚才大家读书花去了三分钟时间，现在我们分组合作解决字词句段相关基础知识。请右边的同学重点研习文章的第一段；中间的同学重点研习第二段；左边的同学吃点苦，重点研习课文的第三段。请把每一段里的通假字、特殊词语、句式及抒发的情感进行归纳，每组推选一名同学作为代表回答。

师：刚才几位同学归纳得比较好，老师略作补充。

第一段要注意下列一些字词句：贤（形做名，贤士）；少（形做名，年轻人）；长（形做名，年老的人）；带（名做动，环绕）；极（副词做动词，尽情享受）；视（动做名，眼睛）；听（动做名，耳朵）；之（结构助词，的）。省略句：（名士们）会于会稽山阴之兰亭。定语后置句：虽无丝竹管弦之盛。

交代了聚会的时间、地点、事件，抒发了“游目骋怀”“信可乐也”，紧扣一个“乐”字。

（板书：聚会的情况——乐）

第二段要注意下列一些字词句：之（用在主谓之间，不译）；俯仰一世（社会人事的应酬）；俯仰之间（犹瞬时）；介宾结构后置——当其欣于所遇。

主要讲了聚会后的感慨。作者的感情是？悲痛。作者都感慨了哪些内容？例如：时光流逝，无奈；新旧更替，留恋；死生之大，伤悲。

（板书：聚会后的感慨——悲痛）

第三段要理解“固知一死生为虚诞，齐彭殇为妄作”的意思。其中“一”和“齐”都是意动用法，“把什么看作一样”。

抒发的情感是：“悲夫”“后之览者，亦将有感于斯文。”

2. 讨论探究，把握主旨

现在我提几个问题供大家思考：

(1) 作者为什么说“一死生”“齐彭殇”是妄作？

明确：王羲之说：“本来知道把死和生看成一样是虚妄荒诞的，把长寿和短命等同起来是胡说八道。”在魏晋时代，人们崇尚老子和庄子的学说，形成了魏晋玄学，清谈之风盛行，也出现了许多狂放名士，否定生死差别，因而走向了虚无。

鲁迅先生曾写过一篇文章，题目是《魏晋风度及文章与药及酒之关系》，并说：由此可知陶潜总不能超于尘世，而且，于朝廷还是留心，也不能忘掉“死”，这是他诗文中时时提起的。例如，陶渊明在《形影神·神释》中说“纵浪大化中，不喜亦不惧”，他能坦然无所畏惧地面对死亡。古人今人后人都对人生无常感叹生悲，如果死生一样，长寿和夭折等同，人们会不会为此伤悲呢？显然不会。这也就是说，死生有别，彭殇有别。

（2）作者与好友，喝酒吟诗作赋极为快乐，但到了第2自然段便转到了悲痛，是什么原因呢？合不合乎人们通常的心理？

明确：向之所欣，俯仰之间，已为陈迹，犹不能不以之兴怀；况修短随化，终期于尽。这符合一般人的心理发展变化规律：天下没有不散的筵席，自古多情伤离别。

3. 用课文中的话概括全文的主旨

明确：死生亦大矣。

三、旁逸斜出，了悟生死

我们在前面学过一些谈及生死的文章，请大家想一想都有哪些文章，你有何感受？

谈起生死这个永恒的话题时，总能激荡起我们内心无限的感触。“史铁生死了——这消息日夜兼程，必有一天会到来，但那时我还在。”史铁生曾写道。今天，当“消息”到来的时候，我们传播的既是他死的消息，也是他“还在”的消息。

还记得在《我与地坛》中参悟了生死：“死是一件不必急于求成的事，死是一个必然会降临的节日。”似乎史铁生有着超于生死的天性。但人们未必知道，他这份迎接死亡的宣言看似洒脱，却是经历了多少痛苦思考才做出的。我们不知道史铁生有多少次试图赴死，但我们知道他比绝大多数病人都饱经选择生死的艰难。

四、课堂小结

师：请同学们用一句话小结本课，说说你学到了什么。

同学们学有所悟，很好！一个人怎样活着才有意义，怎样看待死亡，王羲之在一次普通的宴游活动感悟人生，对这些问题作了精彩的回答。人的伟大在于他认识到了自己的可悲，王羲之不但让我们认识到可悲的缘由，更告诉我们如何直面可悲！最后，让我们再次朗读一遍课文，去感受王羲之内心郁积

兰亭集序　　王羲之

一、聚会的情况　实写 ——时 地 人 / 景 事

二、聚会后的感慨 ——时光流逝 / 新旧更替 / 死生之大

虚写 ——死生有别 / 今昔同悲

快乐 → 悲痛（暗含热爱）

主旨：死生亦大矣

的困惑、悲痛及坦然的心路历程！（教者板书，使板书内容完整。）

五、布置作业

（1）2008年，周杰伦推出新的专辑，其中有一首单曲名为《兰亭序》，请找来听一听，并读一读歌词，从文化传承的角度谈谈你的感受，写一篇600字的心得感受。

（2）推荐同学们课后去阅读一本书——《世说新语》。这是一本记录魏晋名士逸闻趣事和清谈玄言的故事书，这本书被鲁迅先生称为“一部名士底教科书”。

【执教反思】

《兰亭集序》是千古盛传的名篇佳作，作者时喜时悲时痛，文章也随其感情的变化由平静而激荡，再由激荡而平静，极尽波澜起伏、抑扬顿挫之美。这样一篇美文的教学起点与落点是什么？如何让语文的核心素养在课堂教学中落地？这是课前要思考的。

一、基于学情，确立起点

阅读是件奇妙的事情。每一个阅读个体在同一篇文本上停留、思考的“点”可能不一样。只有当教师察觉了这些“点”以及学生之间的初步感知差异，才能了解：学生对特定文本感兴趣的地方在哪里？学生有困惑的地方在哪里？基于学情，生成精彩，是智慧语文的体现。这堂课在导入之后，让学生在预习的基础上高声齐读全文，并谈谈自己阅读的最初感受。然后慢慢聚拢到学生的初读困惑上来，将学生的群体困惑作为这堂课的逻辑起点，激发了学生的问题意识，引导他们体验发现问题、解决问题的过程。

二、借助活动，培养素养

《普通高中语文课程标准》(2017 年版）强调：语文学科核心素养是学生在积极的语言实践活动中积累与构建起来的。李海林认为：语文课堂的基本教学形态是“搞活动”，倡导老师从文本出发，设计一系列语文活动，让学生在活动中读懂课文、掌握知识、形成能力。这堂课进行了一系列的研习活动、探究活动、交流活动、拓展活动、总结活动，将“活动”作为与核心素养对接的轴心，培养了学生“语言建构与运用”“思维发展与提升”“审美鉴赏与创造”“文化传承与理解”等方面的核心素养。

三、回归生活，奠基生命

美国教育家华特指出："语文的外延与生活的外延相等。"但是，正如于漪老师所说："把语文学习挤到无穷无尽的练习中，学生几乎不读书不看报，与自然接触少，与社会接触少，学语文的源头活水被堵塞、积淀储存少得可怜，又怎能学得好呢?"语文教学的改革，关键在贴近生活，这是"根"。这堂课在引导学生研习与探究"这个"文本的基础上，延伸到研习探究"这类"文本，并将触角伸到生活中，引导学生直面人生，思考生死，培养学生热爱生活的态度，塑造学生积极向上的人格，使其更加懂得如何对待生活。

第三节　提高感受生活美的能力

——外国散文《花未眠》阅读教学设计[①]

【教学过程】

高中语文第一册（人教版）选入了日本著名作家、诺贝尔

---

① 本文原收入：楼世洲，蔡铁权，徐今雅．教育硕士优秀教学设计选编［M］．杭州：浙江大学出版社，2008：30－37．有改动。

文学奖 1968 年获得者川端康成的说理散文《花未眠》。这篇小品不事铺张，意随笔到，引人深思。新课程标准（2017 年版）注重学生能自己不断生成新的阅读体验，为此准备采用“体验”这种形式来处理这篇课文。

一、背景体验

川端康成是继泰戈尔之后第二位获得诺贝尔文学奖的亚洲作家。他的幼年成长充满了凄风苦雨，就像一首忧伤寂寞的歌，穿行在西风凋碧树的季节，飘悠在天之涯、海之角。人生的忧郁像一张蓝色的网笼住了他，使他的生命渗透着伤感的气息。作品多反映空虚的心理、细腻的感情和忧郁的生活，追求一种空灵和唯美。1972 年 4 月 16 日，这位追寻东方美的艺术大师，在公寓里以煤气结束了自己的生命，未留下只字遗书。他早在 1962 年就说过：“自杀而无遗书，是最好不过的了。无言的死，就是无限的活。”可引导学生再举出历史上其他一些自杀的艺术家。例如：屈原、王国维投水而死；海明威、顾城开枪而死；徐迟跳楼而死；海子卧轨而死。他们的自杀到底是为了什么？

艺术家自杀的原因非常复杂：它可能是由于生存太困厄，不能承受生命之重（例如屈原、王国维）；可能是由于艺术才能的枯竭（例如海明威）；也可能是对生活的失望（例如海子）。

三毛最后也自杀了："我的一生，到处都走遍了，大陆去过了，该做的事都做了，我已经没有什么路好走了，我觉得好累。"她一生都在不断追求完美，当她无法再前进时，便选择了结束自己人间的旅途。而川端康成喜欢孤独、恬淡的生活，但是从获奖之后，他再也得不到了，于是，为了寻回失去的自由和孤独，他选择了自杀，用死亡的形式来诠释灭亡的美。

二、内容体验

触发点：它含有一种哀伤的美。

理解一：错过之遗憾。

人有人言，花有花语，二者能交流，缘于心灵上的豁达与冲淡。川端康成看到海棠花未眠，于是向我们倾诉一种哀伤之美，并一路领我们寻找这哀伤的源头，最终发现生命中美的机会并不常在，偶然相遇，刹那间才产生一番动人情怀。同时也隐透出了沉沦在日常生活中的人的苦涩。川端康成痛感自己"一生都在追求美，然而真正的美却这样无声地从身边滑走"。

人生又何尝不是如此呢？多少美好的东西，就这样从我们身边错过了，消逝了。像是"花未眠"一样，孤独地在长夜中吐露芬芳，而我们就这样错过了她。其中蕴含的忧愁，既是纯美的，又是苦涩的。纯美的是我曾经拥有，苦涩的是毕竟错过。童年如花，青春如花，亲情也如花。可是我们又能留住谁呢？我们总是在一次次经历中错过美好的东西，当我们发现应该珍惜时，它已经永远离开了我们。人生是一个发现的过程，也是一个不断在有意或无意间错过的过程。

理解二：不遇之哀怨。

它的哀伤来自无人发现，无人欣赏，凌晨四点的海棠美丽芬芳，却少人喝彩，被人冷落。很像中国古代诗人笔下幽怨的嫔妃宫女，她们深居皇宫，备受冷落，在美丽中寂寞。作者发现未眠的海棠花非常美丽，顿生怜悯之情，进而觉得海棠含有一种哀伤的美。舒婷说："与其在悬崖上展览千年，不如在爱人的肩头痛哭一晚。"（《神女峰》）可是人生的际遇绝对不像选择爱人那么简单，因为你永远处于被赏识的地位。陆游无限悲愤"此生谁料，心在天山，身老沧州！"古往今来，多少饱学之士就是在无望的等待中虚耗一生。从这点来看，花的命运又何尝不是人的命运呢？

理解三：辉煌之寂寞。

法国有句名言："最美丽的玫瑰凋谢得最快。"花儿盛开之时就预示着它已接近凋零衰败，所以说"含有一种哀伤的美"。多情而伤感的海棠花仿佛在对作者、对我们说："我达达的马蹄是个美丽的错误，我不是归人，是个过客。”这还是从花里读花，作者哀伤着花的哀伤，读出花对生命美的眷恋与不舍，对走向衰败的无奈与哀伤。《易经·乾卦》中的“九五”是这样说的：“飞龙在天”。这是自由生命大展宏图的时节，我们常常称皇帝为九五之尊。然而一到“九六”，却是“亢龙有悔”。是的，物极必反，苏轼说的“高处不胜寒”正是此意。可见鲜花盛开之后注定难逃长长的寂寞。

以上三点略显伤感。

理解四：珍惜生命。

川端康成对“死”具有两重看法。一方面，他对自杀持否定的态度，认为：“一个人无论怎样厌世，自杀不是开悟的办法，不管德行多高，自杀的人要达到圣境，也是遥远的。”理解这一点，也就对《花未眠》中往往被人忽视的那一句“如果说，一朵花很美，那么我有时就会不由自主地自语道：要活下去！”不难理解了。作家忽然发现盛开的海棠花竭力展示着自己生命的美，颓丧的灵魂受到深深的感染；鲜花盛开之日，也就意味着辉煌不再之时。然而生命的脆弱或许渺小，生存的空间或许狭小，但都不会阻挡生命的美丽。虽然个体生命是短暂的，并最终会归于虚无，然而只要每一个生命个体，抓住过程的美丽，不断丰富生命的内容，那么个体的生存便有了意义。

相对于永恒而言，短暂似乎是一种折磨，但它同时也是一种丰富。生命因丰富而不再苍白，不再虚无。盛开的鲜花，明知下一刻的毁灭，也要在开放中成就着自己的快乐。这种从死亡角度去反观生命的价值，颇得西方现代哲学的真髓。但另一方面他又说："人若能自己心甘情愿地进入长眠，即使可能是不幸，但肯定是平和的。"川端康成常把自杀作为人为自己辩解及超脱俗世的手段来加以运用。因此我们要看到他对生与死的矛盾复杂情感。

理解五：静美之死。

作者穷尽忧郁孤僻的一生，对自然之美、文学之美进行了无悔而不倦的追求，可他却选择了含煤气管自杀，你对其生其死有何感想慨叹？

（1）作者有自己精神的避风港，有自己灵魂的寄居地，那是他躲避世俗羁绊的堡垒，在那里他能找到自己，和自己的心灵恳谈。选择自杀是因为他沉溺在自己精神的空中楼阁无力自拔，无法入世地活着。（2）作者面对的是凄凉的现实，心中却充满了诗情。（3）他面对人生的苦难，含泪地微笑。（4）死是人生必不可免的归宿，是一个必然降临的节日，就像德国诗人海涅说的："太阳纵然还是无限美丽，最后它总是西沉。"没必要急于求死。要珍爱生命，好好活着。（5）他认为死是最高的艺术，他选择自杀，可以理解为殉职而死。

为了美，为了心中的橄榄树，他风雨无限，执着不悔地奔波。虽然选择了自杀的结局，但我们不能只看到黑夜的死亡，遗忘了他白昼的光华。（展示课件）泰戈尔说："使生如夏花之绚烂，死如秋叶之静美。"川端康成穷尽一生追寻美、播种美，他已无悔于生命。就像落叶经历过灿烂的春、火热的夏，在秋日飘零枯萎之际，他已无怨无悔。法国作家蒙田说过："只有乐于生的人，才能真正不感到死之苦恼。"也就是说只有乐于生的人才会安于死。川端康成是安然死去的，因为他是自然与艺术的忠实情人，在活着的时候，他用一颗情人的心呵护着一切美丽的东西。所以他生得忧郁而伟大，死得坦然且安然。

三、延伸体验

触发点：自然美与艺术美

自然美指物质世界中一切具有审美情趣的事物所展示的自然原始的生长姿态，是一种自发的美学形式；艺术美则是在自然美的基础上，经过艺术家人工合成的一种美学形式，它渗入了人类的思想情感。作家的学识、阅历和审美趣味决定着艺术作品的品位。因此，可以这么说，自然美是自然在展览自己，艺术美是艺术家在展览自然，是带有艺术家个人气质的美。自然美往往是有时间和空间限制的，这就只能靠艺术美来使之变成永恒了。如《蒙娜丽莎》《大卫》《维纳斯》等。

问题设计：你们最早接触到的美是什么美？（说明：设计问题时留给学生自主思维的空间要足够大。）

分析：学生会回答是自然美。实际上学生高估了自己的审美能力，他们大都不懂得什么是自然美，自然界的山川、草木、虫鱼、鸟兽从来就没有留住过他们匆匆的步履。他们虽然有时也可能对某一种花草之类的东西感兴趣，但是那仅仅是因为新鲜好奇，算不上真正的审美。

那么怎样才能领略到自然美呢？看课文最后两节，川端康成向我们介绍了欣赏自然美所应该具备的几个条件：环境宁静；一个人；沉思。记得米兰·昆德拉的一本书，书名就叫《生活在别处》，作家的家始终在远方。大家经常看到一些艺术家总是一个人浪迹天涯，现在能明白他们漂泊的原因了吧？

四、小结

这节课，我们不仅感受到了自然之美，更强烈地感受到了生命之美。有人说，生命是一次华美的日落，盛大而忧伤，平凡而又震撼人心，这的确是一个精妙的比喻，只是日落了还会有日出，花谢了还会开，我们的生命无法重来。冰心也说：

“我不敢说来生，也不敢信来生。”是啊，我们只有今生今世，就像秋天的枫红，只灿烂一季。世上没有完全相同的两片树叶，也没有完全相同的两个人，我们都是独一无二、绝无仅有的存在，但我们都有一个相同的使命，那就是播撒生命全部的绿意，绽放并享受今生的美丽。

五、形成性练习

1. (1) 第二段中“我”为什么“大吃一惊”?

(2) 第八段中“我”又为什么“吓了一跳”?

2. 作者在第四段引述了雷诺阿、米开朗琪罗的例子，其意图是什么?

3. 在文章第五段中，作者为什么说“一朵花也是好的”?

4. 下列对这篇散文的赏析，不正确的两项是（　　）

A. 文章以“我常常不可思议地思考一些微不足道的问题”开头，但文章内容却并不是一个“微不足道的问题”，作者其实是要强调对“微不足道”的现象的“发现”与“思考”。

B. 文章借“花未眠”，批评了当时日本社会中从事艺术创作的人不认真观察社会的弊病，常常出现拙劣之作。因此作者慨叹“自然的美是无限的”，而“人感受到的美是有限的”。

C. 文章通过描述罗丹与玛伊约尔的创作风格的不同，进一步强调细致观察对于艺术创作的重要作用；又通过“我”的小狗与宗达作品中的艺术形象相像的叙述，表明艺术需要“高尚的写实精神”。

D. 作者写自己观察晚霞时，联想到长次郎的名茶碗和坂本繁二郎的画，说明好的艺术作品是可以提高人对自然美的感受能力的，自然之美与艺术之美是可以彼此融合、相得益彰的。

E. 作者从凌晨发现花未眠写起，引导读者思考关于美与审美的问题，文章具有启发性。以“海棠花”“小狗”“晚霞”这样的形象来阐述自己对美、对感受美的认识，可谓深入浅出。

参考答案：

1.（1）因为发现花未眠，发现盛放的未眠之花格外地美。（2）发现小狗的样子与艺术作品中的形象十分相似。（提示：先从上下文中找出相关句子，再用自己的语言加以转换和表述。）

2. 以这两个优秀的艺术家为代表，说明人对美的感受能力是有限的。（提示：结合上下文，应从对美的感受能力的角度来理解，并注意两人引言中的“死亡”及上文中的“无限”两个词。“死亡”意味着终结，意味着“进步”的停止，它与前文中的“有限”是同样的意思。至此，作者引述两例的意图显而易见。）

3.“一朵花”也可以发展人感受美的能力，引发人发现自然之美，所以说“一朵花也是好的”。（提示：注意第三段中“花未眠这众所周知的事，忽然成了新发现花的机缘”句和本段中“一件古美术作品，成了美的启迪，成了美的开关”句，结合分析可知，这句话是从自然之物对于美的启迪的角度而说的。）

4. B、C。（B项对艺术创作的批评已显牵强，与人对美的感受能力拉上关系，更属无稽之谈；C项句罗丹和玛伊约尔的例子是为了说明“我们可以从艺术作品中领略到自然之美”，而“我”的小狗与宗达作品中的艺术形象相似的叙述，则是为了说明艺术之美与自然之美的融合同样可以使人领略到自然之美的道理。）

【执教反思】

在教学中十分注重学生的审美体验与审美感受，这是传统阅读教学与现代阅读教学的重要区别之一。当今中学生在读写中存在的问题主要有：自我中心、感情粗糙、缺乏体验。为此，在教学过程设计中，突出了三大体验，即背景体验、内容体验和延伸体验。

在整个设计中，最有价值的有两个方面：一是对内容体验的安排，二是对课后练习的设计。关于内容体验，没有直接向学生灌输自己的解读，而是先找到一个触发点——一种哀伤的美，然后从五个方面加以理解。虽然这五点理解都是一种预设，但教师要保护学生的原初印象，尊重学生的情感体验，关键在于只有教师自己有了个性化的阅读及独特的阅读体验，才有可能对学生的阅读进行恰当的点拨，否则，以己之昏昏，又岂能使人昭昭。课后练习设计形式上虽然仿效了高考，但这四道题恰恰抓住了文本的关键，有助于阅读的突破。

不足之处在于，过分注重了教师自身的阅读体验，大量的分析议论虽然精当，却忽略了对教学结构、教学方法、教学策略的阐述，从而影响了该教学设计的可操作性。

第四节　语言建构与运用

——实用文本《声情并茂——押韵和平仄》阅读教学设计

【教学过程】

一、导入话题

前几天，曾让大家写一首绝句或律诗，这里我选了几首，

请大家一起来欣赏一下。(齐读，幻灯片展示)

诗歌习作

梦柳絮

范梦秋

柳絮辗转飘，轻柔落肩头。
静静身边绕，恰似年少梦。

心愁

沈蓓红

阴雨连绵使人愁，虽愁不及感情愁。
欲以美酒消心愁，谁知饮酒愁更愁。

无奈

吴瑾怡

嘴里说着离别恨，心里想着双节棍。
感叹世道实在浑，痛恨自己无法混。

留别

陈晨

青春年少亦如此，莫待无花空折枝。
别君去兮何时还，且留情谊在心间。

消逝

阮宗慧

昔日荔枝妃子笑，万千恩宠恒独照。

化为林间白绸绕，今生梦在九重霄。

逍遥游

任鑫

汪洋大海任我游，皓月当空壮志酬。

天高海阔任我吼，书生意气就是偶。

忆儿时玩伴

陈瑶

应梦曾几时，忧伤共同担。游于小径间，喜悦一起欢。

两旁花竟开，无奈道分歧。言中笑不断，不知你何在？

我看到有的同学笑了，请谈谈感受（一位同学）。我们知道绝句和律诗有字数要求，或五言或七言，这些同学知道要押韵，也化用了一些诗句，但也存在一些问题，什么问题呢？（两位同学）因为不懂押韵，没有做到一韵到底，因为不懂平仄，第三句用了仄声字。我们读来，觉得音律上有些拗口，少了诗味。诗歌读来应当有抑扬顿挫之美，主要是同学们没有学会运用平仄规则。

我们今天就来学习，如何欣赏诗歌中的押韵、平仄。这里说的诗歌，主要指近体诗，什么是近体诗呢？请大家翻看课本第 34 页。（同时幻灯片展示）

古典诗歌分类：古体诗（四言古诗《诗经》、五言古诗《迢迢牵牛星》、七言古诗《蜀道难》）；近体诗绝句（五言、七言）；律诗（五言、七言、排律）；词曲。

二、关于押韵及平声、仄声

近体诗的押韵、平仄都有严格规定，而古体诗没有。我们这堂课主要讲以下四个方面的内容：1. 关于押韵；2. 关于平声、仄声；3. 关于对仗；4. 关于近体诗的格律。重点把握近体诗的格律。

所谓押韵，就是把同韵的两个或多个字放在诗词的句尾。在北方戏曲中，韵又叫辙，押韵叫“合辙”。何谓“韵”？（沈蓓红回答）即和平常说的“韵母（汉语）”“韵脚”大致相当。

懂得了押韵，就须知道押平声韵，还是仄声韵。那么我们要了解什么是平声，什么是仄声？（乔立华回答）请大家看课本第 35 页。

古汉语中平仄是由四声组成的，分别是平声、上声、去声和入声。平就是平声，包括阴平声和阳平声，即普通话中的一声、二声。仄就是上（普通话中的三声）、去（普通话中的四声）、入（普通话中没有了）三声。那么如何判断哪些是入声字呢？

春日忆李白

唐（五言律诗）

杜　甫

白也诗无敌，飘然思不群。清新庾开府，俊逸鲍参军。

渭北春天树，江东日暮云。何时一樽酒，重与细论文。

其中加点的字为入声字，大家用普通话读一读，再用自己的方言（湖州方言属于吴方言，吴方言中保留着古代的入声）读读，体会入声字的发音特点是什么。

入声字读来，发音比较短促，而在普通话中则拖长了声音。

请同学举生活中的例子，如“落雪”“铁锅”等，学生比较感兴趣。

普通话	— /	ˇ	＼	个别方言中
古音	平声	上声（仄声）	去声（仄声）	入声（发音短促）（仄声）

三、关于对仗

《春日忆李白》是五言律诗，中间两联要求对仗，那么什么是对仗？对仗有哪些类型？

两个句子的字数要相等，而且同位置词语的词性、平仄都要一一相对。古时学诗多背《声律启蒙》一类的书。

对仗的类型（幻灯展示）。

1. 工对：月下飞天镜，云生结海楼。——李白《渡荆门送别》

“月对云”是名词对名词，而且是天文类对天文类，这一对仗就非常工整。

2. 宽对：饮马雨惊水，穿花露滴衣。——元稹《早归》

这一对仗结构中的“马对花”，是名词对名词，但马是动物，花是植物，不是名词分类中的同一类。

3. 借对：酒债寻常行处有，人生七十古来稀。——杜甫《曲江》

“寻常”是平常的意思，但是古代八尺为寻，两寻为常，这里借来和“七十”对。

沧海月明珠有泪，蓝田日暖玉生烟。——李商隐《锦瑟》

因为“沧”表大小、“蓝”表颜色，但“沧”和“苍”同音，借“沧”为“苍”，它们都表示颜色。

4. 流水对：塞上长城空自许，镜中衰鬓已先斑。——陆游《书愤》

有一种对仗是一句话分成两句说，出句独立起来没有意义，至少是意义不全，这叫流水对。

四、关于近体诗的格律

近体诗中，押韵、平仄和对仗，都有严格规定，我们要重点把握这些规律，才能提高我们鉴赏诗歌的能力，也避免写近体诗时犯这样或那样的错误。

1. 齐读李白的《客中作》（七言绝句）

盛来，chéng；琥珀，hǔpò。韵脚：香、光、乡，都是平声。

兰陵美酒郁金香，玉碗盛来琥珀光。
但使主人能醉客，不知何处是他乡。

绝句格律：第一句可押可不押；第二、第四句一定要押，押平声韵；一韵到底，中间不能换韵；第三句，限用仄声字。绝句可以不用对仗。

2. 齐读温庭筠的《商山早行》（五言律诗）

筠，yún；铎，duó；槲，hú；枳，zhǐ；凫，fú。

晨起动征铎，客行悲故乡。鸡声茅店月，人迹板桥霜。
槲叶落山路，枳花明驿墙。因思杜陵梦，凫雁满回塘。

律诗格律：第一句可押可不押，若不押则限用仄声字；偶数句一定要押韵，一般押平声韵；一韵到底，中间不能换韵；其他奇数句最后一字限用仄声字。中间两联（颔联、颈联）要对仗。用韵的字在诗中不能重复出现。

3. 近体诗最重要的规律是平仄组合运用规律

近体诗以律诗为代表，律诗的平仄组合规律，从排序的角度可用“一、三、五不论；二、四、六分明”两句口诀概括，也即一、三、五字平仄可不管，二、四、六字的平仄必须符合规则。

春望（五言律诗）

杜　甫

国破山河在，城春草木深。

仄　平　，　平　仄

感时花溅泪，恨别鸟惊心。

平　仄　，　仄　平

烽火连三月，家书抵万金。

仄　平　，　平　仄

白头搔更短，浑欲不胜簪。

平　仄　，　仄　平

登高（七言律诗）

杜　甫

风急天高猿啸哀，渚清沙白鸟飞回。

仄　平　仄　，　平　仄　平

无边落木萧萧下，不尽长江滚滚来。

平　仄　平　，　仄　平　仄

万里悲秋常作客，百年多病独登台。

仄　平　仄　，　平　仄　平

艰难苦恨繁霜鬓，潦倒新停浊酒杯。

平　仄　平　，　仄　平　仄

近体诗的平仄组合规律是：（1）单句之内，平仄相间；（2）一联之中，平仄相反；（3）两联之间，平仄相粘，即平仄相同。

绝句：第三句的第 2、4（、6）字的平仄要和第二句的平仄一样。

律诗：第三句的第 2、4（、6）字的平仄要和第二句的平仄一样。第五句的第 2、4（、6）字的平仄要和第四句的平仄一样。第七句的第 2、4（、6）字的平仄要和第六句的平仄一样。

（学生掌握了这些格律知识，然后结合他们的诗歌习作分析，加以修改，将理论运用于实践，符合新课程教学理念。）例如，让学生回去修改下面这首诗。

伤离别

盛　珏

欲问何日重聚首，与君沧海两浮舟。
仄　仄　仄　，　平　仄　平
匆匆相逢空叹惋，茫茫风雪枉凝眸。
平　平　仄　，　平　仄　平
春风未近愁先近，秋水已休泪不休。
平　仄　平　，　仄　平　仄
此生何事长遗恨，未曾相守已白头。
平　仄　平　，　平　仄　仄

4. 小试身手

学习要善于运用，现在我们运用平仄组合规律，来解答两道诗歌排序题。

（1）以“梨花院落溶溶月”为上句，选择下面四个句子中最恰当的一句作为下句。

A. 柳絮池塘淡淡风　　B. 榆荚临窗片片雪

C. 带水芙渠点点雨　　D. 丁香初绽悠悠云

解题步骤：①上句 2、4、6 字的平仄是“平仄平”，去 B、D。②对仗，“带水”为动词，梨花为名词，去 C。正确答案为 A。

（2）排列下边四句诗的顺序，把句前的字母填在方格里。

□→□→□→□

A. 杨柳青青着地垂　　B. 借问行人归不归

C. 杨花漫漫搅天飞　　D. 柳条折尽花飞尽

解题步骤：第一步，找韵脚。这首绝句的韵脚分别是“垂”“飞”“归”，只有 D 句不押韵，“尽”是仄声，因此确定 D 句第三句。第二步，确定第二句。D 句的 2、4、6 字平仄是“平仄平”。与 A、B、C 句的相同部分分别比较。A 句的 2、4、6 字的平仄是“仄平仄”；B 句是“仄平仄”；C 句是“平仄平”。根据平仄相粘可判定 C 句是第二句。第三步，确定首尾句。从内容看 A 句是写景的开始，可知 A 句是首句。由此可知，此诗的正确顺序是 A—C—D—B。

五、课堂小结

希望大家在以后的诗歌阅读中，自觉地运用这些押韵、平仄的知识，提高自己的诗歌艺术鉴赏力，下面这首格律歌，同学们回去背下来。（幻灯片展示）

格律歌

格律诗中平仄明，声律关系要弄清。佩文古韵为依据，平上去入在其中。

句内平仄相间错，联内平仄要对应。两联之间粘相处，一韵到底应平声。

律诗起承接转合，中间两联对仗行。一三五可约不论，二四六字声分明。

【执教反思】

一堂什么样的课才算得是好课？这个问题就像一千个读者的眼中有一千个哈姆雷特一样，各有各的标准，各有各的喜好。笔者的看法，最起码的一个标准是“清晰”。令人印象深刻的央视“百家讲坛”节目中易中天、于丹等人的讲课，给笔者最直接的感受就是“清晰”，娓娓道来，层层递进，常常能够引领听者的思维活动在看似“山穷水尽”之时，忽然转向“柳暗花明”；虽然曲折跌宕，但总是能够让我们寻找到一条“通向幽处”的清晰小径，从而体会到听课的乐趣和收获。

美国学者加里·D. 鲍里奇提出了促成有效教学的五种关键行为，第一种行为就是“清晰授课”。“清晰授课这一行为是指教师向全班呈现教学内容时的清晰程度如何。”一个有效的教师在课堂教学中要实现“清晰授课”并不是一件简单的事，

“清晰的教学是一个复合行为，它与许多其他的认知行为相关联……研究表明，教师之间在认知清晰性和口头呈现的清晰性上有很大的差异”。鲍里奇认为，一个有效教师在课堂上要做到“清晰”的教学，必须具备三个最基本的要素（要求），“使要点易于理解；清晰地解释概念，使学生能够按逻辑的顺序逐步理解；口齿清楚不含糊，没有分散学生注意力的特殊习惯”。① 以笔者的教学体会来说，站在教师教学的立场上，一堂“清晰的课”应该包括四个层次，即“清晰的教学目标，清晰的教学思路，清晰的设问（对话）和清晰的表达”。

第一，清晰的教学目标。教学目标是一个比较“隐形”的东西，但是对整堂课的教学是否清晰，却起着关键的作用。教学目标引导着一堂课的导入、展开、过渡、转换、交流和生成。目标揭示了教师对于一堂课总体的驾驭和方向感，目标定位于教学之前，体现和生成于教学过程之中。教学之前，教师在设计和备课的环节就必须要清晰、充分地考虑和制定这一课的教学目标，包括“知识、能力、情感态度价值观”三个维度的目标，也包括教学中的重点、难点以及需要完成的任务。目标随着课堂教学过程的展开而逐渐呈现。

---

① ［美］加里·D. 鲍里奇．有效教学方法（第四版）［M］．易东平，译．南京：江苏教育出版社，2002：8－9.

第二，清晰的教学思路。一堂45分钟的课，是一个有始有终的进行着的过程，这个过程包括了许多前后衔接的教学环节，不同的教学环节即是一个个独立的“部分”，也是一个完整的“系统（整体）”，而能够将不同的独立“部分”整合为“系统”的，就是教学思路。一堂清晰的课，就像是行云流水，又像是曲径通幽，既给人以美的享受，又可以激发人的许多思考。

第三，清晰的设问（对话）。课堂教学是一个对话的过程，教师往往是对话的发起者和引导者，从这个角度来说，清晰的教学必须要有“清晰的设问”。在教学目标的生成中，由问题所引发的思考和对话常常是最有效的。在不同的教学环节，针对不同的目标和学习对象，教师必须要考虑“清晰的设问”，比如提问的方式、设问的角度和层次、问题的难易度、问题和教学目标之间的关系，简单的“对不对和是不是”除了引起学习者疲倦而机械的反应之外，不会有什么实质性效果。

第四，清晰的表达。所谓清晰的表达，不仅是指语言的表达，同时也包含了教师肢体语言所传递的信息。在语言的表达上，不仅要考虑标准的普通话、语言的速度和节奏这些相对客观的要素，也要考虑在不同的教学环节，依据不同的教学内容，教师通过语言这个“载体”所传递的“情感、态度、价值判断”这些比较主观的因素。尤其是在语文课堂的教学中，这一类因素所产生的影响不可低估，一篇散文，一首诗歌，教师在朗读中应该包含了自己的喜怒哀乐，包含了自己的人生体验和生命思考，这种看不见但是能够感受到的“清晰的信息传递”对于学习者所产生的影响是极其微妙而重要的。同样，教师的肢体语言，比如一种有力的手势，一个鼓励的眼神，一次善意的微笑，其实也是在向学习者传达一种清晰、亲切的信息，有利于促进师生之间的对话和交流，提高课堂教学的有效性。

当然，知易行难，上好一堂清晰的课确实非常不容易。今天这一堂课，还是比较清晰的，尤其是在“教学目标”和“教学思路”上，这两个相对宏观的层面上做得比较好。但是相对来说，在细节上，比如教学环节的过渡、提问的层次和方式、通过语言和肢体清晰地传递信息等方面，还有许多可以改进的地方。

第五节　实用性阅读与交流

——“网络新文体”写作教学活动设计①

【教学过程】

利用网络收集“淘宝体”“甄嬛体”“红楼体”等文例，了

① 本节内容原题为《一曲绫歌敌万金——“网络新文体”写作教学活动设计案例》，发表于《教学月刊·中学版》2017年第7—8期。有改动。

解当前网络新文体的种类，重点掌握“淘宝体”“甄嬛体”，提高学生语言表达能力与网络新文体的写作能力。

一、活动导入

在苏教版高中语文“必修三”教科书中，我们学习了吕叔湘先生的一篇文章《语言的演变》，知道了语言的变化涉及语音、语法、词汇三方面，其中词汇的变化是最快的，也是最显著的。而网络的普及，更加助推了新词语的出现，也随之产生了大量的网络新文体。今天让我们一起走进网络新文体的世界，并尝试运用到自己的作文中去。

二、课堂活动一：依据文例，析其特征

随着网络与人们生活的联系越发密切，一些网络新词语不断涌现出来，相信大家对“美眉”“菜鸟”“BT”之类的网络语言都不感到陌生。有些网络词语还被收入《现代汉语词典》，如“给力”“宅男”“宅女”等。与此同时，各种新兴的网络文体也层出不穷。这些起源或流行于网络的新文体，通常由某个突发奇想的帖子、某次集体恶搞或者某个热点事件而产生。它们形式自由，特点鲜明，在一段时间内往往会引起较高的关注度。比较常见的有“淘宝体”“甄嬛体”“凡客体”“咆哮体”

“校内体”“TVB 体”等。它们或多或少地体现了一种文学形式、语言风格上的创新。比较有代表的网络新文体，如“淘宝体”。

(1) 2011 年 7 月，南京理工大学在给学生发送录取短信时，用上了时下最流行的“淘宝体”模板，不少学生看完短信都“噗”的笑出声来，学校和考生之间的距离一下子被拉近：“亲，祝贺你哦！你被我们学校录取了哦！南理工，211 院校噢！奖学金很丰厚哦！门口就有地铁哦！景色宜人，读书圣地哦！亲，记得 9 月 2 日报到哦！录取通知书明天发货哦！上网就可以查到通知书到哪了哦！”（新浪网）

(2) 2011 年 8 月 1 日上午，一则关于外交部微博招人的消息在网上流传。这则招聘微博由外交部官方微博平台“外交小灵通”发布，采用了时下流行的“淘宝体”，在三个多小时内被转载 4800 多次：“亲，你大学本科毕业了不？办公软件使用熟练不？英语交流顺溜不？驾照有木有？快来看，中日韩三国合作秘书处招人啦！这是个国际组织，马上要在裴勇俊、李英爱、宋慧乔、李俊基、金贤重、Rain 的故乡韩国建立呢！此次招聘研究与规划、公关与外宣人员 6 名，有意咨询 6596××××——不包邮。”（京华网）

这就是大家熟悉的“淘宝体”。“淘宝体”源自淘宝卖家客服，其逢人就叫“亲”（“亲爱的”缩写），很快在网络中形成了新文体的潮流。请大家就以上两则“淘宝体”的例文，谈谈两者的共同特点及交流效果。（学生分小组讨论）

教师明确：（1）运用第二人称和亲昵称呼语，十分亲切。淘宝体由网上交易的对话演变而来，所以保留了第二人称和“亲”这个称呼语。这是淘宝体的显著特点之一，把“亲爱的”变成“亲”不仅体现了网络语体的简洁性和灵活性，而且使淘宝体增加了亲切感；加之第二人称的使用，突出了听者的存在，使得表达更为自然、亲切。例 1 中交际的双方为高校和“90 后”大学新生群体，这些新生对大学生活充满憧憬的同时，也心怀紧张。校方一改过去严肃庄重的口吻，代之以温馨亲切、拉家常式的交流，于轻松中拉近双方距离，幽默中实现交流。

（2）大量使用“哦”，使淘宝体表达感情更直接、更贴切。根据淘宝体对“哦”的使用情况来看，大部分带“哦”的句子包含了明确的喜悦之感，如“你被我们学校录取了哦!”有的则包含强烈的感情，如“亲，祝贺你哦!”“给好评哦!”仔细推敲，发现用“哦”字实际是为了配合第二人称和亲昵称呼语的使用，增加一种俏皮、可爱的语气，让亲切感更加强烈，由此淘宝体这种文体的风格特征也愈加明显。

（3）富有娱乐性和互动性。由于淘宝体新鲜、可复制，加之网络的传播速度极快，一时间网上网下都有人争相使用淘宝体，上至外交部，下至平民百姓。以淘宝体最常用到的“亲”“哦”这两个字为关键词在新浪微博搜索，结果超过 200 万条。不过大部分为网友之间互动搞笑而作，也有的是商家的广告。这些淘宝体大都幽默诙谐，富有娱乐性。例 2 是外交部官方微博发布的一则招聘启事，一方面由于语言生动俏皮，能较快吸引眼球，提升网民的关注度；另一方面“淘宝体”在一定程度上有助于建立政府机关的亲民形象，有助于良性互动，实现交际意图。

三、课堂活动二：依题寻文，创作淘宝体

在日常的生活中，同学们在网上购物时，已经常常使用“淘宝体”来交流。在其他方面，也可以尝试创作一些“淘宝体”。大家选择自己感兴趣的话题，尝试写一写，然后在全班进行交流。

（1）开学感想；（2）中秋祝福语；（3）运动会宣传语；（4）元旦寄语；（5）寒假计划；（6）新年贺词；（7）生日祝语；（8）高三百日誓师；（9）高考祝福；（10）同学会寄语；

（11）文明骑车宣传语；（12）“国风社”招新宣传；等等。例如：

（1）亲，一定要加油哦亲～！亲，我们的加油助威呐喊声绝对是正品哦亲～！亲，不管你有没有得奖，我们一定会给好评的哦亲～！还有哦～！获奖证书包邮哦亲～！要加油哦亲～！（运动会）（引自：http：//www. zybang. com/question/a2d5ad4b52f34ba2a79c592b143dcae7. html）

（2）亲，龙年元旦了，祝福礼包新年大放送了哦！数量有限，不是特别的亲不送哦！亲，礼包里面有料哦，饱含温馨与如意，见了快乐又健康，用了步步高升，魅力四射，形象值嗷嗷上涨，吸引力直超妖精哦！亲，元旦免费送且包邮哦，可收藏也可转送亲朋好友哦！亲，全5分，记得给好评哦！亲，如有疑问欢迎咨询哦！（引自：http：//zhidao. baidu. com/question/360742987. html? qbl＝relate _ question _ 1&word＝%CC%D4%B1%A6%CC%E5%20%D7%A3%B8%A3%D3%EF）

（3）儿子作业拖拉，欲进行批评教育，儿子深刻检讨：“亲，因天气炎热，作业延迟，若是给您带来不便，恳求您的原谅。祝亲生活愉快哟!”儿子的书包杂乱，我狂啸一顿，儿子做出沉痛追悔状：“亲，一点小瑕疵，不影响整体使用的，理解万岁哟！”儿子看动画片入了迷，喋喋不休声讨其“劣迹斑斑”，儿子嬉皮笑脸：“亲，您的幸福就是我最大的幸福。生气会让亲的脸上长皱纹哟！”[引自：雨林．儿子的“淘宝体”．中华家教，2013（10）．]

四、课堂活动三：评论文体，理性审视

“亲，被通缉的逃犯们，徐汇公安‘清网行动’大优惠开始啦！亲，现在拨打110，就可预订‘包运输、包食宿、包就医’优惠套餐，在徐汇自首还可获赠夏季冰饮、编号制服……”这是上海警方在官方微博发出的一则“淘宝体”通缉令（人民网，2011年7月14日）。记者了解发现，类似的通缉令在各地公安机关的官方微博上多次出现。如福州警方发布的通缉令：“亲，现在起至12月31日止，您拨打24小时免费客服热线110，包全身体检、包吃住，还有许多聚划算优惠套餐……您对此满意吗？满意请给全五分评价噢！”（福建东南新闻网，2011年8月12日）烟台警方发布的“各位在逃的兄弟姐妹，亲！立冬了，天冷了，回家吧，今年过年早，主动投案有政策，私信过来吧。”（青岛新闻网，2011年11月10日）

请大家就此谈谈自己的看法，每个小组各派1名代表全班

交流。

教师明确：（1）支持派：有利于减轻在逃人员的逆反心理，减轻其内心对公安机关的恐惧感，相信法律社会的人性化。警方适当采用这种话语有助于提升其服务质量和自身形象，这些平日严肃刻板的机关采用这种“短平快”的文体和网民喜闻乐见的流行语发布消息，本身就是一种进步。

（2）反对派：近一两年流行的各种“体”语言，都是网民为了方便表达而创造的表述方式，用来表达思想或宣泄情绪。而警方使用这类玩笑式的网络语言跟其角色规范相悖，有违警察应有的严肃形象。职能部门在传播信息时应考虑到自身的表达规范和最大范围的接受人群，慎用网络语言。2012 年 5 月 29 日，教育部、国家语委举行《2011 年度中国语言生活状况报告》新闻通气会表示，通缉令之类的政府公文不宜用“淘宝体”，以维护法律的严肃性。

（3）宽容派：“淘宝体”和其他曾经走红网络的文体一样，都是一种网络游戏。对这种语言游戏应该豁达，不要把这些事情当真。大家都明白，许多人下了网不可能对自己的学生、孩子、同事这样说话。①

① 以上观点参见：李宇明．“淘宝体”［N］．北京日报，2012－12－18.

五、拓展阅读，学以致用

备考小妙招之网络文体大改造（节选）

在高考作文评分中，有一个发展等级。为了获得发展等级的高分，文体的创新曾备受青睐。各种书信、剧本、论坛、演讲等文体大行其道，渐渐引起阅卷者的审美疲劳。如今，网络的繁荣，各种创新、短小的文体蓬勃也泛滥，从咆哮体、淘宝体，到赵本山体、王家卫体……全民微博，全民围观，围的只是一种热闹；全民跟风，全民跟进，跟的只是一种浮躁；全民狂欢，全民狂啸，狂的只是一种快感。

然而，披沙总能拣金，经过淘洗，也有一些文体，由于新鲜、好用，可以为我所用。这些文体与以前的书信、剧本不同，其形式多样，修辞精妙，与作文的话题、立意、构思、表达等方面有一定的适用度，如果稍加改造，就能起到画龙点睛的效果。杜甫可以"戴着镣铐跳舞"，现在不妨给那些天马行空的网络文体也戴上"镣铐"。用充实的素材去填充，用真挚的情感去包装，给人耳目一新又不显轻浮的印象。这舞，肯定会跳得完美。

★ 蓝精灵体——全貌素描，排比给力

[原版] 在那山的那边海的那边，有一群蓝精灵，他

们活泼又聪明，他们调皮又灵敏，他们自由自在生活在那绿色的大森林，他们善良勇敢相互都欢喜，噢——可爱的蓝精灵，噢——可爱的蓝精灵，他们齐心合力开动脑筋，斗败了格格巫，他们唱歌跳舞快乐多欢喜。

出处：3D电影版《蓝精灵》。

仿版：[实验员版] 在那理化楼里实验室里有一群白大褂，他们勤恳又聪明，他们都是神经质。他们只有上班没有下班奋斗在实验室，他们从来不知啥叫休息日。啊，出错了再一次，哦，失败了再一次，每天睁眼闭眼数据仪器少不了配试剂，但是绝对不敢奢望涨工资。

构句形式：在……那边……那边，有一群……，他们……又……，他们……又……

名师解读：一首催人奋进的歌词，演绎出一种灵活自如的“蓝精灵体”。这种文体，可以用于包装表现一些人物群体的素材，比如航天人、诺贝尔奖获得者等。用得到位，可以清晰地道出其职业特征，概括其事迹，展示其风貌，进而为中心论点服务。

[片段示范] 在那电视那边报纸那边，有一群最美的人。他们善良又高尚，他们无私又奉献，他们平凡又伟大。他们默默无闻地伫立在那普普通通的角落，他们用热情展示着生命活

力。啊，一个个美丽的身影，啊，一次次深深的感动，他们演绎了最精彩的人生，充实了最丰盈的社会，传承了最朴素的品德。是啊，无论是最美爷爷、最美奶奶、最美妈妈，还是最美白衣天使、最美撑伞女孩、最美乡村老师、最美女记者，都让我们体会到人性的光芒。一个人的品质，可以升华一个民族的品质。当一些“最美”的故事出现在我们身边的时候，每一个人都会情不自禁地被感染。相信，在他们的带动下，“最美”还将大量涌现。(学生习作《最美》)

名师点评：作者借用生动的“蓝精灵体”，营造出排比的气势，形象地展示出当今社会“最美”的好人群体，歌颂了乐于助人的品质，幽默感人、振奋人心。

★ TVB 体——励志感人，亲切贴心

> ［原版］发生这种事，大家都不想的。感情的事呢，是不能强求的。所谓吉人自有天相，做人最要紧的就是开心。饿不饿，我给你煮碗面……

出处：有人在天涯论坛发了这样一个帖子：“我找不到男朋友，大家可不可以用 TVB 语气安慰我一下。”马上有人回复了以上帖子。

仿版：出现这种天气，大家都不想的。老天的事呢，是不能预知的。所谓天有不测风云，带没带雨伞都没关系。冷不冷，我给你熬点汤……

构句形式：发生这种……，大家都不……的。……的事呢，是不能……的。所谓……，做人最要紧的就是……。……不……，我给你……

名师解读：TVB体，是一种语言平实却很“疗伤”的创新体例。带着理解，带着关爱，带着一种生活化的问候，打动身处困境中的人。这种文体，可以用在散文或书信里，以抒情的口吻，或安慰、或鼓励，生动地点缀起全文的情感，当然，如果把这种文体与提倡积极心态类的话题相结合，穿越时空，安慰承受困难、遭遇挫折的古人，一定能博阅卷者会心一笑。

［片段示范］我不知道春天是播撒梦的种子的时节，我只知道它是一个我不知道该如何踏上征程的开始；我不知道深秋是收获梦想与成功的季节，我只是惊诧：为何我苦苦等待，却一无所有？这时，一个声音告诉我，发生这种现象，大家都不愿的。心态的事呢，是不能随意的。所谓千里之行，始于足下，最终有没有收获没有关系，重要的是你已经付出了。悟没悟，我陪你散散步……那纯真的眼神和温柔的话语燃起我内心的希望，让我知道哪里才是我该去的方向。（学生习作《收获》）

名师点评：当一个人处于矛盾与迷茫时，最需要的便是一声安慰、一句鼓励。文段中，那一个声音，那一句关怀，带来的便是一份希望。作者将 TVB 体嵌入问答的形式中，构思精妙。一问一答，使情节有起伏，同时倡导了一种积极的人生态度。可见，调侃式的文体用对了地方，同样可以很正经。

★ 凡客体——张扬个性，塑造形象

> [原版] 爱网络，爱自由，爱晚起，爱夜间大排档，爱赛车；也爱 29 块的 T-Shirt，我不是什么旗手，不是谁的代言，我是韩寒，我只代表我自己。我和你一样，我是凡客。

出处："凡客诚品"广告词。

仿版：爱生活，爱自由；爱真诚，不爱虚伪；爱家人，爱朋友，也爱大自然。爱 5 分钱的大碗茶，也爱 50 元一杯的卡布奇诺。人生就像剧场，我行我素，爱谁谁。我和你们不一样，我是学生。

构句形式：爱……，不爱……，是……，不是……，我是……

名师解读：凡客既是诚品，也是良体。这种能够张扬个性的文体，可以在散文或议论文中，联系自我，标榜自我成长的个性，也可以引用名人素材，历史名人、现代人物均可，三言两语，就能生动地展示出人物的特性和事迹，语言简洁有力，论据集中清晰。

[片段示范] 我的青春我做主，我的个性我绽放。我不希望自己成为什么偶像，也不奢望自己能够飞黄腾达。年轻的我，只希望能够抓住生活中的每一份精彩，创造命运中的一次次神奇。爱阅读，爱听歌，也爱在网络畅游。爱热闹，爱孤独，不爱折腾。我不是什么偶像，不是什么明星。我和你一样，我是自由人。青春，是一种资本，一种能够让我们寻找快乐，展示自我的资本，需要把握，更需要珍惜。（学生习作《我的青春我做主》）

名师点评：运用凡客体，需要掌握的一个关键就是要有具体的内容，避虚就实。这一片段，充分展示了青春的个性，突出了青春爱自由的主题，更具活力。

★ 名师小贴士

1. 网络文体运用三大禁忌

（1）将调侃当有趣。调侃，也有一定的限度，以上几种文体虽然带有调侃成分，但都能从积极的角度去表达。而有的网络文体，戏谑色彩太重，运用起来很难做到严谨，不建议使用，以免引起阅卷者的反感。（2）空洞无物，只为吸引眼球。形式的完美，并不是以牺牲内容为目的。用新颖的形式表现丰富的内容，做到形神兼备，才是我们所追求的。（3）堆砌，多多益善。亮点，只是一种点缀，多了，就会过犹不及。原则上，一篇文章运用一种网络文体即可。

2. 网络文体改造三步骤[①]

（1）慎选。选择网络文体，一定要根据手里的材料和作文的话题进行筛选。如果刻意为之，可能会破坏文章的整体意蕴。（2）精心改造。任何一种网络文体的选用，都不能照抄照搬，必须在尊重写作内容的基础上仔细斟酌，精心改造，这才是作文之王道。（3）扣紧话题，前后呼应。选用新颖的文体时，一定要注意与话题的联系，结构上要注意勾连呼应，而不能表现出松散混乱，让人感觉突兀。

语言的运用，要具体文章具体对待，不可千人一面，雷同复制。同学们可以在自己的作文中，偶一为之，不能刻意为之，哗众取宠。

六、活动总结

当下互联网上新锐文体各领风骚，流行语体层出不穷，如

---

① 赵福海．备考小妙招之网络文体大改造［J］．华章：初中读写，2012（5）：53－54．有改动。

知音体、梨花体、脑残体、纺纱体、红楼体、传教士体等。我们虽然在生活中经常看到、听到，但都是作为娱乐之事，没有从语文写作中的角度去进行探索。

所以多在网上了解一些网络流行语言和网络新文体，对于写作也有帮助。况且网络流行语言和模仿文体具有很高的新潮性、趣味性和通俗性，易于接受，很随意就可以运用，可以让我们在不知不觉中，在漫不经心的浏览中有所收获。让我们的语文课回到生活，让语文学习变得有趣、有用。

七、活动作业

随着电视剧《后宫甄嬛传》的热播，剧中的台词也因其“古色古香”、蕴含古诗风韵而被广大网友效仿，并被称为甄嬛体。不少观众张口便是“本宫”，描述事物也喜用“极好”“真真”等词，瞬间，“甄嬛体”红遍网络。浙江大学光华法学院毕业典礼上，该校副教授高艳东在2012年本科及研究生毕业典礼中，发表了1 100字的“甄嬛体”讲话，不仅在现场赢得学生的阵阵掌声及欢呼声，更是在网络上火了一把：

朕私下想，诸位书生必是极好的。众爱卿均是高富帅，众爱妃均是白富美。但是，请你们记住：事业有成的、当领导的，往往都是矮矬穷——我们的领导除外。因为，法律只评价客观行为，而不关心主体形象。

最后一刻，我们来一起回忆一下浙大精神和之江印象，好不好？

竺校长曾经问过两个问题，“到浙大来干什么，将来毕业要做什么样的人”。你们说，到浙大来混，将来要做一个混混。但是，浙大毕业生不能做个小混混，要做个敢爱、敢恨、敢裸奔的文艺混混。潘靓超同学有这样的气质——身材那么差还敢光着出来混。他的行为，充分阐释了浙大的草根精神。

记着，要到祖国最需要的地方去混……要不然，竺校长会去找你商量的，老校长可伤不起啊。

紫金港、西溪、玉泉、之江、华家池，浙江大学每一个校区都带着水字，浙江二字一半是水，所以，浙江大学是中国最水的大学，但是，我们的毕业生绝对不能做水货，我们今天不能做富二代，我们也不要去当屌丝。

事实上，浙大绝对不是水校，在各大排行榜中，我们常年排第三。在江湖，人称小三。这种小三精神，也是浙大人特有的人生哲学：只做不说，明知没地位，坚信有机会。而且，在武书连的流行排行榜中，浙大已经排第一了。至于你们信不信，我反正是信了。

其实，第三还是第一并不重要，重要的是浙大从来没有二过。

但是，即使有一天浙大二了，我们也会死心塌地地爱她，这就是母校。

之江校区是猫的世界，光华法学院的院徽吉祥物应该是光华猫。我们的领导也可以称为猫王。但是，浙大校徽的标志是求是鹰，校长看到我们的院徽设计，会很生气地问：我的鸟呢？

所以，我们心中，法学院的院徽应当是——猫头鹰。法学院的毕业生因此应当有猫头鹰的气质：黑夜给了你们黑色的眼睛，我们却要用它寻找光明。当然，猫头鹰精神还有另外一种——能走猫步，能干鸟事。

大学有相同之处，进来的时候，要学习做人，出去的时候，要好好做人。你们经历了几年的有期徒刑，有的人是打着游戏度过的，有的人是打着酱油度过的，不管你们曾经打过什么，你们统统刑满释放。出去后，要记得，得人品者的（得）天下，要以德服人。

最后，请让我以老师的名义说声：真的爱你。

读了上面这则“浙大教师祝福词”的材料，你有什么看法，加以评论。另外，可选择一种自己感兴趣的“网络新文体”，仿写之。

【执教反思】

在活动前，学生分小组，到网上查阅“网络新文体”的概念、分类及使用的例子。在课堂上，学生主要就“淘宝体”的流行，作个案分析。把握其特点，写作“淘宝体”的格式，并且在课堂上加以运用。学生对活动热情比较高，而且有生活的实际体验。

本次语文学习活动主要以“淘宝体”为典型个案，展开了对其文体特征的深入分析，进而加以模仿，评论其使用的优劣之所在，最后拓展到其他网络文体在作文中的巧妙运用。从小的角度切入，深挖下去，散而有序，不蔓不枝，有切实的可操作性。

第四章　生长式语文课堂教学实录

落实新课程标准（2017 年版）理念，应以“自主、合作、探究性学习”方式为主，改变教师大量分析讲解模式。并把课堂还给学生，让课堂充满生长力。本章中的六节公开课，其教学流程均为：诊断学情—主问题驱动—思辨性解读—指向生长—激发内驱力—多维评价。

第一节　以“学生的解读逻辑”为教学起点

——外国小说《流浪人，你若到斯巴……》课堂实录[①]

【课堂实录】

一、创设情境，导入课文

师：古人曾说，宁愿做太平时代的一条狗，也不愿做战乱时代的一个人。我们都渴望在一个和平的社会中生活，也都害怕和痛恨战争。然而，战争的阴影始终笼罩着世界，近代以来，两次世界大战，给人类带来了巨大灾难。今天，我们要学习的《流浪人，你若到斯巴……》，讲述了一位德国士兵在战争中的遭遇，他遭遇了什么呢？

二、复述故事，质疑问难

师：课前已请大家预习了课文，现在请同学们快速阅读全

① 本节内容原题为《以“学生的解读逻辑”为教学起点——外国小说〈流浪人，你若到斯巴……〉课堂实录》，发表于《语文学习》2013 年第 11 期。有改动。

文，请用自己的话复述一下小说的故事内容。

生1：主要内容讲主人公受了伤后，被抬到一所学校里，通过学校的设施和一些装饰，发现这里是自己的母校。

师（看没有学生继续发言）：这位同学概括得比较简洁，我们一起来看一下：

“我”受了伤，被汽车运到一所临时医院，将被抬往美术教室的路上，“我”看到了许多熟悉的景象。最后，“我”发现，我所在的正是“我”的母校，并且发现，“我”失去了双臂和右腿。

师：同学们，大家在阅读过程中，你有哪些地方感到困惑、不理解的，谈一谈。

生2：“我”在这所中学学习了八年，可是为什么等到“我”被抬到这所学校的时候，迟迟不敢肯定这是“我”的母校？

生3：就是文中写了学校里很多的设施、摆设，为什么要写这些东西？

生4：为什么炮声是均匀而有节奏的？是高雅的？

生5：小说结尾，为什么“我”喃喃地说“牛奶！……”？

生6：课下注释说：公元前480年，波斯人入侵希腊，300名斯巴达战士扼守温泉关，奋战至阵亡。后来，希腊人立碑以示纪念，碑上的铭文是："流浪人，你若到斯巴达，请报告那里的公民们，我们阵亡此地，至死犹恪守他们的命令。"为什么全文的题目也是"流浪人，你若到斯巴……"，其实还有一个字没有写出来。

师：你的意思是说，为什么不把那个"达"字写进去？（生点头）

老师在阅读过程中也发现了一些与同学们相类似的疑问，今天我们探讨一下这些问题：

为什么"我"觉得炮声是高雅的？为什么详细描写学校过道的环境布置？为什么以"流浪人，你若到斯巴……"为标题？为什么"我"最后喃喃地说"牛奶！……"

三、品读"高雅"，梳理"画像"

师：《流浪人，你若到斯巴……》是一篇有关战争的小说。一般人的理解，战争中的炮声是血腥的、恐怖的，而小说中的"我"却觉得它是高雅的，什么原因呢？我们先请一位同学把炮声是高雅的这一段，读一下。（学生讨论交流）

生7：因为"我"是为法西斯卖命的，然后，听到了法西斯炮队的声音，就感到非常自豪。

师：为法西斯卖命的，你从哪里看出来的？请结合文本谈一谈。

生 8（停顿片刻）：课文中讲“本多夫有三所文科中学……第三所，也许用不着我讲，就是阿道夫·希特勒中学”，我毕业的学校，是阿道夫·希特勒中学，可知当时是法西斯统治着德国。

师：刚才两位同学讲到为什么炮声是高雅的。他觉得自己是爱国的，所以战争是崇高的，代表战争的炮声也因此是高雅的。

即使没有亲历过战争的人也知道，战争是十分残酷的。那么，是什么让他对战争如此崇尚和狂热呢？

古人云“近朱者赤，近墨者黑”，那么小说中“我”所在学校的环境是怎样的？结合课文谈谈。

生 9：他对学校的一些楼道、楼梯中间的一些艺术品，进行了描写。

师（继续提醒）：可以具体点吗？

生 9：比如说一年级甲班和一年级乙班，两扇门之间挂着的费尔巴哈的《美狄亚》，还有《挑刺的少年》、雅典娜神庙庙柱中楣这种艺术品及其描写。

师：这是一所培养艺术人才的文科中学，如果让你选择挂一些名人画像，你会选择哪些呢？

生 10：挂凡·高、贝多芬的画像，还有文学家泰戈尔的。

师：这里挂了哪些名人的画像？

生 11：西塞罗、赫耳墨斯、宙斯、希腊众神像、艺术家尼采。

师：还有哪些政治家和军事家？穿红衣服的女同学回答一下。

生 12：还有希特勒的画像。

生 13：挂希特勒的画像，说明当时社会是由希特勒统治着的，可看出当时人们对希特勒的狂热崇拜。

师（微笑着）：很好！除了挂了希特勒的画像之外，还有没有宣扬战争的画像呢？（生沉默，教师提醒）

生 14：多哥的大幅风景画。

师（追问）：说明什么？

生 14：因为希特勒企图恢复德国的殖民地，所以当时学校挂多哥的风景画，对学生进行殖民主义宣传。

师：前面同学们提出一个问题：小说为什么要详细描写学校过道的环境布置？（学生讨论）

生 15：对他们进行“洗脑”、奴化教育。

师：详细描写学校过道的环境布置，暗示了当时的“我”和所有学生都是在一种崇尚武力、充满战争气氛，还有军事色彩浓郁的环境中生活的。

四、细读“标题”，探究主旨

这样的环境熏陶，不是老师亲自教的，这是一种无声的、潜移默化的渐染。那么，小说中有没有学校对学生进行战争的直接教育呢？找一找。

生 16（举手）：就是在课堂上，老师要求学生用六种不同的字体写下“流浪人，你若到斯巴……”这句话。

师：思考一下，这段铭文原来的意思是什么？

生 17：原意是波斯侵入希腊的时候，斯巴达战士阵亡了，人们用这段铭文来纪念他们，想让别人来记住他们，恪守他们的命令。

师：可见，这段铭文是赞扬斯巴达人为了抗击波斯入侵，而进行的正义的、爱国的战争。小说中，学校为什么要我们都“必须写下”这段铭文呢？思考交流一下。

生 18：法西斯为了给那些学生灌输那种必须为国家而战的思想。

师（表扬学生）：很好。他们教育学生战争是正义的，是保家卫国，其实是对学生的一种？

生 19：欺骗！德国法西斯教育学生们要记住使命，要保家卫国，持续战争，让他们一直认为自己是正义的一方，心里有一种精神力量支持他们。

师：小说为什么要以“流浪人，你若到斯巴……”为题，现在能理解吗？前后桌可相互交流一下。（讨论很热烈）

生20：这一题目，主要表达了作者反对德国法西斯对青少年那种思想的禁锢。

师：以上三位同学都是从小说主题角度分析的。小说标题，往往跟主题有关，你觉得伯尔这篇小说想要告诉我们什么？

生21：反对学校对学生进行军国主义教育，不要扭曲学生的思想，要对他们进行正义的教育，要反思这场战争。

师：也就是说，军国主义教育使这些年轻的学生走上了战场，不幸成为战争的炮灰，造成了个人的悲剧。这个标题，巧妙而深刻地揭示了小说主题。

五、解读“牛奶”，拓展延伸

小说中的“我”深受军国主义的教育，崇尚战争，渴望成为战争中的英雄。小说结尾，“我”喃喃地说“牛奶”，而没有说与战争有关的其他东西，为什么？

生22：我认为他说牛奶，是因为他虽然接受过战争教育，但是他内心还是对和平有一种渴望，牛奶是他对和平渴望的寄托。

生 23：课文中说，三个月前的“他”在比尔格勒的小屋里喝牛奶，当时处在和平阶段，后来他经历了战争。这里可以看出他渴望和平，能够再像以前那样。

师（进一步解释）：就是说想念从前那种和平的状态。

生 24：我也觉得是他对和平的向往，对以前宁静生活的回忆，牛奶一方面让他认出了比尔格勒，是他和比尔格勒之间的一种回忆，也暗指了从前那种和平的生活。

师：当然，我们对牛奶的解读有多种。例如，我们还可说当时他口渴了，想要喝牛奶，也是正常的。“‘牛奶!’我喃喃地说……”“我”可能会说些什么呢？请大家课后根据上下文语境，做些补充。

谢谢！下课！

【执教反思】

《流浪人，你若到斯巴……》是德国著名作家海因里希·伯尔写的一篇小说，选编在苏教版必修二“和平的祈祷”专题中。这篇小说有 6 000 多字，用一个课时来教，困难很大。

要有效教学长文，不能面面俱到，需要找到一个突破口。

学生能看懂的，不用讲，要重点去探究的是那些学生看了不理解的地方。

备课前，笔者不看教参，也不参考专家的权威解读。假设自己是学生，先“裸读”小说，提出疑难问题，看自己读到了什么程度。然后，写教学设计，按照自己的“文本解读逻辑”，做出教学预设。

但真实的学情，是怎样的呢？笔者让学生课前作了预习，提出自己的问题。大部分学生都很疑惑：为什么作者要描写那么多学校的环境布置？这篇小说究竟想要表达什么？

围绕学生阅读中的这两个疑难问题，笔者对教学设计作了大的修改，紧紧围绕“作者为什么要描写那么多学校的环境布置”和“这篇小说究竟想要表达什么”展开，作了充分引导，深入挖掘。学生收获也颇大，老师的讲解，不再是贴标签，而充分尊重了学生的主体地位，课堂上满是思维的火花碰撞。

但同时也存在一定的遗憾，课堂容量较大，有个别学生提出的疑难问题，没能展开探讨。例如，小说中有关“十字架”的叙述，这里有何深刻寓意，学生不理解。但囿于课堂时间限制，没能放开让学生去探讨。还有小说中有一新奇比喻，把受伤动手术的“我”比作“襁褓”，如何理解；小说的叙述视角是第一人称的有限视角，作用何在。这些若能展开，一定会迸发出更多精彩的思想火花。

也许任何一堂课，从某个角度说都是难以完美的，都会留下这样或那样的些许遗憾。也正因其不完满，才有了进一步前行的空间吧！

第二节　以“学生认知逻辑”为教学内容重构支架

——传统文化经典《诲人不倦》课堂实录[①]

【课堂实录】

一、创设情境，导入课文

（伴着居山植的《园丁之歌》，教师充满深情地走上讲台。）

师：今天能有机会和大家一起学习，我感到很高兴。法国大思想家伏尔泰对孔子十分推崇，在《哲学辞典》中，他写道：“东方找到了一位智者……他在公元前五百余年便教导人们如何幸福地生活。”同学们，今天让我们一起来聆听 2 500 年

---

① 本节内容原题为《以“学生认知逻辑”为教学内容重构支架——传统文化经典〈诲人不倦〉课堂实录》，发表于《语文学习》2015 年第 6 期。有改动。

前的这位智者，关于教育的思考！（教室内很安静，学生沉浸在老师创设的情境中）

二、为什么要诲人？

师：请同学们先大声地齐读课文，要读准字音、节奏，读出恰当的语气。

（学生朗读课文，教师边听边在课文上做记号，记下学生朗读中出现的问题。三分钟后，学生读完了，老师指定一名男生评价班级的朗读情况）

生1：我觉得停顿还可以。

师：读得较流畅，但停顿不正确，特别是主谓之间的停顿没读出来。比如："鲤/趋而过庭"读成"鲤趋/而过庭"。下一位同学继续点评。

生2：还有很多语气没读出来。

师：没读出来的原因是什么？

生3：只有把感情放进去，才能读出语气来。

师：是的。要把情感放进去，还要理解课文。你做得很好，会反思。对朗读不仅求正确，还要求感情恰当。

师："诲人不倦"中的"诲人"，是什么意思？

生4：教导别人。

师："诲人不倦"是什么意思呢?

生5：教导别人不懈怠。

师：那么孔子为什么要主张"诲人"?或者说，人为什么需要教育?（板书：为什么诲人）

生6：性相近也，习相远也。

师：这句话什么意思?这里的"习"跟"学而时习之"的"习"意思是否一样?

生6：人的天性是相近的，由于习染不同而使品行智力相差很远。这里的"习"是"习染"，而"学而时习之"的习是"温习"。

师：习染就是外在环境对人的影响，包括教育在内。正因为教育可以改变人的天性，使人的天性往美好、高尚的方向发展，所以需要教育。再看第二句"唯上智与下愚不移"，可见"诲人"的目的在于"移"改变，在于提升人的道德素质、学识修养。

师：从这两句，大家可以看看孔子的主张是否有矛盾的地方。他一方面说"性相近，习相远"，可以改变；另一方面又说"不移"，不能改变。

生8：他只说上等和下等的不移。

三、诲哪些人？

师：智力太高与太低的改变不了，但绝大多数中等人是可以改变的。孔子要教育的主要是一般人。那么孔子都教育过哪些人呢？大家找找具体的名字。（板书：诲哪些人）

生1：颜渊、闵子骞、冉伯牛、仲弓、宰我、子贡、冉有、子路、子游、子夏、陈亢、公西华、孔子的儿子孔鲤。

师：相传孔子弟子有三千人，有七十二位高才生！这么多人里面，有贫穷的，如颜回，有富有的，如子贡，有智商高的，如宰我，有智商低的，如曾参。

展示幻灯片：孔子招收学生是不论出身贵贱和等级的，少数是贵族子弟（如南宫敬叔、司马牛）和商人子弟（如子贡），大多数是平民（如颜回、曾参、子路等），还有出狱的犯人公冶长，做过盗贼的颜涿聚。孔子招收学生也是不论地域和民族，孔子是鲁国人，从地域看他的学生也不限于鲁国，还有齐、宋、晋、楚、秦等国。从民族看大多数是华夏民族的，也有少数民族的。孔子招收学生不论年龄大小，例如，冉伯牛比孔子小7岁，子路比孔子小9岁，子夏比孔子小44岁，子游比孔子小45岁。

四、怎么诲人?

但孔子都对他们进行有效的教育，使他们成材。孔子真正做到了什么?（学生齐答：有教无类）那么，他是如何诲人的呢? 也就是运用了哪些教学方法呢?（板书：诲人的方法）

（学生自己翻书，找答案，约三分钟）

生 1：因材施教，第 7.8 章。

师：（该生的回答是我课前没有想到的，课前我预设学生能答出“启发式教学”。见她回答错了，当时的确有点慌，但迅速镇定下来，想办法“启发”她）那么“愤”是什么意思?

生 2：心里想求明白而不得的时候。

师：就是很“纠结”的时候吧。（众学生大笑）

师（追问）：“不愤不启，不悱不发”是什么意思? 那么孔子主张要采用什么教学方法?

生 3：不到想求明白而不得的时候，不去开导他；不到想说出来而不能的时候，不去启发他。（恍然大悟）启发式教学，而且要举一反三。（此时，我紧张的心情方安静下来!）

师：（继续问）“举一反三”是什么意思?

生 4：（大声）从一件事情类推而知道其他许多事情。

师：请大家齐读第 7.8 章。请问还有哪些属于启发式教学的例子？

生5：第3.8章。（教师要求学生齐读第3.8章的原文和翻译）

师："绘事后素"是什么意思？

生6：绘画的事后于素地，即先有了底子然后绘画。

师：（追问）孔子为什么说"启予者商也！（启发我的是卜商啊！）"？

生7：因为他由彩绘联想到仁义的事情。孔子对子夏的回答感到意外，因为这是孔子事先没有想到的，给了孔子很大的启发，所以不由得赞叹。

师：了不起！分析很精辟，老师佩服你。（老师竖起大拇指，受表扬的学生很激动）

师：我们知道，《论语》是口语的记录，想象一下，孔子说这句话时的语气、潜藏的情感。请同学们大声读一读这句话，应当读出怎样的语气？

生8：（齐、大声）开心的、欣喜的。

（生朗读"启予者商也"，但读不出欣喜的语气。教师范读，音调拖长，稍稍停顿。学生再读，就读得很动情了）

师：可见孔子从弟子的领悟中，自己也得到了提升——这就是什么？（生答：教学相长）我们再来读一读第3.8章。

师：孔子说“始可与言《诗》已矣”，如果把“言”换成“教”，好不好？为什么？

（学生自由朗读、思考，分小组讨论交流，推举一位同学发言。课堂气氛比较热烈，学生都动起来了）

生9：不好。用“言”字，可见孔子与学生能平等交流。

生10：不好。用“言”字，可知孔子尊重学生。

生11：不好。用“言”字，可看出孔子不是灌输知识，而是启发诱导。

生12：韩愈《师说》“弟子不必不如师，师不必贤于弟子”，课堂气氛活跃、自由。

师：还有没有具备启发式教学特点的例子？

生13：第1.15章。

师：“如切如磋，如琢如磨，其斯之谓与”是什么意思？

生14：“像加工骨角玉石反复切磋琢磨那样”，大概就是说的这个意思吧？

师：“贫而无谄”为什么比不上“贫而乐”？

生15：因为这是两个境界。中间需要“切磋琢磨”，要致力于学问，才能提高自己的道德文化素养。

师：“告诸往而知来者”，意思是？

生16：告诉你已知，你能推知未知了。这是一种举一反三的

能力，也是孔子评价一个学生聪明的重要标准。（众学生鼓掌）

师：子贡悟到由“贫而无谄，富而无骄”上升到追求“贫而乐道，富而好礼”，犹如切、磋、琢、磨一样精益求精。这样的看法得到孔子的高度赞扬，认为可以和赐讨论《诗经》了，认为赐是个可以举一反三的学生。

师：除了启发式，还有其他教学方法吗？

生17：还根据学生的不同特点因材施教。

师：哪些例子体现了因材施教教学方法？

生18：第11.22章。（学生齐读这一章）

师：“求也退，故进之；由也兼人，故退之”是什么意思？

生19：冉求做事畏缩，所以要促一促他；仲由勇气过人，所以要压一压他。

师：（启发学生思考）孔子对冉有和子路的语气一样吗？

生20：不一样。

师：应该是怎样的语气呢？

生21：对冉有，激励他做事要果敢；对子路，暗示他做事不要冲动。

师：我们知道了孔子对两位学生的语气是不一样的。下面请同桌进行对话表演，一个读学生“冉有问、子路问”的内容，一个读老师“子曰”的内容。先练练，等下，我们请同学来表演一下。

（学生演练都很投入，先请一组女同学演读，再请一名男同学点评。主要问题是“如之何其闻斯行之?”的反问语气没有读出来。然后请一组男同学演读，比上一组好，但是子路回答时的反问语气还是不够强。通过对比演读，让学生体会话语中的丰富情感）

（教师先范读，学生再齐读。稍有进步。教师要求他们再来一遍，学生读得又整体又响亮，语音里包含着提高自我的成就感）

师：可见对同一问题，孔子的回答一样吗？（学生大声回答：不一样！）可见，孔子真正做到了因材施教。不仅因材施教，而且因人而答。

师：还有哪些是因材施教的例子？

生 22：第 11.3 章。

师：孔子依据学生的特长，加以引导，使他们成材。请齐读这一章。

五、为什么要“诲人不倦”

师：孔子善于运用多种教学方法，尤其是启发式教学和因材施教的方法，教诲学生从不懈怠，得到了弟子们的衷心尊

敬。那么，孔子为什么要诲人不倦呢？（板书：诲人要不倦）

（众生沉默，说明有点难回答。老师主要让学生了解这一点即可）

师：我们可以这样说，要让教育产生作用，是一个长期的过程，所以必须要不倦地教育人。另外，从教学内容看，文、行、忠、信、礼、乐，教育内容可谓博大精深，注定其过程要“不倦”。

六、作业与评价

师：孔子的教育思想博大精深，我们课堂上没有讲到的还有许多。例如“温故知新”“学而不思者罔，思而不学则殆”，这些教育理念，请选择其中的一点，谈谈你的看法，写800字左右的随笔。（学生再次聆听《园丁之歌》，感受孔子诲人不倦的高尚情怀）

【执教反思】

《诲人不倦》是《〈论语〉选读》中的一篇课文，体现了孔子的教学理念、教学方法及其教学精神。

第一次教授这篇课文时，预设了如下教学思路。首先，初读感知。提出两个问题：（1）你认为孔子教育思想的特色有哪些？(2) 本课包含了孔子教育思想的哪几个方面？其次，诵读感知，要求学生读准字音，读清句读，读出语气。再次，文本研读。围绕四个方面展开：(1) 结合《论语》中的其他篇章，谈一谈在孔子眼中教育有怎样的作用。(2) 对“有教无类”中“类”字的含义作不同的探讨，并评价这一教育思想。(3) 如何评价“文、行、忠、信”及“述而不作”？(4) 围绕“启发式教学”和“因材施教”原则研讨，说一说自己的体会。最后，总结全文，用自己的语言评述孔子在教育上的影响。

教师的教学预设，多是基于自身的认知逻辑。在这一堂课中，教学是从理性逻辑到感性逻辑，学生始终在文本的外围，没有触及文本的内核。课堂气氛沉闷、乏味，教学现场成了一个封闭的空间，没有打开。

课后反思，为什么会把课上得如此“无序”“无趣”和“无味”。根源在于，这样的教学流程不符合学生的认知规律。第二次讲授这篇课文，便做了大量“减法”。删去以下三个问题：(1) 本课包含了孔子教育思想的哪几个方面？(2) 结合《论语》中的其他篇章，谈一谈在孔子眼中教育有怎样的作用。(3) 如何评价“文、行、忠、信”及“述而不作”？

第三次，遵从学生“认知逻辑”，进一步做减法，按照“原因—对象—方法—结果”来重构教学内容：(1) 为什么要诲人？

（2）诲哪些人？（3）怎么诲人？（4）为什么要“诲人不倦”？

依据这样的流程教学，课堂立刻变得有序、有趣，有“语文味”了。褚树荣老师说：“在文言文教学中，如何把文字疏通、文章鉴赏、文化渗透有机结合起来，是远没有解决好的难题。”① 这堂课的教学虽然凸显了文字背后的人物感情，但是如何渗透文化内涵，还有待进一步探索。

第三节　基于“思辨式阅读”的《论语》② 教学内容重构

——传统文化经典“克己复礼：‘孝’的三种境界”课堂实录

【课堂实录】

一、导入新课

师：湖州是一座具有 2 300 多年历史的江南古城，人文底

---

① 褚树荣，等．《中庸之道》教学访谈［J］．语文学习，2013（5）．

② 参考：语文出版社教材研究中心．《论语》选读［M］．北京：语文出版社，2010：12．

蕴极其深厚，涌现了许多著名的诗人。唐代大诗人孟郊就是其中一位杰出代表。他有一首《游子吟》传唱了上千年。我们一起来温习一遍："慈母手中线，游子身上衣。临行密密缝，意恐迟迟归。谁言寸草心，报得三春晖?"这首诗赞颂了一种母爱，是一种感恩之情，是孝的一种具体表现。"孝"是中国文化的核心元素。我们了解"孝"的文化，要从中国文化的源头找起，中国文化的源头在先秦诸子。对中国文化影响最大的是儒家文化，其代表著作是"四书五经"。其中《论语》特别受到后人推崇。今天，让我们一起走近《论语》，一起解读两千多年前的孔子所提倡的"孝"的文化，进而加以弘扬。

二、什么是"孝"

师：《论语》一书，共出现"孝"字18次。据考证，甲骨文中就已经出现了"孝"字。这是"孝"的篆体，是一个会意字。我们请同学描述一下这个字的结构造型，发挥你的想象。

生1：下面那个字是孩子，上面部分像是生活的生字，父母在世的时候。

生2：我也觉得下面的字是孩子的子，上面部分是老字的省略。

师：对不对呢？我们来看东汉许慎在《说文解字》中的解

释："善事父母者，从老省、从子，子承老也"，即奉养父母。你猜对了。

三、生活中的"孝"

师：苏东坡说："横看成岭侧成峰，远近高低各不同"，对同一个事物，不同人的理解是有差别的。对"孝"的理解，也是因人而异，在日常的生活中，我们应当怎样尽孝，请同学们谈谈你的看法。可以写在纸上。

生1：我觉得大致分两个方面：一个是物质上的赡养，满足他们的物质需求；另一个是精神上宽慰父母，尊重他们，让他们过得开心快乐，要关注他们心理和生理上的需求。

生2：我觉得现在应该多陪陪父母、长辈，对他们而言，孩子是最重要的，要照顾好自己，不要让父母担心。

师：照顾好自己很重要，如果你经常生病，父母会很担心。

生3：我觉得要分不同的时期，学生时代要努力学习，考出让父母满意的成绩；工作之后，多陪陪父母。

生4：我认为要听父母的话，尽量不违背他们的意思，不让他们生气。

生5：我认为要让父母感觉到幸福。

师：让父母感到幸福，难度比较高的！（学生与全市听课老师皆笑了）

生 6：我觉得应该是为父母分担一些家务活。

师：你在家里做家务活吗?

生 6：做的。

师：表现很好！

生 7：我觉得我们应该带着感激之情，对父母感同身受，也许我们现在不能为他们做些什么事情，但我们能够理解他们，不顶撞他们。

师：他提出了“感同身受”这个词，能够设身处地地替父母着想。

四、儒家“孝”的三种境界

师：刚才大家已经各自谈了自己理解的“孝”，那么两千多年前的孔子和他的弟子们所提倡的“孝”是什么呢？在《克己复礼》一课中有三处谈及“孝”。老师翻阅《论语》全书，将其他有关“孝”的材料汇集起来，另外补充了《孝经》（相传是孔子所作）中的一则材料。总共有 16 则，请任选一则，先读原文，然后谈自己的理解，写下来。请同学们结合这些资料，谈谈孔子及其弟子的心中的“孝”。

1. 儒家的“孝”

生 1：我选了第 13 则——宰我问：“三年之丧，期（jī）已久矣。君子三年不为礼，礼必坏；三年不为乐，乐必崩。旧谷既没，新谷既升，钻燧改火，期可已矣。”子曰：“食夫稻，衣夫锦，于女安乎？”曰：“安。”“女安，则为之！夫君子之居丧，食旨不甘，闻乐不乐，居处不安，故不为也。今女安，则为之！”宰我出，子曰：“予之不仁也！子生三年，然后免于父母之怀。夫三年之丧，天下之通丧也。予也有三年之爱于其父母乎！”我觉得父母在我们年幼的时候，尽心竭力照顾我们，我们也应尽最大努力回报父母，不只是在守丧的时候，应在他们生前尽孝。

师：孔子和弟子在这里讨论了守丧的期限问题，你赞同谁的观点？

生 1：我觉得形式不是最重要的，心意才是重要的，宰我的心意是不足的。

师：刚才同学提到了，古代社会当父母去世后，官员一般要辞去官职回家守孝三年，实则 27 个月。在漫长的封建社会，遵循的守丧期限是孔子主张的三年。这种制度，古代叫作“丁忧”。

生 2：我选的是第 1 则——有子曰：“其为人也孝弟（同悌），而好（hào）犯上者，鲜（xiǎn）矣；不好犯上而好作乱者，未之有也。君子务本，本立而道生。孝弟也者，其为仁之本与！”孝是仁爱的根本，一个人能够孝顺父母，那么他一定能够善待他人。孝是塑造一个高尚的人的根基，是一个人的立身之本。

师：孝不光是为人的根本，也是君主治理国家的重要方法。李密的《陈情表》里说：“伏惟圣朝以孝治天下。”从政治层面讲，孝也是非常重要的。

生3：我选的是第6则——子夏问孝，子曰：“色难。有事，弟子服其劳；有酒食，先生馔，曾是以为孝乎?”孔子的反问，让我们清楚地意识到对父母的孝，不仅是物质上满足需要，更多的是精神上让他们感到安慰。

师：前面也有同学提到物质和精神的赡养，说明我们和古人有共鸣的地方。

生4：我选择的是第11则——身体发肤，受之父母，不敢毁伤，孝之始也；立身行道，扬名于后世，以显父母，孝之终也。夫孝，始于事亲，中于事君，终于立身。(《孝经》)我觉得虽然建功立业、扬名后世、光宗耀祖不是我们每个人都能做到的，但是孝的起始，是珍惜自己的身体四肢毛发，就是珍惜自己，不能糟蹋自己的身体，这是每个人都能做到的。

师：有的人走上轻生的歧路，这是大的不孝。孝有开始、终了之区分，可见孝是有高低等第的，有低一点的孝，有高一点的孝。王国维在《人间词话》里提出了“境界”一说。孝也有境界高下的区分，这个问题我们后面会讲到。

生 5：我选的是第 5 则——子游问孝，子曰：“今之孝者，是谓能养。至于犬马，皆能有养；不敬，何以别乎？”我认为孩子对父母的孝是建立在内心对父母的尊敬的基础上的，不是停留在形式上。

师：用“敬”来区分孝。狗和马也能养得很好，如果只是在物质上奉养父母，没有敬之心，那和它们有什么区别呢？用一个“敬”字来区分。

生 6：我选的是第 9 则——子曰：“父母在，不远游，游必有方。”我认为要守在父母身边，照顾他们。

师：我们现在不能做到“不远游”，要出外谋生。但每个周末，抽一点空给父母打个电话，或隔一段时间去看望他们。“常回家看看”也被写入了法律，一段时间之后，一定要回去看看。

生 7：我选的也是第 13 则，我觉得孝是君子必备的品质，为父母守孝三年只是一个形式，真正的君子必定是一直把父母放在心上的。倘若连形式都不要，那么对父母的孝也无从体现了。

师：你赞同谁的观点？

生答赞同孔子的观点。

生 8：我选的是第 7 则——子曰："事父母几（jī）谏，见志不从，又敬不违，劳而不怨。"因为父母是我们身边最亲又最近的人，所以说话做事会随意。当父母不听从时，我们可能会大发脾气，对父母不尊重，所以"见志不从，又敬不违"很难做到，但又很重要。孔子说的话到今天对我们依然很重要。

师：可见我们与孔子是心心相通的，在日常生活中因为压力较大，免不了对父母发脾气，孔子说的实则很难做到，也是很高的要求。

2. "孝"的三种境界

师：对父母应当如何尽"孝"？仿用王国维的"境界说"，可以说有三种境界：古今之成大事业、大学问者，必经过三种之境界："昨夜西风凋碧树。独上高楼，望尽天涯路。"此第一境也。"衣带渐宽终不悔，为伊消得人憔悴。"此第二境也。"众里寻他千百度，蓦然回首，那人却在灯火阑珊处。"此第三境也。请同学们四人一组，讨论可以概括出哪三种境界，推举一人发言。

生 1：第一种不重要的是形式，守孝的形式。第二种是物质的供养，比较重要。第三种是精神上的孝。

生 2：第一层是人云亦云的虚假的孝，第二种是物质上的孝敬父母，第三种是发自内心的有敬意的孝敬，从精神上关心他们，不让他们担心。

生 3：我们小组把对父母生前的孝分为三个境界——第一个境界是照顾好自己，第二个境界是从物质上供养父母，第三个境界是从精神上对父母好。

生 4：我们认为第一种境界是保护好自己，不让父母担心；第二种境界是敬爱父母；第三种境界是建功立业，扬名于后世，以显父母。（听课的老师和学生微笑）

师：孝的最高境界是“扬名于后世，以显父母”！

生 5：第一个境界是从物质上满足父母的衣食住行需求，第二个境界是从精神上首先保护好自己，其次是时常宽慰他们。

生 6：第一个境界是爱护好自己；第二个境界是养父母，让他们有住的地方，能吃饱穿暖；第三个境界是在心里孝敬他们。

生 7：有三种孝，外在的体现是对父母的孝是感觉上的孝；第二种孝，是知道孝顺，可能并没有实实在在去做；第三种孝，是精神和心灵上孝敬父母，不知不觉在行动中表现出来。

生 8：“身体发肤受之父母，不敢损伤”，从爱自己做起，这是孝的第一境界；物质上竭尽所能，赡养父母，尊敬他们，这是第二境界；精神之孝，应贯穿始终，无论身前身后，都能够不随时间的推移而消逝，这是第三境界。

师：老师概括的三个境界：养身（衣食住行）；养心（和气敬爱）；养志（建功立业），让父母感到安慰！同学们概括得比老师还好，给老师很大的启发。

3. 质疑解惑

师：同学们在阅读孔子及其弟子的谈“孝”的材料后，曾经对下面一则材料不理解：

> 叶公语孔子曰：“吾党有直躬者，其父攘（rǎng）羊，而子证之。”孔子曰：“吾党之直者异于是：父为子隐，子为父隐，直在其中矣。”

你觉得孔子说得对不对？

生1：我觉得不对，父亲替儿子隐瞒，儿子替父亲隐瞒，这就是相互包庇。

生2：我觉得儿子做得对，两个人相互包庇，仅仅损失的是一只羊。

师：得失之间，选择了亲情。

生3：儿子可以把羊还回去。

生4：从孝的方面看，是对的。儿子孝顺父亲，不忍心把他送进监牢。

师：孟子曾经被问及：假设舜的父亲瞽瞍（gǔ sǒu）杀了人，舜该怎么办呢？孟子回答，先让执法者皋陶（gāo yáo）

"执之而已矣"，然后再"窃负而逃"，背着父亲一起"遵滨海而处，终身忻然，乐而忘天下"。最早将"亲亲相隐"法律化的是秦代。秦律有"子告父母，臣妾告主，非公室告，勿听。而行告，告者罪"的规定（非公室：家庭）。汉代董仲舒在司法实践中开了"亲亲相隐"的先河。唐代容隐制度形成完整体系。此后，宋、元、明、清在亲属容隐制度上皆承唐律。至民国，这一传统仍然被承袭。历代朝廷都只针对那些谋反、谋大逆、谋叛等重罪，规定不许"亲亲相隐"，其他的则并不强迫互证其罪。受我国儒家文化影响颇深的日本和韩国一直保持"亲亲相隐"的制度传统。"亲亲相隐"作为一种延续了几千年、体现在古今中外各种法律体系中的古老司法原则，有其深刻的合理性。

五、"孝"的误读

师：自春秋战国以后的历代封建统治者和文人，都继承了孔子的"孝悌"思想。历代封建王朝，都推崇孝道，都有选拔孝子做官的惯例。汉代有"举孝廉"，就是推举孝子和廉吏当官。唐代设有"孝悌力田科"，清代有"孝廉方正科"。我想儒家的"孝"必有其合理之处。

有人说，儒家讲的孝，很是迂腐，例如"父要子亡，子不得不亡"，遍查"四书五经"，并未查到这句话。这实则是后人的误解。

首先，儒家强调子女要劝解父母，不要一味顺从。孔子说："事父母几谏。见志不从，又敬不违，劳而不怨。"（《论语·里仁》）父母有了不当的地方，要委婉地劝说，父母不肯接受，也还是要恭敬对待他们，不能因为意见不同就心生怨恨。等到适当的时候，再劝说他们。

其次，不盲目服从父母，《孔子家语》里有一个故事：

曾子耘瓜，误斩其根，曾皙怒，建大杖以击其背，曾子仆地而不知人久之。有顷，乃苏，欣然而起，进于曾皙曰："向也得罪于大人，大人用力教参，得无疾乎？"退而就房，援琴而歌，欲令曾皙闻之，知其体康也。孔子闻之而怒，告门弟子曰："参来，勿内。"曾皙自以为无罪，使人请于孔子。

子曰："汝不闻乎？昔瞽瞍有子曰舜，舜之事瞽瞍，欲使之，未尝不在于侧，索而杀之，未尝可得。小棰则待过，大杖则逃走。故瞽瞍不犯不父之罪，而舜不失烝烝之孝。今参事父，委身以待暴怒，殪而不避，既身死而陷父于不义，其不孝孰大焉？汝非天子之民也？杀天子之民，其罪奚若？"曾参闻之，曰："参罪大矣。"遂造孔子而谢过。

"父要子亡，子不得不亡。"若说是孔子的主张，简直是对孔子的羞辱。孔子推崇"仁"，要善待别人，父亲更要善待子女。儒家讲孝，要求行孝者对社会公德负责，肩负着社会责任。把孝当成是子女对父母的一味服从，是错误的理解。我们要了解孔子学说的本来面目，才是继承传统文化、择善而用的正确态度。

六、思辨作业

时代的脚步在不断向前迈进，“我们对‘孝’文化的理解，既要传承又要有创新”。阅读下面两则语段，谈一点自己的理解。

1. 孔子认为孝敬父母一定要做到“父母在，不远游，游必有方”。联系生活谈谈你的看法。

2. 《孝经》中说：“身体发肤，受之父母，不敢毁伤”，而孔子说“杀身成仁”，二者之间，是否矛盾？谈谈你的看法。

【执教反思】

在文化经典作品的教学中如何培养学生的批判性思维？笔者认为首先要正确认识“批判”的含义。批判并非“否定”的同义词，它还有“肯定”的一面。先要理解、肯定其积极的一面，然后才能“取其精华，弃其糟粕”。正如余党绪老师所说：“批判并不意味着否定，虽然批判必然伴随着质疑与解构”，

“解构与建构，彼此之间是一种密不可分的共生关系”。① 对于儒家的“孝”，人们常有误读，认为是“愚孝”，完全是封建的旧东西。《论语》中有许多谈“孝”的语段，如何做到“思辨式”阅读，在这节课中，笔者作了一定的尝试。

这节课主要围绕《论语》中的“孝”的思想展开文本细读。几千年来，人们一直把孝亲敬老作为一种责任和行为规范。在今天的新时代，我们如何理性地传承这份美德，是一大难题。笔者主要从以下几个方面入手来突破。(1) 让学生谈自己对孝的理解，贴近学生的实际生活，“孝”不是一个抽象的外在与我无关的东西。关注学生已有的知识，以此为教学设计的逻辑起点。 (2) 贴近文本，品读孔子和他的弟子们关于“孝”的讨论，可见今人与古人，心有戚戚焉，都有相似的情感，从而拉近学生与《论语》的距离，拉近学生与孔子的距离。(3) 学会用理性阅读，“运用脑髓，放出眼光”自己来读，多问一个为什么。让学生就困难的地方展开讨论，激发课堂的思维活力。

当然，每一堂课都有其不完美的地方，儒家的“孝”文化

---

① 余党绪．祛魅与祛蔽：批判性思维与中学语文思辨读写［M］．北京：中国人民大学出版社，2016：83.

也是非常广博的，需要更深地开掘，限于能力和时间的限制，有待以后进一步的改进。

（2015 年 11 月，笔者执教湖州市观摩课"'孝'的三种境界——《论语》选读"，参加全国中小学"学科德育精品课程"征集展示活动，2016 年 10 月入选"省级推荐作品"。2017 年 12 月，课例"'孝'的三种境界——《论语》选读"入选浙江省中小学教师信息技术应用能力提升工程优秀课例。）

第四节　基于学情研判的教学内容确定

——外国小说《丹柯》课堂实录①

【课堂实录】

一、导入新课

师：我们都学过这样一段话："在苍茫的大海上，狂风卷集着乌云。在乌云和大海之间，海燕像黑色的闪电，在高傲地

① 本节内容原题为《基于学情研判的教学内容的确定——〈丹柯〉的另一种教学视角》，发表于《语文教学与研究（上半月刊）》，2018 年第 4 期。有改动。

飞翔。”这段文字出自一首散文诗《海燕》，作者是谁？对！苏联大文豪高尔基。

今天我们来学习高尔基的一篇小说。这篇小说讲述了英雄丹柯的故事，这个故事在辽阔的俄罗斯大地上流传了几百年。1895 年，高尔基把这个故事写进了小说中，这篇小说的名字叫什么？

生：《丹柯》（有个别小声说是《伊则吉尔老婆子》）。

师：这篇小说不叫《丹柯》，而叫《伊则吉尔老婆子》。“丹柯”是教材编者起的名字，这篇小说节选自《伊则吉尔老婆子》。伊则吉尔老婆子是一位饱经沧桑的老妇人，她擅长讲故事，一共讲了三个故事：第一个讲的是一个极端的利己主义者腊拉的故事；第二个讲的是英雄丹柯的故事；第三个讲述了伊则吉尔老婆子自己的生活经历。

二、有哪些困惑？

师：读书贵在有所疑，“小疑则小进，大疑则大进”。昨天已经让大家预习了课文，要求找到一处有困惑的地方。下面请一些同学谈谈自己不理解的地方。

生 1：这篇小说中的“奴隶”象征什么？

师：你的这个问题跟小说的主题有关。

生 2：第 24 段“在雷雨到来之前，出现在草原上的蓝色火星就是这样来的”中的“蓝色火星”有何深刻含义？

师：涉及小说的结尾，跟故事情节有关。

生 3：第 11 段“你们只是走，走，像一群绵羊一样!”丹柯为什么这样说？

师：对族人的评价，跟小说人物形象有关。

生 4：第 23 段“只有一个仔细的人注意到这个，有点害怕，拿脚踏在那颗骄傲的心上”，为什么拿脚踩在那颗心上？“骄傲的”有何深刻含义？

师：你提出的这个问题，是很多同学都感到困惑的地方。这节课上，我们将重点探讨这一问题。

生 5：第 17 段“忽然他用手抓开了自己的胸膛，从那儿拿出他自己的心来，把它高高地举在头上”。丹柯为什么要抓开自己的胸膛，如何理解？

师：以上同学提出的问题，涉及了小说的情节、人物形象，还有主题。《丹柯》这篇小说放在了本书的第三单元（话题是有关“主题”的），所以我们学习的重点是分析小说的“主题”。

三、英雄与常人

师：这篇小说的主人公是丹柯，英雄之所以是英雄，因为他有不一样的地方。同学们在文章中找一找，英雄丹柯有哪些与常人不一样的地方，体现了一种怎样的精神？交流时，请这样表述：某一段某一句，体现了怎样的精神。

生1：第4段“他的眼睛里闪亮着很多的力量同烈火”，表现他面对困难时的坚韧不拔；第7段“人们开始抱怨起丹柯来，说他年轻没有经验，不会把他们领到哪儿去的”，族人有抱怨，而丹柯依然是平静安详的。

师：“坚韧不拔”一词概括得很好。

生2：第17段“忽然他用手抓开了自己的胸膛，从那儿拿出他自己的心来，把它高高地举在头上”，这里“抓开”表现他内心很坚决，敢于付出生命。

生3：第11段“我有领导的勇气，所以我来领导你们”，“你们只是走，走，像一群绵羊一样”，前一句表现了丹柯很自信，很乐观，有信仰；后一句则表现了族人没有目标，没有计划。

师：“绵羊”给人的感觉是怎样的？

生4：动作慢，很懦弱。

师：表现族人不够勇敢、坚强，恰恰反衬出丹柯的勇敢，跟族人形成对比。

生5：第14段“许多人把他围住，可是他们的脸上没有一点高贵的表情，他不能够期望从他们那儿得到宽恕”，族人不信任丹柯，认为他没有能力带领大家走出困境。

师：丹柯不期望他们的宽恕，说明英雄也有无奈的时候。

生 6：丹柯是一个勇于实践的人，并不空谈。

师：不要想太多，应该要行动，勇敢去做，一切便会豁然开朗。我们说丹柯在族人抱怨的时候，保持着快乐安详。在族人咒骂“你该死！你该死！”时，丹柯的内心燃起了怒火，有一种愤怒，但随即又起了大悲悯之心，使他愿意去搭救他们。丹柯的情感是有剧烈变化的。这种变化说明他不是一味乐观、一直安详的，他还有什么？

生 7：还有失望，丹柯想带领族人走出树林，但他们不信任他，一遇到困难就怀疑他。

师：如果作者不写丹柯的怒火、怜悯和苦恼，那么丹柯这一人物形象会怎样？

生 8：他不会深入人心。这样高大无私的人，感觉不会像真实的人那样真实。

师：英雄要有真实的一面，有自己的感情。

生 9：英雄也有感性的一面。

师：很好！丹柯不是一味地勇敢和坚定，他的身上还有感性的一面，有过动摇、怀疑。这样的丹柯才是贴近我们生活的人，是我们生活中能感受到的一个鲜活的人。

我们说英雄和常人的区分，可能往往就是那一小步。英雄跨过了那一步，成为英雄；常人则无法跨过去，最后成了平凡人。丹柯因为“怜悯”族人，受高度的责任感驱使，他决定“要拯救他们”。如果用《〈论语〉选读》中的话来概括这样一种精神，可以用什么词语？

生10：以德报怨。

生11：仁以为己任。

师：“仁以为己任”来概括，比较恰当。丹柯把解救族人作为自己的使命，一个人扛了起来！

四、丹柯“把心再放回去”可以吗？

鲁迅先生说：“人生最痛苦的，莫过于梦醒了无路可走，做梦的人是幸福的。”丹柯有没有遇到无路可走的时候呢？我们一起把小说第16至18段齐读一遍。

“我还能够为这些人做什么呢？”故事到这里，似乎已经无法继续下去了，英雄也无路可走了。丹柯忽然用手抓开了自己的胸膛，拿出心来，高举过头顶，心燃烧起来，像太阳一样，照亮了前进的道路。大家体验一下“抓开”这一动作，想象一下，如果把“抓开”换成“挖开”，效果有什么不同？同桌交流一下。

生 1：“抓开”凸显其快，锋利；“挖开”则动作表现得慢一点。

师：一般人敢抓开自己的胸膛吗？不敢！此时丹柯无暇多想，直接抓开，不容他想太多。这里的丹柯不是人，而是神了。如果用“挖开”，可以用工具慢慢地挖（学生笑），不能契合当时的场景，用“抓开”好。如果把“高高地举在头上”中的“高高”去掉，有什么不同？

生 2：“高高举起”的心，像明灯一样。

师：“明灯”很重要，此时族人最需要的是光明，要照亮道路，驱除黑暗。如果去掉“高高”，则不能突出指路的作用。作者为什么设计把“心”挖出来，而不是别的什么？

生 3：心像太阳一样炽热，这样才能“给人们照亮道路”，带领族人走出森林。

师：心像太阳一样炽热、温暖，没有寒冷。

生 4：心还象征了希望。

师：所以作者把心设计成“抓”出来。如果一个人心没有了，还能活吗？小说中丹柯的心抓了出来，还能往前奔跑，向前冲，在现实中是不可能的，用了什么手法？

生 5：夸张。（大部分学生如此回答）

师：还可以怎么说，现实生活中有吗？例如卡夫卡的《变形记》，格里高利一觉醒来，发现自己变成了一只大甲虫。

生6：联想。（这是一种虚构。这个问题有点难，请语文课代表来回答，但课代表也回答不出）

师：作者运用非现实的浪漫主义的创作手法，既然可以把心挖出来，解救了族人，我们还可以设计把心放回去，这样丹柯又会活过来的。作者为什么不把他的心放回去？（四人一组，确定一人发言）

生7：摇摆。

生8：要回归现实，最后还是要死的，他是一个常人啊。

生9：自我牺牲，崇高的无私奉献，表现悲剧色彩，从反面突出族人的愚昧。

师：体现一种敢于牺牲自我的精神，如果不死，则无法凸显这种牺牲精神。

生10：如果把丹柯的心放回去，便没有了以后“拿脚踩在他的心上”的情节，不能突出族人的冷漠。

师：他能把文本前后串联起来，很会看书。

生11：摇摆，写他死了。把丹柯的牺牲自我与族人的冷漠作对比。

师：把摇摆的知识运用到了这里，很好。但这是不是摇摆，值得商榷。

生 12：一般来讲，死的人大家记得牢。如果不死，则没有震撼力。

师：在这篇小说中，丹柯一定要死。为什么？对！表现一种牺牲精神，如果他活了，就很正常了，就没有震撼力。所以丹柯一定要死，这样才能给读者一个震撼。

五、族人为什么要置丹柯于死地呢？

师：丹柯牺牲自我来解救族人，但族人为什么要置丹柯于死地呢？迅速看一下。

生 1：第 8 段“把怨恨出在正在他们前面走着的丹柯的身上”，他们看到了自己的短处，产生了恐惧，失去了勇气，也没了理性，抱怨丹柯没有找到正确的路。

生 2：第 14 段“可是他们看见这个，以为他发了脾气所以眼睛燃烧得这么亮，他们便警戒起来，就像一群狼似的，等着他来攻击他们；他们把他包围得更紧了，为着更容易捉住丹柯，弄死他”，这里看出族人对丹柯抱有想要杀死他的想法。结尾丹柯又带领族人走出了森林，是害怕丹柯报复他们。

师：人性中有善有恶，族人平时都是善良的，在处于绝境时，则爆发出恶的一面。“他们现在跟野兽完全一样”，族人的愤怒和恐惧积累起来的疯狂，使他们由人向兽转变，此时的恶全爆发了出来。

六、族人为什么“拿脚踩在那颗骄傲的心上”？

当族人走出森林后，来到了大草原。按照常理，应该给丹柯建造一座纪念碑。但是人们没有这样做，反倒“拿脚踏在那颗骄傲的心上”，为什么？

生1：族人从始至终，都根本不理解丹柯的行为。“只有一个仔细的人注意到这个，有点害怕”，拿脚踏在他的心上。

师：关于这一点，有过论断：“人们不希望为此事此人感到心中有愧而背负着道德的十字架，因为他见证了他们在苦难面前的卑怯，他们没有足够的勇气和宽阔的心胸正视自己，他们进而想消灭一切相关的证据……心被踩碎了，于是人们就放心了，安心了，没有了伟大的对照，他们的卑劣似乎就有了隐藏的地方。”（黄华伟《读出这一篇》）

小说的主题往往通过人物来表现，从丹柯的角度来讲，赞扬丹柯敢于牺牲自我的大悲悯精神；从族人的角度来看，表现他们的自私和冷漠。

七、小说的时空为何模糊？

这篇小说，为什么时间和空间都是模糊的呢？

生1：隐喻。

师：很好！有象征的含义，所以这篇小说没有明确的时间和地点。因为《丹柯》也是一个寓言式的故事，小说拥有了超越时空的内涵，更具有了寓言的色彩和广泛的意义，让人层层深思：

> 该怎样努力突破人生的困境？该怎样在困境中保持自我的人性？该怎样对待英雄？能否不让英雄悲剧在我们身边上演？成为英雄需要承担责任、忍受孤独、承受责难与痛苦，那么，我们有没有勇气成为英雄？

在今天还有没有丹柯式的遭遇呢？会有的。这就是丹柯在今天还有他存在的价值和意义。房龙在《宽容》“序言”中说：“这样的事情发生在过去，也发生在现在，不过将来（我们希望）这样的事不再发生了。”

同学们的困惑大都解决了，还有一个问题，“蓝色火星”有何深刻含义？因为课文节选时删去了一些内容，例如：“这些火星是从什么地方来的？”我问老太婆。“这是从丹柯炽燃的心里迸发出来的火星。在世界上曾经有一颗心，某一次这颗心冒出火来……这些火星就是从那儿来的。”丹柯死后化为了草原上的蓝色火星，蓝色火星就是这样来的。它象征了英雄的精神不朽，也永远活在了人们的心中！

【执教反思】

杜威说："教育即生长。"每一节课，都要力求解决一些学生感到困惑的问题。学生在某一点上能力有所增长，从而构建一个富有生长性的课堂。

教学的逻辑起点，应当是从学生的困惑处开始。为此，课前让学生预习全文，提出一个自己最感到困惑的问题。学生提出了十几个问题，但是一节课上无法全部解决。围绕这节课的重点，读懂小说的"主题"。笔者设计了以下几个问题：(1) 英雄丹柯在面对困境时有哪些异乎常人的表现？(2) 为什么要设计"挖心"这个情节？(3) 族人为什么要置丹柯于死地？(4) 族人为什么要"拿脚踩在那颗骄傲的心上"？

这节课中，关于"挖心"和"族人为什么要置丹柯于死地"这两个情节的讨论，有深度的分析。但是课堂的教学机智还应当提高，例如挖心这个情节，运用了什么手法？学生暂时回答不出"浪漫主义"一词时，可以直接讲出来，不必一定要等学生答出这四个字。

任何一节课，都不会是完美的，都会有这样或那样的遗憾，听课的温州中学郑可莱特级教师认为：(1) 这节课上，用《变形记》来让学生说出"浪漫主义"一词，不妥。小说《变形记》是现代派小说，超现实主义的。问题设置上可改成：高尔基是一个现实主义作家，但这篇小说不一样，运用了什么手法？学生容易回答出“浪漫主义”一词，若真的不行，由老师直接讲，也没有关系。这个地方有点卡住了。(2) 如何调动学生的内在体验，让学生对英雄有一种很崇敬的感情？这节课在这一点上感觉还是差一点。

其他老师也提出了一些建议：有的说可以提供媒介图片；有的说加上鲁迅的“伟大的灵魂”的评价；有的说通过“抓开”一词，让学生设想人物的内心纠结、痛苦、挣扎和犹豫，让学生去读，去体验，他是有血肉的有灵魂的平常的人。这些建议，只能等到以后探讨，并加以弥补了。

第五节　思考应纵深推进，不可表面滑行

——提升议论文写作的关键点课堂实录

【课堂实录】

一、关注现实，导入新课

师：一段时间以来，网上流传这么一句话：“中学生有三怕：一怕文言文，二怕写作文，三怕周树人。”“文言文”现在

好一点，“鲁迅”的文章数量减少了，作文依然问题很多，尤其是浙江高考，要求大家写“议论文”。

议论文是一种以阐释、议论为主的说理文，例如社会现象评论等。根据浙江省近几年高考作文命题的现状，选择说理的角度，特级教师任富强认为：“就高考作文命题的现状看，从可选择的角度来划分，大致可以分为一元、二元和多元几个类型。”[①] 无论如何分类，议论文的关键元素，必须是观点明确，分析有深入。这节课我们主要探讨，如何让议论文观点明确，而且写得深刻，并非于表层滑行。

二、习作呈现，观点不明

师：最近，高二同学写了一篇有关微信“点赞”的议论文，作文材料如下：

【幻灯片】且说黛玉进了贾府，与众姊妹相处甚好。最近，大观园里流行起了微信聊天，纷纷晒起了朋友圈。“点赞”比比皆是：给朋友圈晒图点个赞、给个人动态点赞、给转发的心灵鸡汤文点赞……有人真心点赞，多多益善；有人

① 任富强．培养具有理性能力的公民——评说 2017 年浙江省高考作文题［J］．教学月刊·中学版，2017（9）.

把微信当作是休闲；更有微信点赞拉票，几乎成了一个不大不小的任务。黛玉很少点赞，认为点赞会掩盖真实的表达；宝钗点赞多多，认为点赞拓展了社交的空间。对此，你有怎样的看法？写一篇论述类文章。

对此，你有怎样的看法？（大家交流一下）现在请同学谈谈你的看法。

生1：我支持宝钗的观点，应当多多点赞。因为当看到别人发动态时，给对方点个赞是表达自己情感的一种方式。比如，为别人的笑话点个赞，为别人的自拍点个赞，为别人的好人好事点个赞，为别人的减肥日记、跑步日志点个赞……为别人点赞是一种礼貌性的问候，也可给别人提供动力。

生2：我同意黛玉的做法。目前，点赞不一定代表你喜欢，而只是代表你已经阅读过了，无法表达你内心的真实看法。对于点赞，不能什么都点，不然就失去这个功能原本设立的意义，更多的是违心附和，习惯使然，而不是真心点赞。

生3：我认为应理性点赞。朋友发微信，是为了与大家分享自己的快乐，或是宣传一些事情等。理性点赞，选取自己喜欢或觉得有道理的“说说”点赞，既可以表达自己对这条“说说”的看法，又可以拉近双方距离。很少给别人点赞，会给别人留下冷漠、不关心自己的印象，而每条“说说”都点赞，甚至把点赞当作一种任务，会增加功利性，失去微信原本的乐趣，所以要理性点赞。

师：同学们的观点大致有以上三类。我批改了近100份同学的作文，其中有一部分作文，带有共同的问题，值得探讨，老师节选了其中的1篇（幻灯片展示）。

点赞与否（有删节）

随着网络世界的发展，微信风靡全球。伴随着微信的扩散，点赞这个功能，也成为人们茶余饭后的休闲活动，同时也引起人们对它褒贬不一的看法。有些人认为点赞可以让朋友之间的关系更加密切，让他们在不交流的情况下也能知道对方关心着自己。然而，有些人则认为网络点赞大多只能制造虚假的兄弟姐妹情，真正的友情需要我们在线下，真实地，面对面地建立起来。（第1段）

诚然，点赞能在一定程度上拉近双方的距离，巩固双方的关系，但这也是建立在原本就关系密切的基础上。如果两人关系一般或有交恶，那点赞也许并不能拉近双方的关系，甚至把双方推向翻脸的边缘。然而如果很少点赞甚至一赞不点，就会给人一种冷漠、不关心自己的感觉，也是无益于交

友。（第 2 段）

点赞或许有益。在当今社会……（第 3 段）

当然，一个人点赞与否，还与一个人的性格有关（开朗与内向）……

（第 4 段）点赞的好与坏，需要我们认真去判断……（最后 1 段）【幻灯片】

师：如果按照作文满分 60 分计算，你给这篇作文打多少分？为什么？（交流）

生 4：40 分。因为“点赞利弊”这个话题，就只有正反两面，要么点，要么不点。这篇作文两种观点都有提及，观点不鲜明。

生 5：38 分。太散乱，没有重点。

师：这篇作文，最大的问题是文章观点不明确，摇摆骑墙。

三、突出一面，观点鲜明

师：文章第一段“有些人认为点赞有利，有些人认为点赞有弊”，这不就是什么分析方法？对，辩证分析法！辩证分析法是科学的分析法，那么，这篇文章的“观点”为什么会不鲜

明，原因在哪里？（讨论）

生 6：只是阐述两种观点，没有偏向一方。

师：对！全面是有的，但是没有主次，事物的主要方面和次要方面没有分析。这是一种简单的机械的辩证分析法。

师：例如，“抢银行”，能不能说它有利有弊？这种违法之事，不能说它“有好的一面，也有不好的一面”。还有像“希特勒屠杀犹太人”，不能说“有利有弊”，这违背人类道德伦理。那么，可以怎么说？此时，只有是非，没有利弊。可见，不是所有的事物都适合用“利弊”来分析。不能将辩证分析机械化、简单化和表面化。

师：另外，这篇文章一边说“点赞”有利，一边又说“点赞”有弊。这朵花很美，又说它不美。从某种程度上讲，在逻辑上是自相矛盾，违背了形式逻辑中的“矛盾律”。就如，有人问你：“明天下雨吗？”你回答说：“明天可能下雨，也可能不下雨。”相互矛盾。

师：现在，我们清楚了，导致这篇文章观点不鲜明的原因，有两个：（1）机械地“辩证”分析；（2）违背形式逻辑中的“矛盾律”。问题找到了，怎么解决？要对症下药，有什么办法？（同桌交流）

生 7：可以突出一方，偏重点赞的利或弊。

生8：还可以全写点赞的利或全写点赞的弊。

师：谈利弊的问题，要讲清楚是利大于弊，还是弊大于利，或者在某种情况下全利，或者在某种情况下全弊。这样，既有全面联系，又有重点，有主次，合乎辩证法，同时也不会犯“自相矛盾”的错误。如何“突出一面，观点鲜明”，有以下四条操作路径：

【幻灯片】(1) 支持“点赞”，多多益善（全写“利”）；(2) 反对“点赞”，理性表达（全写“弊”）；(3) 点赞“利”大于“弊”（4/5写“利”，1/5写“弊”）；(4) 点赞“弊”大于“利”（4/5写“弊”，1/5写“利”）。

学以致用，我们来改一下文章第1段，使之观点鲜明。（书面写，发言）

生9：随着网络世界的发展，微信风靡全球。伴随着微信的扩散，点赞这个功能，也成为人们茶余饭后的休闲活动，同时也引起人们对它褒贬不一的看法。有些人认为点赞可以让朋友之间的关系更加密切，让他们在不交流的情况下也能知道对方关心着自己。然而有些人则认为网络点赞大多只能制造虚假的兄弟姐妹情，真正的友情需要我们在线下，真实地、面对面地建立起来。在我看来，“点赞”能够拓展交际的空间，增进

友情，弘扬正能量，多多益善。（第 1 段）

四、化虚为实，澄清概念

师：文章观点是鲜明了，但是感觉还是有问题。苏东坡诗云："横看成岭侧成峰，远近高低各不同。"黛玉理解的"点赞"和宝钗理解的"点赞"内涵一样吗？不一样。这篇文章，没有对此进行区分界定。文章要深刻，除了观点鲜明，还要把概念剖开来分析。

概念是我们思维的逻辑起点。有人说：中国人的主要思维方式是什么？形象思维。我们很多时候说："只可意会，不可言传。"中国文字是象形文字，主要依靠形象思维。例如，"分"（用刀将一件东西分成两部分）"析"（左边是一大棵树，右边是一把大斧子，用斧子劈开木头），什么是分析，就是用刀或斧子把一个东西剖开来。形象思维的特点是模糊性和整体性。概念模糊是我们大多数中学生的思维弱点。

1. 遵守形式逻辑中的"同一律"

师：我们知道，开汽车要遵守交通规则。其实，人们要正确思考，也必须遵循一套思维的规则。其中，有一个规则很重要，在"同一个概念下讨论"。我国著名学者顾准先生说："不应在大而全的范围中晃来晃去，要在'具体确定中'思考。要在同一个概念下讨论。”就是要遵守形式逻辑中“同一律”。我们来看一则故事，就容易理解了：

【幻灯片】早年三个秀才进京赶考，遇到一位算命先生，三个秀才算了一下谁能考上，算命先生伸出一个手指头。秀才问是什么意思，算命先生说：“此乃天机，不可泄露，到时候自然应验。”（为什么伸出一个指头？大家猜猜）

三个秀才走后，算命先生的徒弟问先生，一个手指头到底什么意思。算命先生说：无论秀才考试的结果如何，这一个手指头都不会错。可以有四种理解：考中了一个；考上两个，一个没考上；一起都没考上；一起都考上了。

师：算命先生的“伸出一个手指头”可以有四种不同的解释，“一”到底指什么，不清楚，是模糊的，貌似正确，却是诡辩。这违反了形式逻辑中的“同一律”。

2. 分解概念的方法

师：那么，分解概念有哪些方法呢？主要有两种。

(1) 分出类别，析其内涵。例如，对于“老实人会不会吃亏”这话题。可以分解“老实”这个概念。

生10：从人的性格的角度，例如，胆小、温顺。

生11：从人的品格、道德角度，例如，诚实、讲信用。

生 12：从人的做事行为角度，例如，遵守纪律，严守校规校纪。

师：这样，思考便有了多个角度，不是单一的和平面的，观点变得深刻起来。

（2）明确范围，揣摩语境。例如：

【幻灯片】为富人说话，为穷人办事，这两个都不能少，你不为富人说话，最后的结果是什么？国家没有富人，全都是穷人，也就是说，穷人本身有希望变富，你打倒了富人，全国都是穷人。——著名经济学家茅于轼

师：茅于轼这段讲话，在网上引起了轩然大波，遭到热批，为什么？大家思考一下。

生 13：富人太笼统，不具体。有钱的人，致富的方式不同，不是都一样的。

师：对，富人就是有钱的人。钱从哪里来？有的是勤劳致富，有的是贪污腐败致富，有的是弄虚作假致富，等等。后来茅于轼在接受采访时，说："我这里所说的富人是指诚实致富，特别是兴办企业致富的企业家和创业者。"

3. 多维解读"点赞"内涵

师：没有抽象的"富人"，只有特定语境中的具体的"富

人”。同样，也没有抽象的“点赞”，只有不同语境下的具体的点赞。大家思考两个问题：（1）有哪些类型点赞？（2）这一类“点赞”的具体含义？（四人一组，代表发言）

生 14：这条信息，图片不错，点个赞。（师：认可型）

生 15：老爸或老妈等的旅游风景照等，点个赞。（师：礼节型）

生 16：分享你的低落情绪，我为你点赞，并不带着恶意，也并不是要嘲讽你，讥笑你，而是想要鼓励你。（师：安慰型）

生 17：发布链接，集满 30 个点赞，可以获得一杯珍珠奶茶等。（师：功利型）

生 18：点个赞，成了“我在关注你”的潜台词，人都渴望获得别人的关注，都想得到别人的认同和肯定。（师：存在感型）

生 19：出门没带伞，被雨淋了，点个赞，或发一些糗事和自黑的照片。（师：调侃型）

生 20：朋友圈每条消息必留下一赞，被称为“点赞党”或“赞士”。（师：盲目型）

生 21：求点赞，拉票，如果不做，就进行道德指责。（师：道德绑架型）

师：在作文中，分析一个概念，不是把词典义搬过来，而是要具体化，细分，深入进去，像用斧子把木头怎么样？劈开。“点赞”的词典义和语境义是不同的。

【幻灯片】

（1）词典义：用手机、电脑等在网上点击“赞”的标记表示称赞，也泛指赞扬、支持。（见《现代汉语词典》第7版）词典义不包括批评、反对等意思。

（2）语境义：赋予点赞新的含义，安慰、嘲讽、开玩笑、来过、已阅等。

（3）作文材料：黛玉很少点赞，认为点赞会掩盖真实的表达，例如，功利型、盲目型等的点赞；宝钗点赞多多，认为点赞拓展了社交的空间，例如，认可型、安慰型、存在感型、礼节型等的点赞。

五、纵深追问，探求本质

师：文章有了鲜明观点，有了具体概念，但是对“点赞”的分析，还没有达到深刻程度。所谓“深刻”，是能够透过现象看到什么？本质。外面的世界很复杂，我们要有一双什么眼睛？（雪亮的眼、慧眼、火眼金睛）在这些纷繁复杂“点赞”现象的背后，实则有着复杂的深层原因，例如：文化传承的需要；庸俗的实用主义；精神世界的追求；不满情绪的发泄；人际关系的需求；羊群效应（人都有一种从众心理，从众心理很容易导致盲从，而盲从往往会陷入骗局或遭到失败）；商业活动的号召（虚拟的助人行为）……

【幻灯片】

（1）这条信息，图片不错，点个赞——认可型；

（2）老板的人生感悟、老妈旅游风景照等，点个赞——礼节型；

（3）分享你的低落情绪，我为你点赞，并不带着恶意，也并不是要嘲讽你，讥笑你，而是想要鼓励你——安慰型；

（4）发布链接，集满一定数量的赞，便会获得相应的奖品、门票或享受优惠，点个赞，或者工作以后，老板发了一个微信，我点个赞——功利型；

（5）点个赞，成了“我在关注你”的潜台词——存在感型；

（6）出门没带伞，被雨淋了，点个赞——调侃型；

（7）朋友圈每条消息必留下一赞，被称为“点赞党”或“赞士”——盲目型；

（8）求点赞，拉票，如果不做，就进行道德指责——道德绑架型。

任选其中一类“点赞”，分析其产生的深层原因，句式：××型“点赞”，其产生的深层原因是……我认为这类点赞……（独立写，充分展示，100字）。现在，我们对“点赞”的认识从先前的模糊和平面化，经过纵深思考，到现在的清晰和深刻化。这样，便可完成文章的第3段，进行深度分析。例如：

生22：功利型“点赞”：只是为了某一些物质利益，就盲目向他人示好，这是重物质世界轻精神世界的表现。如果这样的点赞在我们的生活里频繁出现，只会有更多为了蝇头小利而阿谀奉承的“小人”，君子会越来越少。我认为这类点赞是虚伪的，越少越好。

生23：存在感型“点赞”：当今社会是一个快节奏的社会，大量时间被用于工作，人们缺乏情感上的互动，缺乏精神世界的补充，缺乏朋友间真正的心灵交流。而这种点赞，很大程度上弥补了人们情感的空缺，既使别人明白自己对他的关注，也使自己获得被人关注的满足感。我认为这类点赞需适度使用。

生24：调侃型“点赞”：实际上是对自我不满情绪的发泄，这些人往往因为工作的压力大或与他人关系不和导致内心压力较大，而且无法发泄出去。我认为这类点赞要谨慎使用。

师：现在我们回到这个作文材料：

黛玉很少点赞，认为点赞会掩盖真实的表达；宝钗点赞多多，认为点赞拓展了社交的空间。对此，你有怎样的看法？写一篇论述类文章。

课上我们已经写了第1段，给第2段加了“点赞”概念分析，横向列举几个能支持你的观点的“点赞”例子进行分析，完成第四段。（学生写一段，然后交流）

六、课堂小结，拓展延伸

师：我们应当怎样点赞？有选择地理性点赞！生活中，类似“点赞”的社会现象很多，需要我们炼就一双火眼金睛，去识别真伪。如何让思考纵深推进，这节课我们学习了三种有效方法：突出一面，鲜明观点；化虚为实，分解概念；深刻分析，探寻本质。这样一定可以识得“庐山真面目”！

【幻灯片】古希腊哲学家亚里士多德说：“只有具有理性讨论公共利益能力的人，才适合成为公民。”我们学习议论文写作的目的，就是要学会理性讨论，成为具有健全人格的现代公民。

今天的作业：课上我们已经修改了第1段，给第2段加了

“点赞”概念，第 3 段作了纵深分析，第 4 段作了横向思考，回去加个结尾。相信每位同学的文章都会变得深刻犀利起来！

一生的作业：热爱生活，做一个有思想的人！

【执教反思】

一、找到教学的逻辑起点，要从学生的学情出发

为什么想到这个话题？来源于一次当堂作文。笔者让学生写了关于“微信点赞”利弊问题的作文。批改之后，作了一个数据统计，在近 100 份学生的习作中，有近 2/5 的学生写利弊，有 2/5 的学生写利大于弊，有 1/5 的学生写弊大于利。出现了一个显著问题，就是许多学生作文的观点不明，“点赞”概念混乱，浅层面分析。学生为什么会出现这样相似的问题？笔者作了一定的深入研究。目前，学生的议论文写作，最大的不足是思维僵化（停留在浅层面，在表面滑行）。有的考生写作时，没有讲清楚“点赞”的特定内涵，而是急于列出自己的分论点，“点赞是一种选择”“点赞是一种态度”“点赞是一种智慧”。可是当关键概念的内涵没有讲清楚时，无论怎样论证，都有浮在表面、滑行向前的感觉。议论文的展开，关键在于“规定了”概念以后的分析和说理，唯有如此，文章才有雄辩

的说服力。

二、找到教学的“抓手”，要适当引入合宜的知识

概念模糊，是绝大多数学生的致命的思维弱点。如何攻破这个难点？要集中优势兵力，宁可断其一指，而不是伤其十指。给学生提供思考的路径，可以适当引入一个知识点——“在同一个概念下”。“在同一个概念下”，也即形式逻辑中的“同一律”。但课堂上，笔者避开了“形式逻辑”和“同一律”两个术语，不给学生增加理解的负担。引入知识，要做到“随风潜入夜，润物细无声”，让学生在语文活动中学会概念分析。如何做好概念分析？这堂课力争以点带面，借助“点赞”作文，讲透，而不是蜻蜓点水。然后发动学生互助，对不同情况下的点赞作了分析。掌握“点赞”的字典义，更要分析的是“点赞”的多种语境义，提供分析的框架，使学生在现有的理解水平上更进一层提高。

三、找到教学的“落脚点”，教育即生长

理想的教育是从“我这里有东西给你”转向“我们一起解决你的问题”，让学生获得主动提出问题的意识和能力，从而研究真问题，解决真问题，获得真经验。只有用“学生立场”

的视界，通过“在学生中”落实，才能达成“为了学生”的教育目标。议论文写作思维指导，要落脚在学生的精神成长和“思辨力”的生长上。学生今后参与社会，走向广阔的世界，需要学会和他人交流，学会理性思考分析，说清楚，写清楚。

教学需要“诗和远方”，教学的追求也是无止境的。这节课上，还有一些学生的个人成果，因为时间的限制，不能充分展示交流，希望下次可以给学生更多时间，慢慢走。

第六节　让思维多一点深度

——由“想象力匮乏”说开去

【课堂实录】

一、导入新课

师：今天来到这里，看到同学们的笑脸，很温馨。在我的心中，德清是一个山清水秀的地方。一方水土润泽一方人，大家都充满了灵气。德清在中国文学史上很有地位，有一首流传了千年的感恩父母的美丽诗歌。我不知道各位同学知道这位诗人是谁吗？

生（齐答）：孟郊。

师：孟郊，字东野，唐代著名诗人，浙江省湖州市德清县人。我们在读《游子吟》这首诗的时候，是不是感受到了母亲的那种爱，头脑中是不是有一幅画面？读诗歌时，我们需要用什么来感受？与坐得比较近的同学交流一下。

生：借助想象。

生：情感投入进去，用文学的积累。

生：用想象，让人仿佛身临其境。

师：我们现在读诗的人多不多？

生：不多。

二、由"想象力匮乏"说开去

师：美丽的诗歌，我们越来越疏远了，也越来越陌生了。从一个侧面来说，我们的想象力减弱了。我们不再像古人那样能感受到诗歌的美。那么，减弱到了什么程度呢？

【幻灯片】在全球21个受调查国家中，中国孩子的计算能力排名第一，想象力排名倒数第一，创造力排名倒数第五。在重庆市三届人大常委会第二十次会议上，人大代表建议立法保障学生的"想象力教育"。

我们的想象力已经十分匮乏了，我们的文学审美力也越来越钝化。在这段话里，关键词是什么？

生：想象力。

师：关键句是“想象力排名倒数第一”，为什么会倒数第一？

（同桌之间交流）

生：（主动举手）跟中国的应试教育有关系，一考定终生。对数学比较重视，对语文并不看重，感悟能力较弱。（班里学生拍手）

师：这位同学是从原因“为什么”上讲，刷题太多。怎么解决呢？

生：有家庭因素，家长不重视文学阅读。

师：要问一个“为什么”，很多现象我们都可以用因果逻辑关系去分析。需要学一点逻辑规则，让我们的思维更加深入。

三、分享合作

师：人的思维，就像开汽车要遵循交通规则一样，也要遵循思维的逻辑规则。思维的一般过程是：“提出问题—是什么—现状”“分析问题—为什么—原因”“解决问题—怎么办—

方法”。我们可以从不同的角度分析问题，但每个角度分析的深浅不尽相同，下面我们结合想象力的材料，从三个层面进行思考，尽可能深入一些。我们分成三个组合作一下，第一组讨论“是什么”的问题，第二组讨论“为什么”的问题，第三组讨论“怎么办”的问题。

（学生讨论比较热烈）

师：每组推荐一位同学发言。

第一组发言：想象力“是什么”的问题。

生：中国学生计算能力第一，想象力倒数第一，因此没有杰出人才，钱学森先生发出了“中国为什么不能培养出杰出人才”的感叹。

生：我国古代有著名的四大发明，而现在都是给人家加工，没有创新意识。

生：缺少发散性思维。

师：聚焦到发散性思维品质，很好！

生：可能会去模仿人家做的成品，原样照搬。

师：可以举中国的例子。

生：中国制造初期大多是模仿，缺少想象力。

生：想象力是人类特有的高层次的大脑机能。

师：举个文学上的例子。莫言获得诺贝尔文学奖，得益于魔幻现实主义。莫言作品极具想象力，极具创造力，而且是高度原创的。

生：想象力的匮乏，是因为墨守成规，很难突破原有模式。

生：想象力是一种创新思维，不按照原来的规则，求异求新。

第二组学生发言：想象力“为什么”缺少的问题。

师：想象力不能等同于创造力。分析为什么，要透过现象看本质，要借助一双智慧的眼睛。

生：社会科技的发展，使交流方式发生了巨大变化。微信、微博和朋友圈，多是碎片化交流，缺乏深入的对话。

师：家书抵万金，短信不能抵万金。一封家书，好几个月甚至可能一年才来。物以稀为贵，而科技发展以后，想象力降低了，情感力减弱了。

生：一些电子产品替代了人的记忆。

师：打开你的思维很好，但将想象力减弱归因于科技，值得商榷。科技是第一生产力。教育上是不是也有原因呢？

生：人们看重功利，看重的是有实际效果的。应试教育的写作和阅读题限制了学生的想象力。

师：中国人注重实用，研究最多的是人与人的斗争，而西方则多是研究人与自然的关系。还有我们的传统思维，讲求“述而不作”，便少了大胆创新。在思维方式上，容易固守传统。

生：跟小孩子的家庭教育有关，现在的小孩子教育多是注重学习计算能力，为以后的理工科学习作铺垫。例如，小学便开始奥数的学习。

师：清代的大文豪龚自珍感慨当时人们把梅树扭曲成各种盆景，写了《病梅馆记》一文，今日的孩子想象力被束缚，仿佛病梅树。

生：中国传统文化也不重视推陈出新，不能打破上一辈人的规则，背着沉重的文化包袱。

第三组学生发言：想象力缺失“怎么办”的问题。

师：怎么解决？

生：多读书，知识可以弥补想象力的缺失。

师：北大曹文轩教授和你的观点一致，而童话大王郑渊洁则认为要看童话等书籍来培养自己的想象力。但多读书不等于死读书，这一点要注意。

生：让孩子亲近自然，就像达尔文一样多去各处走走，多看看自然。

师：唯一的办法是改变自己，把想象力培养寄托在别人身上是不行的，要重视内心的驱动。

生：把孩子培养成对社会有贡献的人，多读一些纸质的书，少看一些微信。微信上的话来得太快了，无数片段化的信息让人麻木。政府方面，可专门举办一些活动，以提高孩子的想象力。

师：需要阅读一些经典作品，尤其是文学经典，例如莫言的文学作品。文学艺术的源头，来自想象力。

生：从娃娃抓起，更好地发展、改变我们的思维模式。从多方面拓展，改变我们的大环境。

师：我们找到想象力匮乏的诸多原因，找到了相关的方法。想象力的培养，需要外因和内因共同作用。今天开始，我们阅读古典的文学，欣赏音乐和绘画。

生：发挥主观能动性。

师：还有一个案例。美国佛罗里达州一个三岁的小女孩过生日，生日那天，妈妈为她精心准备了一份礼物。就在拆开包装盒的时候，女儿指着盒上的封条大声说："妈妈，这个字我认识!"父母很奇怪，问她，你认识哪个字呀？女儿兴奋地用小手指着封条上的单词"Open"的"O"，说这个字念"O"!小女孩的父母却异常震惊，问女儿："这是谁教你的?"女儿说，是幼儿园老师教的。这对夫妻将一纸诉状递到了法院，状告幼儿园的做法伤害了女儿的想象力，要求赔偿 200 万美元！最终结果是这对夫妻胜诉。

师：很显然，培养孩子的想象力是一个系统工程，家长、教师等每一个人，学校、家庭、社会等每一个系统，都有自己的事要做，我们这里不可能穷尽。但从一个点出发辐射到各个面的思维方式，大家需要学会。

师：现代社会竞争越来越激烈，创新力越来越受重视，注重创新力、想象力培养，关系到儿童的未来，也关系到国家的未来。

四、用自己的语言表达自己的思想

师：从一定意义上讲思维的深度决定了作文的高度，但再深邃的思想也要通过自己的语言表达出来，注意是自己的语言，而不是套话。下面请大家结合想象力的话题，从为什么、怎么办两方面切入，选择家庭、学校、社会、文化、传统等其中的一个点写一段话，阐述自己的思想。

现在，同学们可以把这篇作文写好了。从是什么、为什么和怎么办的逻辑规则，写下来即可。一切都需要想象力，没有想象力就没有知识的生产，更不会有创造力。相信同学们一定会写得很精彩。

【执教反思】

一堂课的教学设计的逻辑起点，应当立足于学情。目前学生在写议论文的时候，思维无序化，不善于梳理而使之有序化。笔者认为，课上要能够由浅入深、层层推进，帮学生打开思路，把他们引向更深刻的思考。

这节课试着由“想象力匮乏”说开去，展开议论文的分解训练。通过小组合作，探其现象，析其原因，找到对策。当然，解决学生的思维问题，需要通过一节课一节课的累积，不断增长学生的能力，才能达到。

教学中，给学生提供了优秀的作文指导范式，可操作性强，易于学习推广。当然，这节课的教学目标和实施细节方面，也存在着可以改进的地方：

比如说教学目标。除了学会拓展思路外，还可增加判定思考所得是否适用以及利用思考所得迅速拟写提纲等目标。具体到课堂操作上，可以设计为在小组汇报之后设置一个整理回顾的环节。学生梳理一下小组的讨论思考都有哪些结论，甄别一下哪些是有效的可用的，哪些是无效的要放弃的。还可以回顾一下是怎样（从什么途径/用什么方式）获得这些结论的，也可以尝试一下这些观点或理由怎样表述更适当。

这个环节很重要，在梳理、评判、表述的过程中，学生的思维（评判能力）能够得到锻炼，表述方式也得到提升。

三个小组都汇报并梳理完毕之后，还可以设计这样一个环节：从三组结论中抽取部分内容，构建一份相对合理的议论文写作提纲，比如说操作细节。在学生分组讨论时，可以让每个小组指定一个记录员负责记录整理大家的观点，并负责分享汇报。这样做可以让分组讨论更有实效性，避免讨论的虚假繁荣，各组的分享展示也会节省时间。

需要说明的是，这只是一个作文指导课模式的演示，一节课时间其实是有些不够用的。如果是平时运用，将一些环节细化，用 2 到 3 个课时完成是可以的。

一堂有价值的课，应当有清晰的推进思路。文似看山不喜平，如果课堂一直在同一平面滑行，也会让人觉得疲倦。这节课试图让课堂有感性的素材，有理性的方法总结，有方法的具体运用，呈现课堂推进的思路。

第五章　生长式语文课堂教学观评

聆听一堂课，要关注些什么，有五个维度。一是有“理念存在”。一堂课的价值，不是上得如何完美，而是有效引发问题，并且研讨问题，最后解决了问题。二是有“抓手存在”。一堂课需要有一个内在的结构，教师的解读逻辑、学生的解读逻辑、文本的内在逻辑三者统一。三是有“趣味存在”。一节语文课，要充满生长的气息，不能是压抑学生的封闭的氛围。四是有“思辨存在”。到底要把学生引向什么方向、什么地方去，它的目标是什么。五是有“移植存在”。对别人有指导性，可以移植过去，学生拿过去是可以用的。

第一节 古典诗歌教学的"起点"和"落点"

——古典诗歌《积雨辋川庄作》教学观感[①]

古典诗歌赏析是中学语文教学的主要内容之一，但是在教学过程中，如何提高诗歌赏析教学的有效性，一直以来困扰着大多数语文教师。如何找准教学的"起点"和"落点"呢?

湖州二中许琴琴老师的《积雨辋川庄作》[②] 教学课，给笔者颇多启发。这堂课的"起点"和"落点"，把握得很准，是用语文的方法教语文，充满了语文的气息。

教学的"起点"在哪里? 面对同样的一首诗歌，教师有自身的解读逻辑，学生也有自己的感知逻辑，两者之间并不一致。从前，教师备课往往以自己的解读逻辑为起点，自从新课程改革以来，教师多力争以"学生的解读逻辑"为起点。在教学中，教师的解读逻辑应当贴近学生的生活实际，顺应学生的

---

① 本节内容原题为《古典诗歌教学的"起点"和"落点"——〈积雨辋川庄作〉教学观摩有感》，发表于《中学语文》2015 年第 3 期。有改动。

② 选自：余恕诚．中国古代诗歌散文欣赏［M］．北京：人民教育出版社，2006.

感知逻辑。许老师的课文导入，便充分地生活化，调动了学生的日常生活体验。

师："下雨了"三个字，要读出不同的情感。如果七八月份，高温天气，大雨突降湖州大地，你会怎么读？

生：下雨了！（声音较高，喜悦之情）

师：如果广东一带，发了水灾，又下雨了，你会怎么读？

生：下雨了。（声音较低，烦闷之情）

师：面对下雨，不同的语境下，不同的人会有不同的情感。所以我们在阅读任何文字时，都要读出与之相适合的情感。同样，诗人王维面对下雨会有怎样的心情？

这一课文前的导入语，贴近了学生日常生活经验，又巧妙地过渡到诗人王维观雨，很自然，不造作。

一、初读感知：教学的逻辑"起点"

当然，导入语还是徘徊在诗歌文本之外，如何走进文本，找到学生解读这首诗歌的"起点"呢？许老师接下去的教学，设计得很好。

师：王维住在自己的隐居之所，连日下雨，猛然间放晴了，他的心情如何？

生：开心。

生：激动。

生：欣喜。

生：惊喜。

学生初读这首诗的感受，多只看到了王维内心的“开心、激动、欣喜”，这是学生的原初理解。这是教学的逻辑起点，也是特别重要的一环。如果不去把握学生的解读逻辑起点，而是按照老师自身的解读逻辑，或介绍王维的生平，或直接疏通诗歌大意，那么，我们的教学，便是在一个自我虚设的起点开始教学，这样的教学往往无法吸引学生，也将导致课堂教学的低效甚至无效。许老师预设的这一环节，便是围绕学生的阅读逻辑“起点”展开，为此后的教学环节，搭建了有力的理解支架。

二、有效诵读：教学的逻辑“落点”

学生的初读，往往是粗浅的，对文本的理解多是表层的。如何走进文本内，而不是徘徊在文本之外，许老师设计了以下问题：

师：接下来自由朗读这首诗，看看与我们刚才感受到的诗人的“开心、激动、欣喜”情感是否一致，每个同学读三遍。（学生自由诵读，最后齐读一遍）

师：要整体理解，大家讨论一下，为什么？说说自己的想法。

生：一致，“积雨空林烟火迟”，雨停了，冒烟了，人们在烧饭，送到田里去，是喜悦的。

生：不一致，第三联看到木槿，有一些人生感悟，例如人生短暂，不是欣喜。

生：不一致，下雨，烟火燃烧慢，突出“缓慢”特点。

生：不一致，“野老与人争席罢，海鸥何事更相疑”，跟他人相处不是太好。

生：不一致，他对现代社会人生的一些交往方式有些质疑。

生：不一致，有一些人生的感悟。

生：不完全一致。从“静观”可以看出，有点不开心，而从“啭”字，却可以看出其快乐。

（学生回答很精彩）

通过多次诵读，与文本相遇、对话，学生原初的解读发生了变化。他们看到了文本不单是“开心、惊喜”的一面，还有“静”和“人生感悟”。对文本的理解，不再是简单化、线性的，而是复杂化、立体的。例如，有的同学提出了“人生短暂”，感叹人生，还有人际交往方面。这是学生自己新的体验和收获，不是老师强加给他们的解读。文本的赏析，要避开架空分析，不能在文字表面滑行，而是要将文字掰开来，细细嚼一嚼。这便涉及了古典诗歌教学的“落点”问题，许老师的处理方式，给我们带来了较大的启发：有效诵读，是教学诗歌的“落点”。

诵读是诗歌教学中的有效手段。教师在课堂上要引导学生读出抑扬顿挫的声调，要读得字正腔圆，读得有感情，要追求一种审美意味。在有效的诵读中，老师不用去架空分析，学生已经从内心感受、理解了李清照的悲苦，读懂了诗人的苦楚。在古典诗歌的赏析教学中，要始终关注对学生有效读诗歌的指导，这极为重要。许老师处理得比较合宜。

师：我们从这两联中（积雨空林烟火迟，蒸藜炊黍饷东菑。漠漠水田飞白鹭，阴阴夏木啭黄鹂），从自由自在的景物中，从无忧无虑的农家生活中，读出了一份闲适。既然从这两联中感受到了闲适，也需要把这种闲适之情读出来，请

同学们读一读，关键是要把闲适的味道读出来。（学生投入地读，教师巡看，并且做个别指导）

老师请了两位学生诵读。一位学生平铺直叙地读过去了，是滑过文本；另一位学生，读的时候没有抑扬顿挫，都是一个语调。

师：我们怎样才能把闲适之情读出来？要注意一些技巧。可以看一看，哪些语词表现了闲适，比如“迟”“饷”“飞”“啭”，这些地方要重读，语速要慢一点。

接下去，又请一位学生读，就明显不一样了，读出了闲适的味道。全班学生齐读，语速、语调把握都比较到位。

朱自清先生说：“吟诵时对于写在纸上的语言可以从声音里得其意味，变成活的语气。”“要能分辨语气的轻重，要使声调有缓急，合于原文意思的发展节奏。注意文本的意思，不要被声音掩盖了，滑过去。”[①] 许老师的诵读指导，将分析前学生的感知性诵读和分析后的品味性诵读，有机结合起来，学生的诵读能力得到了切实提高。在琅琅读书声中，在反复诵读中，学生渐渐地理解了诗歌内容。

---

① 朱自清．了解与欣赏［M］//朱自清论语文教育．郑州：河南教育出版社，1985：28.

三、关注矛盾：在教学“起点”和“落点”之间

分析诗歌时，要抓住文本的矛盾点，这也是学生经常感到困惑的地方。孙绍振先生在分析文本时，特别强调要在统一中找到矛盾点和不和谐之处。王维的《积雨辋川庄作》，整首诗表现了一种闲适，但是诗中却用了“野老与人争席罢，海鸥何事更相疑”一联，似乎强调争执、猜疑一面。学生会有疑惑，许老师没有避开这一难点，而是巧妙化解之。

师：全诗流露出一种宁静心态下的闲适，但诗人为什么写到“野老与人争席罢，海鸥何事更相疑”？

生：这是用典故。春秋时代的思想家杨朱去从老子学道，路上旅馆主人盛情欢迎他，客人都给他让座。杨朱学成归来，依然住宿在这个旅馆，但是客人不再让座，而是与他争座位。说明杨朱已经得到自然之道，与人们没有隔膜了。

生：可以看出，诗人境界很高，已经达到了天人合一、与万化冥合的大境界。

生：无心机，单纯朴实。

许老师把握了学生的实际解读能力，着眼整体理解，顺利解决了这一难点。在看似无疑处，找到了疑点，将学生的智性

思维，引至深处。不是仰视文本，而是平视文本，真的进入文本。

古典诗歌的教学，如何体现以“学生的解读逻辑”为起点，如何实现学生在课堂中的主体地位，许老师做了精彩示范。从学生初读感受到“欣喜”，到后来发现文本的不和谐之处，学生的文本解读能力，在前后的对比反思中得到了有效提升。

教学的“落点”，许老师放在了诗歌的“有效诵读”层面。语文课堂的“语文味”，要依靠琅琅书声来实现，在品读中感受、理解。正如许老师所说：“当我们面对经典的时候，如何让经典落入我们心田。最好的方式，是把它化作声音，而这个声音应该与你的灵魂相遇。所以，在以后的生活中，请大家用来自灵魂的声音来朗读经典。”最后，许老师范读了这首诗，声音之美，语文之美，万千意象，都蕴蓄其中。

处理教学的“起点”和“落点”时，教师一定要站在学生的立场。“教师如果仅仅站在自身立场开展教学，学生的学习是不会发生的。教师还要时时把握住学生的立场，站在学生的立场上观照自身的教学，有效的教与学才可能发生。”[①] 许老师

---

① 陈隆升．学生立场与有效教学——由《背影》教学案例引发的思考［J］．语文学习，2007（4）．

在教学的起点、中间点和结束点，皆能站在学生的立场，师生共同演绎了精彩课堂。

也许任何一堂课，从某个角度来说都是难以完美的，都会留下这样或那样的遗憾。这堂课在文本内在的矛盾解读中，是否还可以进一步挖掘？人多是矛盾的，情感和理性经常错位：王维的情感逻辑，从整首诗看来，是宁静下的闲适，但为什么要写“野老与人争席罢，海鸥何事更相疑”这一联？结合王维当时的境遇来看，安史之乱中，他曾经出任伪职，内心是痛苦的。安史之乱结束后，朝廷并未深究此事，但王维后来一直亦官亦隐，是否也有自己的苦衷呢？还有，当时士大夫对他是否有所诋毁呢？这是笔者的一点个人想法，提出来与许老师商榷。

第二节　以“文本情感逻辑”为教学切入点

——文言散文《兰亭集序》教学观感[①]

文言文教学是中学语文教学的重镇，如何提高文言文教学

---

① 本节内容原题为《以“文本情感逻辑”为教学切入点——〈兰亭集序〉教学观摩有感》，发表于《中学语文（上旬刊）》2015（7－8）。有改动。

的有效性，如何找到教学合宜的切入点？一直以来困扰着大多数老师。

南浔中学张艳玲老师的《兰亭集序》（选自《普通高中课程标准实验教科书·语文·必修五》）教学课，给笔者颇多启发。

《兰亭集序》是一篇比较难教的课文，缘于："一、文字之难。《兰亭集序》是文言文，而且是非叙事性文言文，表达上又有诗化倾向，造成学生阅读困难。二、文章之难。《兰亭集序》是五十多岁的王羲之谈生死、悟人生之美文，其思想与十七八岁的少年学子有着相当的距离，造成学生理解困难。三、文学之难。文学贵在引人共鸣，但是'时间紧迫''人生短暂'等因其常见而成为学生的标签化认识，造成学生感受困难。"①这堂课以"文本情感逻辑"为教学的切入点，课脉清晰，贴近学情，文本的教学价值把握得很准。

一、找到文本合宜的"切入点"

文言文教学的"切入点"在哪里？"面对同样的一篇文章，教师有自身的解读逻辑，学生也有自己的感知逻辑，两者之间

---

① 谢澹．《兰亭集序》教学支架的建构与实现［J］．语文学习，2014(4).

并不一致。从前，教师备课往往以自己的解读逻辑为起点，自从新课程改革以来，教师多力争以‘学生的解读逻辑’为起点。在教学中，教师的解读逻辑应当去贴近学生的生活实际，顺应学生的感知逻辑。”①

正如张君平所说，“在文言文教学中，篇与篇的教学基本是大同小异，而这一篇文章的独特性却往往被‘忽略’”，“因为忽略了每一文本的独特性，教师在教学中确定的教学内容才会一成不变，才会不知道‘这一个’文本最突出的价值在何处。”②

在教师的解读逻辑、学生的解读逻辑、文本的内在逻辑中，就《兰亭集序》而言，更值得关注的是文本的内在情感逻辑，可以说是“这一篇”的独特之处。张老师将三者协调起来，抓住了文本的内在情感逻辑，并作了较好的设计：

师：我们刚才共观其文，口诵其声，心通其意，领略其美，还有《兰亭诗》欣赏一下。“虽无丝与竹，玄泉有清声。

---

① 贾桂强．古典诗歌教学的“起点”和“落点”——《积雨辋川庄作》教学观摩有感［J］．中学语文（上旬刊），2015（3）.

② 张君平．关注文体特征 感受文言之美——以《阿房宫赋》为例谈文言文教学内容的确定［J］．语文学习，2014（1）.

虽无啸与歌，咏言有余馨。取乐在一朝，寄之齐千龄。”——王羲之（学生读）

师：优美山水，欣然忘忧。书序的要点、内容、目的，还有融叙事、说理、抒情为一体，在文中可找到哪些表示情感的字眼？

生1：信可乐也。

生2：快然自足。

生3：岂不痛哉。

生4：悲。

师：文章的情感变化过程是“乐—痛—悲”。

张老师的这堂课围绕“为何而乐—为何而痛—为何而悲”展开，层次井然，从整体上把握文本。当下有些语文课堂因专注于技术层面而碎片化。帕尔默在《教学勇气》中说：“真正好的教学不能降低到技术层面。”张老师不纠结于个别，而是着眼文本整体。

二、构建合宜教学内容

依据《兰亭集序》文本的情感逻辑，以此为“切入点”，可以构建合宜的教学内容。张老师设计了三个问题：为何而乐？为何而痛？为何而悲？

1. 整堂课便围绕这三个主问题依次展开，每个问题都是通过学生品读、讨论，师生共同解决的。例如，对“为何而乐”的解决：

师：为何而乐？书上画一画。

生1：天气。

生2：山水美景。

生3：很多东西。

生4：群贤毕至。

师：用汤显祖的话说是“良辰美景”，有人认为是“赏心乐事”。除了这些好的，还有什么？

生5：和畅。

师：字里行间还有哪些词流露了“乐”？

生6：畅、足以、极、信。

师：推荐一位同学来读，要读出情感（学生有些拘束）。同学们不拘束了，老师就不紧张了。请课代表来读，好不好？（生读第一节，读得很好）

这一问题，对于学生来说难度不大，顺利完成了。通过学生的读，也体现了“语文味”。一堂语文课，读很重要。上课之初，张老师范读全文，在诵读中，学生对文本有了真切的感受。然后，学生齐读全文，感受文本的美。通过多次诵读，与文本相遇、对话，这实则是一种深层次文本解读。文本的赏析，要避开架空分析，不能在文字表面滑行，而是要将文字掰开来，细细嚼一嚼。

2. 老师对文本的解读，要有深度。可以说，教师文本细读所达到的深度决定了课堂所能达到的高度。当下，有的语文课，浮于表面，只是在表面滑行，不能切开文本，在字里行间多几个来回。

阅读《兰亭集序》时，大多数学生不理解王羲之在文中讲的生死意义，尤其是“固知一死生为虚诞，齐彭殇为妄作”，“为何而悲?”张老师在课堂上巧妙地突破这个难点：

师：我们知道了王羲之的痛之后，当死神的翅膀穿越时空，一切的欢乐恩仇都化为乌有，一切的美好成了水中月、镜中花，马上转成了“悲”，悲什么？（讨论一下，并推荐一位同学发言）

生1：文章提到了“固知一死生为虚诞，齐彭殇为妄作”，当时流行生死同等，人生虚无，是无意义的。而作者表明生死不同，应珍惜人生，遂记录下来，有所感慨。

师：讲得很到位，不讲则已，一鸣惊人。文中所说“若合一契”，今人看前人“今之视昔”，我看前人有共鸣。“后之视今”，后人看我们，也会有这样的感慨。这里有一层悲，是今人、古人、后人的悲，是穿越时代的同样的悲，是千古同悲。孔子“逝者如斯夫，不舍昼夜”，是对时间的感慨。在王羲之之前，有曹操的“对酒当歌，人生几何”。后人有谁还有这样的感慨呢？陶渊明“盛年不重来，一日难再晨。及时当勉励，岁月不待人”，学过吗？（学生答，没有学过）苏轼“哀吾生之须臾，羡长江之无穷”，沟通了前人、古人、今人，钱锺书说“目光放远，万事皆悲”，除了这一层悲之外，还悲什么？

师：“固知一死生为虚诞，齐彭殇为妄作”什么意思，谁这么看？当时流行的看法，同去兰亭的，东山再起的谢安也这么说，“万殊混一理，安复觉彭殇”。为什么会这样？读下列资料：

晋尚清谈，当时士大夫无不从风而靡，剽窃老庄唾余，漠然无情，外其形骸，以仁义为土梗，名教为桎梏，遂致风俗颓弊，国家败移。右军有心人也，虽欲力肆抵排，而狂澜难挽，不得不于胜会之时，忽然以死生之痛，感慨伤怀，而

长歌当哭，以为感动。——林云铭《古文析义》

师："外其形骸"，外化为放浪形骸。举个例子："竹林七贤"中的刘伶，非常喜欢喝酒，而且喜欢狂饮，有一次在家中喝醉了，在家裸奔。适逢有客人来访，看到刘伶这种样子，就说你全无礼数。刘伶笑着说，把苍茫大地看作屋舍，房子作为我的衣裳，你跑到我的衣服里做什么？王羲之认为"一死生为虚诞，齐彭殇为妄作"，前面有"固知"二字。"固"字是"本来"的意思。"固知"，什么语气？肯定、坚决，清醒地知道。同学们读一读，读出特有的语气。（生自由地读）

张老师对"为何而悲"的解读，将"悲"解读为两层：今人、古人、后人的悲，穿越时代的同样的悲；对当时人将生死等同的悲。为了更好地突破这一难点，张老师引入了一些课外材料。在课堂上补充一些课外资料是很危险的，要冒着"非语文"的可能性。在这一环节，张老师所补充的一些课外资料，为学生理解文本提供了"解读支架"，搭建了"脚手架"，是适当的必要的，是"为学习者建构对知识的理解提供一种概念、框架"。①

---

① 谢澹．《兰亭集序》教学支架的建构与实现［J］．语文学习，2014（4）．

3. 设计的作业，也围绕“文本的情感逻辑”展开

在我们读了王羲之这篇序文之后，他说“后之览者，亦将有感于斯文”。我们也算是后之览者，作为后之览者的我们有什么感触呢？最后让我们俯瞰宇宙，思考生死的意义。那么现在大家近20岁了，也可以思考生命意义，谢谢大家！

课后作业这一教学内容设计也颇别致，很好地融入教学中，不突兀，不是为了形式而形式，与文本的情感逻辑一脉相承。

三、向文本更深处漫溯

关于这堂课，笔者还有四个方面的看法。

1. 这堂课在文本内在的情感解读中，是否可以进一步挖掘。王羲之先说“痛”，然后说“悲”，我们一般多说“悲痛”，可见“悲”要比“痛”更深一层，如何理解？可让学生就这一问题展开讨论。“痛”可从个人层面解读，而“悲”则可从社会层面、历史层面解读，这样也许文本解读会更加深刻，也更能挖掘文本内在的情感逻辑。

2. 如何自然走进文本？笔者以为，还是要多从学生出发，例如可以这样设计教学路径：

“课前已请大家预习了课文，现在请同学们高声齐读全文，并谈谈自己阅读的最初感受，尤其是不懂的地方。

“师：嗯，同学们读得很好，把握住了文章的节奏、气势。刚才三位同学也谈了自己阅读的最初感受，就是不理解为什么谈到了生和死。看来，这个问题比较难，我们今天要重点探讨这个问题。”①

这样师生之间会有更好的互动，也拉近了老师与学生之间的距离，很快进入教学的情境。

3. 文言文教学中，一个始终存在的困惑，就是如何处理“文”与“言”的关系。“就当下教学状况来看，家常课多重‘言’轻‘文’——文言实词、虚词、词的用法、句式特点一一道来，此种‘字字落实，句句清楚’的教法从某种意义上来说，是将文言等同于外文来教，目标直指‘考试’与‘分数’；公开课则多重‘文’轻‘言’，执教者抛却烦琐的各类文言现象，着重分析情感、主旨，知人论世，与讲解一篇现代文并无二致，其目标重在‘好看’与‘热闹’。”② 我们在教学中要

---

① 贾桂强．让浓缩的课堂“具体而微”——《兰亭集序》微型课教学设计［J］．新作文·中学作文教学研究，2013（6）．

② 张君平．关注文体特征　感受文言之美——以《阿房宫赋》为例谈文言文教学内容的确定［J］．语文学习，2014（1）．

“文言并重”，要避免枯燥的说理和烦琐的字词解释。张老师在进入文本情感分析之前，说：“看大屏幕：读注音、通假字、释词、特殊句式。字词问题的解决，有助于大家理解《兰亭集序》。”也许，张老师的教学预设，是先解决“言”的问题，然后解决“文”的问题。笔者认为：“言”与“文”，不能截然分开，二者不是水和油，言文是一体两面，在教学文本时，便可随文释言。

4. 张老师说，在《兰亭集序》影印本里，有 13 个重复的“之”字。笔者去查对了一下：书圣王羲之在《兰亭集序》书写了 20 个“之”字，加上落款 1 个“之”字，共 21 个字“之”，各有不同的体态及美感，无一雷同，都用了不同的笔法书写而成。这是一处知识硬伤，但只要略加注意，是可以避免的。

第三节　从散文文体的引导作用看散文教学内容的合宜性

——白话散文《都江堰》教学观感

“阅读与写作思维也可以说是一种文体思维。阅读离开了文体，必定是不得要领的。”① 在散文阅读教学中，文体是合理选择、重构散文阅读教学内容的重要参考，散文的体式特征、语体特征、两栖性等，对散文教学内容的选择都有重要的引导作用。

在安吉高级中学，笔者有幸聆听了德清综合高中余日平老师执教的散文《都江堰》一课，深有感触，想就散文文体对散文教学内容选择的引导，谈谈自己的浅见，还请方家斧正！

一、散文的体式对教学内容的引导

一般而言，以各地名胜古迹为创作素材的学者散文，大都抒发作者的历史文化意蕴，或现实生存境遇的思古幽情，如秦牧的《社稷坛抒情》，余秋雨的《道士塔》《莫高窟》《三峡》等。余老师执教的散文《都江堰》，正是余秋雨先生写的一篇比较典型的文化散文。

余秋雨散文《都江堰》集中体现了他新颖独特的个性及主观色彩，挖掘出独特的体验与人生感悟。作者借助都江堰山水风光的描绘，运用丰富的历史文化知识，塑造了两千年前的李

① 潘新和．语文课程“语感中心说”之浅见［J］．课程·教材·教法，2002（8）．

冰父子身先士卒、为民造福的高大形象，还揭示出了做官要做实践科学家，为民“消灾”“濡养”的为官之道。《都江堰》一文言别人所不能言，写他人所不能写，立意深刻，促人思考，体现了当今“大文化散文”的审美个性。

这篇散文的重点，应当关注都江堰历史文化的深厚底蕴，对耐人寻味的人文景观的思索与体察。余老师设计了以下几个问题：

（1）阅读第一部分，对都江堰和长城作了比较，你得出了什么认识？突出了都江堰对中华民族的濡养作用和深厚的文化底蕴。（评：在第一部分并未强调都江堰的文化底蕴，此处有些牵强。）

（2）余秋雨笔下的都江堰的水有怎样的特点？写出了水的壮丽和驯顺。（评：写水的目的是什么？应当强调。因为这是为了突出都江堰的建造者李冰的伟大，还是着眼于都江堰的人文底蕴。余老师没有强调，让听课老师觉得就是单纯写水。）

（3）李冰是不是一位合格的郡守？（评：从写都江堰到写水，最后到写人，这个环节，余老师安排了四人小组讨论，为李冰草拟一份“政治纲领”，也许因为政治纲领范围太大，过于抽象，学生讨论的效果不是很理想，而且余老师的概括，也值得商榷。“务实求真，为民造福”可以说是政治纲领，但是“淡泊名利”是一种道德追求，不能说是政治纲领。）

（4）谈“以小见大”（评：联系这个单元的话题，“一粒沙里见世界，半瓣花上说人情”，道出了现代散文一个很重要的特点：以小见大。）

纵观余老师整堂课的构思，应当说抓住了本文的文体特征——学者散文的特点。

二、散文的语体对教学内容的制约

“语体”指语言运用的风格，包括口头语体与书面语体。书面语体大体可以分为“科学语体”“公文语体”“文艺语体”。[①] 其中“科学语体”和“公文语体”都追求语言的精准性、实用性和简明性，而“文艺语体”以形象性、生动性、富有感染力为显著特征。

散文语体属于文艺语体，为了使散文更能打动读者，作家一般都要采用各种各样的修辞手法，例如拟人、比喻、对偶、夸张等，来增强散文语体的形象性与生动性。《都江堰》一文语言运用不拘一格，例如：

（1）散文出色地使用了成对的反义词：“他大愚，又大智。

---

① 章熊．思索探索——章熊语文教育论集［M］．北京：人民教育出版社，2002：538－540．

他大拙，又大巧。他以田间老农的思维，进入了最澄澈的人类学的思考。”“那把长锸，千年来始终与金杖玉玺、铁戟钢锤反复辩论。他失败了，终究又胜利了。”在这种词义极大的落差之间，制造出意义的新颖与意蕴的丰厚，显示出词语间无限的张力。同时，这样的语言运用充满灵性和智慧，充盈着精神的美感，表达既丰富厚重又酣畅淋漓，显示出余秋雨先生超乎寻常的言语把握能力。

（2）散文在很多地方运用了拟人手法：“这里的水却不同，要说多也不算太多，但股股叠叠都精神焕发……也许水流对自己的驯顺有点恼怒了，突然撒起野来，猛地翻卷咆哮，但越是这样越是显现出一种更壮丽的驯顺。”这一段描写既洒脱奔放又收放自如，别致新颖，使得表达更具鲜活的生命力，读来耳目一新。

（3）散文多处运用了叠字。所谓叠字，谭永祥在他的《汉语修辞美学》中认为是“将音、形、义完全相同的两个字紧密相连地用在一起，造成形式上的整齐、语感上的和谐或加强形象的摹拟，这种修辞方法叫‘叠字’。”叠字是汉语特有的构词形态和表现形式。《都江堰》中运用的叠字，如：“它的水流不像万里长城那样突兀在外，而是细细浸润、节节延伸。”“因此，在灌县下车，心绪懒懒的，脚步散散的。”“阴气森森间，延续着一场千年的收服战。”

散文的教学内容，重点在于语言的品味与感悟过程。余老师在讲都江堰的水时，让语文课代表读了第二部分：“这里的水却不同，要说多也不算太多，但股股叠叠都精神焕发……也许水流对自己的驯顺有点恼怒了，突然撒起野来，猛地翻卷咆哮，但越是这样越是显现出一种更壮丽的驯顺。”却没有让学生品读，只是要求学生找出水的特点，将该选段处理为科学语体，同时，混淆了散文语体与文章语体，只是筛选信息，没有引导学生体味言语，这不能不说是本课的一大遗憾。

三、散文两栖性对教学内容的影响

散文两栖性指的是散文兼具文学审美与实用功能。在我们日常的散文教学中，这种两栖性容易模糊教师的视线，导致在教学内容的选择上或者忽视散文审美功能而过于偏向实用功能，或者侧重散文的审美功能而忽视了实用功能。

在本课的拓展延伸中，余老师选用了一幅锈迹斑斑的“长锸”图片，让学生谈谈感受。

笔者以为这一拓展，既紧扣了散文的审美功能，又让学生联系历史和现实，谈谈自己的体会，又兼顾到了散文的实用功能。从学生的回答来看，学生说出了真切的感受，不流于空泛，例如："要务实质朴，不空谈，淡泊名利，尽己所能，为他人为社会，多做一点贡献，成为一个大写的人!"

而且余老师自己写了一段文质兼美的感受，作为范例，起了很好的引导作用，取得了理想的效果。

第四节　打造智慧语文课堂的两个"深度"

——文学作品《前方》《一滴眼泪换一滴水》教学观感

2015 年 9 月 21 日上午，有幸聆听了四堂同课异构公开课，围绕"打造智慧语文课堂"主题，分别由元济中学范萍老师和东沙中学孙洁梅老师上《前方》，嘉善第二高级中学印春娟老师和舟山中学朱惠琪老师上《一滴眼泪换一滴水》。听后，颇有感触。对智慧课堂，也有了初步的感知，主要有以下两点。

一、贴着学生的心灵深度去教

范老师和印老师的课堂设计，主要围绕学情展开。以学生的困惑为教学的起点，问题来自学生。不是教师主观的预设，而是贴着学生的心灵深度。例如范老师上《前方》，其课堂导入语便以"随手拍"为话题切入，贴近学生的当下生活，拉近与学生的距离，很好地调节了课堂的氛围。接下去的问题设计，也是以学生不懂的问题展开。侧重在摄影散文的写作样式的把握，有其独特的新意，并且课堂中占主角的是学生。

印老师的课堂，学生自主生成的更多。印老师的课以学生的问题为核心，没有固定的流程。学生提出困惑，其他学生帮助解答。笔者看过钱梦龙先生的课堂实录，例如《愚公移山》，便是这种风格。整堂课气氛活跃，学生真正动起脑来，有着思维的碰撞。从学生出发的课堂，总是生成的东西居多。当然，有老师认为，学生的问题有许多，不能不加区分都要在课堂解决。可以有问题的管理，有主次之分。把课堂的宝贵时间放在学生问题最集中的地方，这样课堂重点突出，也不放过难点。

二、贴着文本的深度去教

来自舟山的孙老师和朱老师的课，则是在文本的深度挖掘上下足了功夫。当下一些老师，往往只是从网上下载教案课件，便可去上课。没有去独立面对文本，读出个人的感受，也就难以品出文本的细微之处，更谈不上深度。孙老师的《前方》对“三重悲剧”的解读，显示了她对文本的研读之深。学生在老师的启发下，获得高于自己的认识。教师不能只是贴着文本去教，还要能带领学生超越文本去阅读。

朱老师在分析卡西莫多为什么毫无羞耻心时，深入原作：卡西莫多自幼便是孤儿，他的养父副主教只是给他吃的穿的，并不教育他，所以他一直是生活在文明社会之外。但人的内心深处都有一颗善心。经过朱老师这样的分析，学生便能理解卡西莫多为什么由先前的仇恨转变成愧疚。教师在课堂上不能无所作为，要智慧地引领。

最后，笔者也有两点困惑：

第一，在读的方面，这四堂课都不是很突出。语文的课堂，有情感地读是非常关键的，智慧的课堂不能没有悦耳的读书声。

第二，在个别词语的品味上，可否有一两处。孙老师的课分析了一个“抛”字，说是“被扔掉的感觉”，台下老师听了也印象深刻。可惜这样的咬文嚼字不是很多，智慧的语文课堂应该多一点这样的细细品味。学生的语文感觉也就在这样的潜移默化中增长了。

（2015 年 9 月 21 日，浙江省徐桦君网络名师工作室与舟山市邹碧艳名师工作室在舟山中学联合开展语文教学研讨活动。这是笔者听课后完成的观后感。）

第五节　找到古典诗词有效教学的切入点

——古典诗歌《声声慢》教学观感

最近，听了四节《声声慢》的同课异构教学，颇有感触，就古典诗歌教学中如何关注学情、有效备课进行探讨。余文森教授说："备课时要备学生，了解学生原有的知识状况和学习能力，了解学生的兴趣和愿望，把教学定位在'最近发展区'，同时要把教材与学生的生活经验和情感体验结合起来，使教学充满生活气息和生命活力。"

古典诗词赏析是中学语文教学的主要内容之一，在教学过程中，如何提高诗词赏析教学的有效性，一直以来困扰着许多语文教师。有效备课的关键是要把握学情。从学的角度来看，古典诗词教学的有效性如何体现呢？当前，学生学习古典诗词的无效性主要表现在：

第一，学生大多不喜欢读诗歌，情感上不能走近诗歌。

第二，读不懂诗歌，在文字阅读上还有许多障碍。例如《声声慢》中的"黄花堆积"如何解释，是菊花盛开还是凋谢了？其实古代诗歌也可以译得很美，例如郭沫若先生翻译的《诗经》，也许是郭老本身是诗人的缘故吧。

第三，积累的知识不多，如诗歌中的典故和意象。例如《声声慢》中，“梧桐”意象背后的情感和文化意义。

第四，不懂得鉴赏术语的适当表达。例如考试中，学生都能知道要分析诗歌中的景与情，会用“情景交融”，至于如何交融的，则不能很好地表达，好像只可意会不可言传，亟待突破。

基于这些原因，有以下几点需要关注：

第一，学生在上课之前，那些不懂的地方通过课堂学习解决了吗？例如《声声慢》中“愁”的内涵和对“黄花堆积”的理解。

第二，学生诵读诗词的能力，有没有通过体验获得增长。学生也许此前读这首词时，语调、语速、语味是一个模样，课堂学习后，有没有改进，可以作一个对比。

第三，在课堂上学生到底获得了哪些东西：情感体验有没有增长，从贫乏变得丰富；知识积累有没有增多，例如“梧桐”“雁”等意象；方法层面，有没有学得一点鉴赏术语，学得一点鉴赏的技巧。这里，值得我们思考的是，学生获得情感体验、知识积累、鉴赏方法，哪一个层面才是诗歌教学的核心层面呢？我们现在的诗歌教学课堂，多的是知识的累积、鉴赏技巧的剖析，将一首精美的诗歌拆解得细碎不堪，诗歌的美荡然无存。诗歌终究是情感的结晶，诗歌教学还是要以情感体验为主线，辅以知识积累和鉴赏方法渗透。

第四，抓住语言的品味。中国的文字，是有声音、有色彩、有画面的。不管我们选择的诗歌赏析的“点”是什么、有多少，我们都应当紧紧抓住诗歌的原点与归宿——语言。如果滑过诗歌的语言层面，那么学生与文本便没有真的交流，始终站在诗歌的门外。诗人在写一首诗之前，必然会有许多的情感积淀，我们就是要通过语言的品味，去想象还原诗歌的丰富情境。

日常学习中，可以将古诗用美丽的现代诗来转换，也可以将古诗改写成优美的散文。通过这样的形式，让学生与诗歌文本之间产生情感的“化学反应”，而不是铁板一块。从而实现“理解作品的思想内涵、探索作品的丰富意蕴，领悟作品的艺术魅力”。没有切身体验的理解，多半是伪理解，不是真的理解。

如何改进古典诗词赏析教学？可以从以下四个方面着手一试：

第一，诗歌的解读应当是多元的，在平常的教学中，我们不应当“唯教参论”，否定学生的一些个性化解读。这些个人的解读，虽然可能是错的，但那也是学生真切的体验，只要学生言之成理，我们都应当积极认可。

第二，诗歌教学中，我们可否做一些量化工作？例如，高中三年，我们要教学生哪些典故？哪些意象？哪些鉴赏术语？其中鉴赏术语要进行合乎学理的统一。现在，老师在教学时非常困惑的是表现手法、艺术手法、表达方式、修辞手法等术语，有时真是分不清楚，学术界也是各持己见，出题的专家也往往不统一，弄得学生也不知如何答题，只能笼统多答。老师糊里糊涂地教，学生也就糊里糊涂地学了。诗歌鉴赏的术语急需在知识层面更新，厘清重建。

第三，刘春凌老师（湖州市高中语文教研员）指出现在的诗歌教学课堂，高一与高三几乎没有区别，一年一年地教，收效很小，是不是可以作一番改进？古诗词文学作品的上课要用心去上，为“有我的课”。有人很恶毒地说：“语文老师在课堂上都死了。”要对语文有真的热爱，要追求语文课堂的“有心、有我、有灵魂、有生命”。

第四，诗歌的教学，要放慢节奏。许多课堂只见老师匆匆地往前跑，学生上气不接下气，没有给学生留下品味的空间。有的老师，问《声声慢》中有哪些意象，学生还没有思考，便让他们四人一组讨论，这看似讨论，实质是无效的，是一种“伪讨论”。在合作讨论之前，学生至少要有自己的品读，有了个人的解读，方能去和别人交流。教学的节奏要有诗的从容，要慢慢走，慢慢欣赏！

著名教育心理学家奥苏伯尔说：“如果我不得不把全部教育心理学还原为一句原理的话，我将会说，影响学习的最重要因素是了解学生已经知道了什么，根据学生原有的知识状况进行教学。”这也是孔子所倡导的因材施教，因学情而教！

第六节 从学的三个维度看课堂

——以三节《沂水春风》同课异构为例

一直比较喜欢《论语》的阅读，也比较关注如何让学生亲近《论语》，走进《论语》的时空场，从而走近孔子。《普通高中语文课程标准（2017 年版）》中的“文化传承与理解”是这样表述的：“文化传承与理解是指学生在语文学习中，继承和弘扬中华优秀传统文化、革命文化、社会主义先进文化，理解和借鉴不同民族和地区的文化，拓展文化视野，增强文化自觉，提升中国特色社会主义文化自信，热爱祖国语言文字，热爱中华文化，防止文化上的民族虚无主义。”在“继承优秀传统文化”之前，首先要“理解”。只有理解好了才能继承，也只有继承好了，才能弘扬。

文化是一个比较难以界定的概念，包括物质的和精神的财富。“传统文化”，一般指历代存在过的种种物质的、制度的和精神的文化实体和文化意识。学习《论语》，应当是理解、传承和弘扬儒家的优秀文化思想，像“君子之风”“仁者爱人”“诲人不倦”“礼乐治国”“安贫乐道”“群而不党”等文化理念。那么，提升学生的“文化传承与理解力”呢？结合三节市级《沂水春风》（选自《〈论语〉选读》，语文出版社 2010 年版）展示课，主要从学生“学”的角度，谈一些粗浅的想法。

一、从学的内容上讲

《论语》一书，从语言上讲，是古代汉语；从形式上讲，是古代特有的对话文体；从内容上讲，是传统文化的源头。《浙江省普通高中学科教学指导意见（2014 版）》（以下简称《学科教学指导意见》）指出：《论语》应当考虑三个层次的学习内容——文字、文章和文化。

层次	学习内容	学习目标
文字	语言文字的理解和积累	读懂文章，积累知识
文章	章法技巧的分析和鉴赏	学习章法，培养能力
文化	文化思想的评析和传承	传承文化，提升思想

《论语》是语录体散文，它是一种对话文体，是古代文章格

式的萌芽，在章法技巧上很难有借鉴的地方。在实际的教学中，一线教师大多根据自己的理解，对课文作“有序化”重构，来填补《论语》章法的缺位。例如《仁者爱人》一课，有老师这样设计：（1）贯穿孔子一生的思想是什么？（2）孔子认为要做到忠恕的起点是什么？（3）孔子是怎样实践仁的？（4）孔子认为仁者追求的理想社会是怎样的？经过老师“有序化”重构之后，学生学起来，便不至于散乱。但是，这种“章法”有很强的个人色彩，难以成为范式。

先秦散文比较成熟的，像《左传》《孟子》《庄子》等，具有成熟的章法技巧，具有可学之处。所以，《学科教学指导意见》建议《论语》的教学，可以从文字和文化这两个层面来学习，兼顾语言文字的理解和文化内涵的探究。在实际的教学中，有两种倾向：有的老师是先文字理解，后文化解读，重在文化内涵的挖掘；有的老师是一边文字理解，一边文化内涵挖掘，在语言理解中提升文化理解力。语言文字的理解是基础，文化内涵的探究是结果。

从“文字层面”到“文化层面”，如何做到水乳交融，而不是水油脱节，这是我们一直苦恼的。听完三节《沂水春风》，突然想到，《论语》教学还有一个层面非常重要，那就是“文学层面”。《论语》一书，是记录孔子与弟子的对话的语录体散文，以当时明白晓畅的口语为主，同时吸收了书面语典雅洗练的长处，形成了言简意赅、隽永有味的独特艺术风貌。行文风趣自然、生动含蓄，读来毫无枯燥、晦涩之感，在平易近人、娓娓动人的谈话中，带有丰富的文学色彩。关注“文学层面”的学习，便找到了从“文字层面”跳到“文化层面”的一座桥。所以《论语》的教学，要抓住“文字层面”“文学层面”和“文化层面”这三个层面来学习。

层次	学习内容	学习目标
文字	语言文字的理解和积累	读懂文章，积累知识
文学	形象化的语言和人物形象	品味语言，感受形象
文化	文化思想的评析和传承	传承文化，提升思想

目前，让《论语》变得有温度，比让《论语》变得有深度更为要紧，没有了学生的喜爱，经典也就只能成为摆设。挖掘文本中的情感元素很重要。例如《雷雨》剧本中，一般设计一个问题：周朴园对鲁侍萍有没有真情？浙江童志斌老师的设计是：一盏油灯，红色的火焰在跳动着，一位年轻姑娘正在灯下专注地绣花。在她身边，一位年轻的父亲怀里抱着婴儿，静静地看着她。眼前这幅画面，其乐融融，其情温馨。你说周朴园和鲁侍萍有情感吗？经过童老师的描绘，其实已经不需要讨论了。

1. 文字层面的学习，应当学什么？

《学科教学指导意见》对《沂水春风》的基本要求是：

（1）掌握6个词语："居""如""方""作""撰""伤""与"在文中的含义。

（2）掌握带形容词词尾的状态形容词，"喟然叹曰"。

（3）分析4个特殊句式：毋吾以也，不吾知也，则何以哉，加之以师旅。

实际学了什么？三位老师课堂上落实情况分析：德清县一中沈丽颖老师的课，抓了"毋吾以也""闲居"的翻译；安吉高级中学刘孝军老师的课，抓了"鼓瑟""铿尔""舍瑟而作"的翻译和品读；湖州中学夏云陶老师的课，抓了"饥馑""莫""比及三年""哂""千乘之国""端章甫""冠者""童子""喟然"（重点讲）。夏老师的课，更注重文字层面的深入挖掘。

2. 文学层面的学习，应当学什么？

《论语》的学习，要有语文课的味道，必须有文学的渗透。把自己摆进去，"切己体悟"，否则两千五百多年的时空隔阂会产生遥远的距离感，产生疏离和淡漠。当经典的意义以一种温润的方式进入学生的内心世界并渗透了学生自己的思维情感参与的时候，老师"教经典"才真正称得上是一种"经典之教"，学生的学才称得上是一种"文化的传承"。《学科教学指导意见》对《沂水春风》的基本要求是：

（1）感受孔子的教学风格以及师生间平等和谐的气氛。孔子的教学风格：循循善诱，和蔼的长者风范。教学氛围：平等和谐。（侍坐）可以结合文中的言行、神态描写，具体分析孔子的形象，说说从这场围绕“言志”而展开的教学活动中，感受到孔子怎样的教学风格。读《论语》，眼中一定要有人。

（2）四个弟子的“志”即政治理想有何不同？（用原文回答）从中可以看出他们各自怎样的性格特点？

（3）曾皙描绘的暮春郊游图，色调明丽，情绪欢快，生趣盎然，令人神往。让学生反复诵读并驰骋想象，口头描述具体情境，并说说自己的感受。闲适悠然、惬意自在的意境，要通过学生的想象来感受到。这样有助于理解孔子“礼乐治国”的政治理想。

实际学了什么？三位老师课堂上落实情况分析：沈老师的课，讲“特别的课堂，特别在哪里，学生感受到随性、自由、美好”；刘老师的课，讲“插图中，印象最深的是哪一个人？学生感受到了曾皙的飘逸、洒脱”；夏老师的课，讲“可使（　）有勇，要求填空，分析子路的性格”。三位老师都抓住了“平等、和谐、自由”，畅所欲言、随意洒脱的沂水春风之情感。

3. 文化层面的学习，应当学什么？

《学科教学指导意见》对《沂水春风》的基本要求是：理解孔子“礼乐治国”的政治理想。从孔子对三人言志的态度，来分析、理解孔子“礼乐”治国的政治理想。曾皙并没有直接表达自己有何才能、胜任何职，而是描绘了一幅暮春郊游图，其他三人都是从如何治理国家的角度来回答，而孔子也正希望弟子们回答他们的政治理想，但是孔子为何对曾皙的回答由衷地赞同说：“吾与点也?”孔子为何要“与点”？这是学生很难理解的问题。教师要适时补充必要的背景资料，要搭建适宜的脚手架。

实际学了什么？三位老师课堂上落实情况分析：沈老师的课，先分析三子之志，然后品读曾皙之志，接着孔子评志，最后谈为什么赞同曾皙的理想；刘老师的课，先细读曾皙之志，然后分析三子之志，接着孔子赞同谁的观点，最后讲为什么“喟然叹曰”；夏老师的课，先范读，然后学生齐读，接着分析三子之志，谈曾皙之志，最后细读“喟然叹曰”。三位老师的课，从章法结构上讲，都是“问志—言志—评志”，其中“四子言志”环节，沈老师和夏老师都是“三子之志到曾皙之志”的顺序。刘老师的课，则是“曾皙之志到三子之志”，有新意。

当然，《沂水春风》还有其他的解读，《〈论语〉选读》的

《教师用书》上列出四种观点：

（1）孔子热衷于入世，但多次碰壁后心灰意冷，知道自己“道之不行”，有“凤鸟不至，河不出图，吾已矣夫”之叹。曾皙的志向，表明他“知时而不求为政”，这与孔子此时的心情契合。教参认为这有一定的说服力，比较直接。

（2）曾皙描绘了一幅雍容暇豫的盛世气象，这正是孔子“老者安之，朋友信之，少者怀之”的主张的生动写照，体现了孔子的政治理想。教参认为这也有一定的说服力。

（3）曾皙所描绘的是学习圣人之道的快乐，符合孔子安贫乐道的思想。

（4）曾皙志趣高远，胸次悠然，较之另三个学生驰心政务，已达到极高的精神境界。

笔者按：第一种观点，结合孔子晚年的经历，应当是比较契合常人的理解。孔子赞同曾皙，并非想做隐士，只是一种怅惘失落的情绪的流露。

第二种观点，“治国以礼”的政治思想这一解读，有很大影响。但有学者提出异议：一是，从“异乎三子者之撰”这句话来看，曾皙的理想与三子（如何治国）不同，应当不是讲治国的。如果讲治国的理想，那不是与三子相同了吗？二是，从“喟然叹曰”这个文言句式来看，如果曾皙的理想与孔子志同道合，孔子应当是“莞尔而笑”，欣然而笑，而不是感慨兴叹。“喟”的本义是因粮食短缺发出的叹息，引申义为因事发愁而发出的叹息。“喟然叹曰”多表示感伤。例如《史记·孔子世家》：（1）秋，季桓子病，辇而见鲁城，喟然叹曰：“昔此国几兴矣，以吾获罪于孔子，故不兴也。”（2）及西狩见麟，曰：“吾道穷矣！”喟然叹曰：“莫知我夫！”。三是，曾皙其人，《论语》全书只出现这一次；孔子多次点评门下弟子，并不曾赞誉过曾皙有治国的卓越才干；孟子记载曾皙是一位狂者，被称为鲁之狂士。如果讲颜回“盖与圣人之志同”，还是合宜的，然而说“曾皙与圣人的境界契合”，则有拔高之嫌。

第三种观点，安贫乐道的思想，应当是合宜的。孔子推崇“颜回之乐”，《论语·雍也》中说：“一箪食，一瓢饮，在陋巷，人不堪其忧，回也不改其乐。贤哉回也！”孔子认同超然于物质享受之上的精神愉悦，认同平凡生活中的诗意生活。

第四种观点，较之另三个学生驰心政务，曾皙已达到极高的精神境界。这个精神境界是什么，语焉不详。可否这样解读：曾皙描绘了自己的理想图景，就是“教育济世”。其理想高远而又现实，是“善其身”与“兼济天下”的统一。曾皙志在教育济世，不乏知音。虽被称为“贱儒”，但孔门著名弟子子游、子夏、子张都不做官而从事教育。明代陆九渊，曾写诗云："酒可陶吾性，诗堪述所怀。谁言曾点志，吾得与之偕。"他立志教书育人，后来为一代大儒。提出来，权且与各位老师商榷。

二、从学的方法上讲，要有"三读活动"

1. 在"自读活动"中疏通文字

发挥学生主动性，可以借助工具书，尊重《论语》的时代，准确理解字义。夏老师对《沂水春风》中的"如"字，进行对比阅读：如或知尔，则何以哉？（如：如果）尔何如？（如：怎么样）方六七十，如五六十；宗庙之事，如会同；安见方六七十如五六十而非邦也者？（如：或者）如其礼乐，以俟君子。（如：至于）对"暮春者，春服既成，冠者五六人，童子六七人，衣春服，浴乎沂，风乎舞雩，咏而归。"进行改写："暮春者，冠者五六人，童子六七人，衣春服，浴乎沂，风乎舞雩，咏而归。"从语言形式的比较上感受"礼乐文化"的内涵。

2. 在"品读活动"中，感受温暖的情感

沈老师的课，让学生品读曾皙之志，加入自己的想象，例如学生回答"柳絮""涓涓细流""夕阳西下"等，并进行分角色朗读。刘老师的课，让学生品味"鼓""铿""舍"和"作"，感受到曾皙的飘逸、洒脱之神采。夏老师则是带着学生在文字的品味中，感受沂水春风的和煦。

学的方法，可以多种。例如，结合上下文，注意标点的变化，在括号内填入表示“人物情态的词语”法。

> 子路率尔对曰……（　）对曰：“方六七十，如五六十，求也为之，比及三年，可使足民。如其礼乐，以俟君子。”

“对曰”之前加上适当的表情感的词语，能很好地感受人物的情感。

3. 在“对读活动”中阐释其文化意义

某些具体观点，往往需要联系其他篇章，放在整个思想体系中考察，才能得到准确解释。

夏老师补充了《论语·公冶长》的话：孟武伯问子路仁乎？子曰：“不知也。”又问。子曰：“由也，千乘之国，可使治其赋（兵赋，向居民征收的军事费用）也，不知其仁也。”“求也何如？”子曰：“求也，千室之邑，百乘（shèng）之家，可使为之宰（家臣、总管）也，不知其仁也。”“赤也何如？”子曰：“赤也，束带立于朝，可使与宾客言也，不知其仁也。”孔子评价学生的标准就是“仁”。他们虽然各有专长，但所有这些专长都必须服务于礼制、德治的政治需要，必须以具备仁德情操为前提。做到仁，就要做到庄重、宽厚、诚实、勤敏、慈惠。但是孔子认可了子路、冉有和公西华的治国才干。

刘老师的课补充了以下六则材料：(1) 孟子《寡人之国也》“养生丧死无憾。”(2)《左传》“国之大事，在祀与戎。”(3) 孔子的“志”是什么——子曰：“老者安之，朋友信之，少者怀之。”(4) 子曰：“凤鸟不至，河不出图，吾已矣夫!”(5) 子曰：“道不行，乘桴浮于海。从我者，其由与?”子路闻之。子曰：“由也好勇过我，无所取材!”(6) 夫子怃然曰：“鸟兽不可与同群，吾非斯人之徒与而谁与？天下有道，丘不与易也。”

夏老师的课补充了以下两则材料：(1) 若干年前，上海举行上海小姐评选。有两位佳丽过关斩将，最终跻身决赛。她们面对的是同一道题目，对这个问题的回答将决定她们的胜负。这个题目是，请你描述一下你心目中未来的上海。第一位佳丽登台，从政治、经济、文化各方面条分缕析地对上海的发展做了一番展望，人们都以为她胜券在握。这时第二位佳丽登台，只说了很短的一段话：我希望每天上班的时候班车能按时到达；我希望每个月底能准时领到薪水。出乎意料，第二位佳丽获得了冠军。(2) 孔子生平介绍，55 岁至 68 岁，在十四年间，四处碰壁。

补充的资料，主要是学过的语段，还要联系《论语》全书。选择的时候，要精当好懂。

三、学的效果上讲

如何对学生的学习效果作评价，《学科教学指导意见》建议：(1) 重视每一课的学习要求达成的质量；(2) 对论著内容的理解和观点的把握；(3) 能否借助注释、工具书、参考资料自主学习。

学生收获了什么？三位老师课堂上落实情况分析：沈老师的课，让学生感受了孔子与弟子的形象，理解了礼乐治国的思想；刘老师的课，让学生品读了“鼓瑟、铿尔、舍瑟、作”的含义和情感，体会到了曾皙的飘逸和洒脱，以及孔子四处碰壁的苦闷之情；夏老师的课，让学生积累了许多重要词语的含义，例如“饥馑、莫、哂、比及、千乘、端章甫、冠者、童子”。

教学从“有疑”到“无疑”是一种境界，从“无疑”再到“有疑”则是更高的境界。刘老师讲到“浴乎沂”中的“浴”，学生似乎理解了“浴”，但多是表面的。“浴”不但是清洁身体，更是洁净灵魂，享受自然的馈赠。三节课的最后，学生还存在困惑吗？这是笔者很想知道的。如果一节课结束，学生没有任何问题，说明这不是一节成功的课。笔者听课的时候，产生一个疑问：假如，是子路留在了最后，他问孔子："夫三子者之言何如？"孔子会怎样作答？这些疑问，都值得思考。

《〈论语〉选读》教材的编写，当初定位在选修层面，但是在浙江省被作为限定选修教材，教读十篇课文。编者给了注解和翻译，降低了学生学习的动力。如果作为必修教学，建议增加注解，删去翻译。让学生从学习《论语》的文字入手，进而理解其文化内涵。

《论语》的学习，不光是文言知识的接受，更是一种沉睡已久的传统文化意识的"唤醒"，在自我感悟中内化。经典只有通过真实的生命遭遇，在积极的言语实践活动中经过内心反复的掂量，才能真正被理解，被继承，最后被弘扬和坚守！

第七节 审问·慎思·辩驳

——高中语文思辨性写作教学摭谈

作文，不单是思想与感情的表达，也是思维方式的呈现。从文章外显的结构到内隐的思路，从遣词造句到引经据典，表达总是受制于思维方式。近年来，关于思辨性写作的理论探索、教学实践趋于热点，思辨性写作已经成为当下高中语文写作教学的聚焦区。高中生写作生态如何？不用大数据调查，一线教师凭感觉就能描述两极分化现状：极少数学生热爱写作，偏向文学类写作，但是跟教师的指导基本无关；大多数学生为了应试，被迫写作，直接跟教师的训练有关。而后一类学生的写作，又呈现出两种取向：一种是长盛不衰的小散文，另一种是近几年逐渐被重视的议论文。思辨性写作，主要是指写作中要有理性的思辨。议论文是典型的思辨性写作。本节所说的思辨性写作限定在议论文。在教学实践中不难发现，很多学生缺乏写议论文的能力，表现为：简单肤浅、不会分析、在表面滑行、缺少辨别，淡化理性，不会思辨。

一、思辨性写作的缘起

思辨性写作的出现，有着新时代的因素：一是对长期以来中学生“小美文”写作的忧虑与反拨；二是对网络背景下非理性公共发言（或中学生写作中的非理性现象）的焦灼。①

思辨性写作，对当前存在的作文弊端，有何反拨作用？主要有三方面的价值。

1. 有利于学生公共理性精神的培养与提升。古希腊哲学家

① 季丰．慎思而明辨——思辨性写作的基本追求［J］．教学月刊·中学版，2017（6）．

苏格拉底说过：一切未经检验的生活不值得度过。这种高度怀疑的精神正是公共理性精神的核心。所谓公共理性精神，其精髓就是大胆怀疑一切，冷静客观看待问题，探求事物和问题的本质。当下的中国，严重缺乏公共理性精神，突出表现是社会思辨力和批判性的缺乏，从众心理蔓延，不经思考随意接受别人的观点，情绪化观念与表达严重。

2. 改变学生作文“无我”的写作现状。目前，议论文一个大的泥潭，是“无我”。潘新和指出：“所谓的立论，还并非确立己论，通常是替他人立论，要求学生写的立论文，其观点都是作文题中确定的，学生最多只是从题目中选意，然后寻找与意相符的论据，来证明他人之意的正确。”① 学会在思辨中，确立自己的观点，其核心便是写作中时刻都要有“我”的存在。

3. 养成具体问题具体分析的良好写作品格。当前学生议论文写作，还有一种浮躁之风存在，有的学生好高骛远，分析说理能力不强，不愿意脚踏实地具体分析问题。我们提倡写任务驱动型材料作文，要让学生习惯于就事论事、就事说理，具体

---

① 潘苇杭，潘新和．论辨文是广义的驳论文——立论文与驳论文关系新探［J］．语文建设，2013（6）.

问题具体分析。假想敌观点的存在使得议论文始终具有清晰的论辩对手，从而保证了议论的言之有物、言之有理。

二、思辨性写作的边界

《普通高中语文课程标准（2017 年版）》把思辨性写作列入了必修课程的第六个学习任务群“思辨性阅读与表达”，并有如下相关表述：通过本任务群的学习“发展实证、推理、批判与发现的能力，增强思维的逻辑性和深刻性”，“学习表达和阐发自己的观点，能够立论正确，语言准确，论据恰当，讲究逻辑”，“学习多角度思考问题，学习反驳，能够有理有据，以理服人”，“学习书面语言阐述并论证自己的观点，驳斥错误的观点”。

这里的“思辨”如何理解？查《现代汉语词典》（第 7 版）第 1237 页：“思辨：①哲学上指运用逻辑推导而进行纯理论、纯概念的思考。②思考辨析。”何谓“思考辨析”？思考指的是分析、推理、判断等思维活动；辨析指的是对事物的情况、类别、事理等的辨别分析。褚树荣说：“理性思辨就是能从不同的立场去思考，建立起对话的语境，提出可能的建议，走向最大限度的和解。”[①] 新课程标准（2017 年版）中的“思辨”当

---

① 丁晓燕，褚树荣．思辨写作何为［J］．语文学习，2017（12）．

是“思考辨析”的意思，能全面、深刻、辩证、具体地分析问题，思考现实。批判性思维是思辨性写作的主要思维方法，这与文学写作主要依靠形象思维有所不同。

议论文是一种以阐释、议论为主的说理文，多是围绕“问题”展开纵向深入思考，有常规的思考路径：提出问题—分析问题—解决问题。目前，主要有三种议论文范式：（1）“立论型”议论文，例如：韩愈《师说》、朱光潜《咬文嚼字》；（2）“驳论型”议论文，例如：鲁迅《拿来主义》、毛泽东《论持久战》；（3）“劝论型”议论文，例如：《左传·烛之武退秦师》、李密《陈情表》。

三、思辨性写作教什么？

周康平认为：“思辨性写作教学，学生最缺什么？在以往的教学中，我一直认为学生最缺少的是‘写作内容’——无米之炊的痛苦。通过教学的实践，我发现得益于网络时代的发展，现在的学生知识面明显扩大了，对于国内最近发生的大事、社会上的热点等都有所了解和思考，反而表现得最为薄弱的是‘如何论证’和‘准确表达’方面。对于前者，我们觉得很多课无效是因为老师没有教学生‘对观点如何展开论述’，没有教‘如何建立起论点和论据之间的关系’。至于后者，是针对思辨类文章的语言特点而发生的，学生在写思辨类文章时常常散文化，欠准确、理性和严谨。”①

思辨是一种理性思维品质，关键是要有一定的逻辑知识素养。“中国人大多擅长形象思维，在逻辑思维素养方面则较为欠缺。素养的形成，除了要注意日常生活中的逻辑现象，也需要一定的思维训练。概念的内涵与外延的关系与判断、命题的正确与否、推理中的直接推理与间接推理需要的条件、论证完整与否的判断等，都需要通过大量的思维训练来达成。将逻辑思维灌注于教学之中，提升发展学生的逻辑思维，增强学生思维的严密性、深刻性和批判性，满足现代社会对人才的需要，是语文教师需要认真思考和付出努力的。”② 就教育指导思想来看，1963 年《高中语文教学大纲》在教学内容部分规定：教学语法、修辞、逻辑等知识，是培养阅读能力和写作能力的辅助手段。逻辑知识编写成短文，在教学中，着重使学生通过概念、判断、推理和论证的使用，初步理解逻辑的同一性、矛盾型、排中性和充足理由性。1986 年《高中语文教学大纲》删去有关逻辑知识的内容。逻辑知识教学长期处于被淡忘的状态，

---

① 周康平．论述类写作教什么？怎么教？[J]．语文学习，2018（1）.

② 张国群．高中语文应多点逻辑教育——2017 年高考语文全国Ⅰ卷第 21 题分析与思考 [J]. 语文学习，2017（12）.

直至2016年《普通高中语文学科核心素养》才再次强调了逻辑规则及其应用能力。

《论语·学而》说“吾日三省吾身”，不但强调反思对处事、交友、学习的重要性，而且把反思看作是人的优秀品质之一。《中庸》说：“博学之，审问之，慎思之，明辨之，笃行之。”从这一经典表述中，可以分离出“思辨”的路径——始于“审问”，炼于“慎思”，成于“明辨”。思辨，意味着思维路径，体现出思维能力，标志着思维品质。高中语文思辨性写作教学如何展开？可以围绕“始于审问，炼于慎思，成于辩驳”进行教学，同时渗透有用的好懂的逻辑学知识。

四、思辨性写作怎么教？

1. 审问：让写作有的放矢

“审”，本义是详究、考察。《荀子·非相》：“审，谓详观其道也。”《吕氏春秋·察传》：“闻而审，则为福矣。”

在思辨性写作中，确立观点是首要任务。只有确立了观点，方能展开论证，才可能让读者接受论断或采取行动。写作者要通过不停地审问来使自己的立论更加合宜，用安东尼·韦斯顿的话来说：“论证的第一步是问你自己，你想证明什么。

你的结论是什么？记住，结论是需要你为之提供理由的某种表述，为你提供理由的表述是你的前提。”①

如何确立观点，关键是要做一点调查研究。例如，毛泽东的许多杰出政论文，都是通过调查来立论的。1930 年 5 月，毛泽东在《反对本本主义》中说：“中国革命斗争的胜利要靠中国同志了解中国情况。没有调查就没有发言权。”一语中的，符合当时具体复杂的斗争形势，打蛇打在了七寸上，矫枉纠偏作用显著。1931 年，毛泽东在《关于调查人口和土地状况的通知》中再次对上述名言进行补充，使“没有调查就没有发言权”的论点日臻完善。他说：“我们的口号是：一，不做调查没有发言权；二，不做正确的调查同样没有发言权。”

2. 慎思：让分析走向严密

在日常生活中或学术争论中，我们常常发现，百分之九十的争吵都是由定义不清引起的。在讨论与辩论之前，如果没有相互之间的概念约定，很容易变成在各自的定义领域里阐明自己的观点、发表自己的见解，从而使讨论与辩论失去应有的意义。

---

① ［英］安东尼·韦斯顿．论证是一门学问［M］．卿松竹，译．北京：新华出版社，2011：3.

（1）概念界定。有的概念主观性比较强，对它们的理解因人而异、因地而异、因时而异。如果将概念笼而统之，不作明确的界定，那么论述和论证就会含混错杂，乱麻难理。例如自由这个概念，从约束与否的角度讲，可以区分为任意性意义的自由、按规律办事意义下的自由和自律意义下的自由；从权力的角度讲，法国的《人权宣言》认为它“即有权做一切无害于他人的任何事情”，美国罗斯福总统则从表达、信仰、免于匮乏和免于恐惧四个方面去表述；从欲望强弱与否的角度讲，伊赛亚·柏林将自由划分为消极自由和积极自由。如果以自由为写作对象，就必须明确文中讲的自由是哪一种自由，否则就容易混淆，乃至张冠李戴。有些概念主观性不强，内涵的指向性比较明确，如果能够准确地分析出内涵中包裹着的特点，就能在论述中缩小范围，有利于集中笔墨而不旁逸斜出。

（2）概念分析。辨析概念不容易被挖掘的内涵，甄别一些似是而非的事物或现象，消除可能存在的误解。引入相对或相似的概念来让可感觉到的不同区分得更明显，让不易察觉的同中之异显现，从而更准确地界定概念的本质特征。例如鲁迅先生在《拿来主义》中界定“拿来”的过程就是实实在在的议论笔法了。他为了挖掘“拿来”的实质，先分析了与之相对立的“送去”的含义，又在获得东西这一层面引入与“拿来”看似相同的“抛来”和“抛给”（“送来”）。在对比中剖析，在区分中甄别，在批驳中确立。在误解不断被指出然后被消除后，“拿来主义”实质的提出就水到渠成，立论也在层层推进中走向深刻。

很多情况下，当我们细致地辨析所需论述的概念后，中心论点随着概念的界定清晰了，议论的内容随着概念的展开完善了，议论的条理随着辨析方法的运用明了且严密了。突破了怎样辨析概念，也就突破了议论文写作最难的一道关卡。

3. 辩驳：让论证趋于深刻

议论文作为说理文，要求通过一定的逻辑来对自己秉持的观点自圆其说。但是，有的时候一篇文章论证的前提正确，每一个论证层次也是正确的，结论却未必正确。要学会构建一个好的论证。

思辨性写作需要清晰地组织与展示自己的思路，而“审问”“慎思”和“明辨”的过程构成了论证的主要框架。在马克·巴特斯比看来，一个论证的好坏，有四个适用于任何论断或论证的提问：

（1）论断是什么？（论断的焦点是什么？概念清晰吗？有没有歧义？）

（2）证据有多好？（论据是什么？是可信的吗？如是可信的，为结论提供的支持有多少？）

(3) 有没有其他相关信息（有没有特定的历史背景？你的论证足以推翻其他人在这个问题上的认知吗？他人为什么在这个问题上的判断再也不能成立？有没有相关的信息被遗漏了？）

(4) 是否避免了相关谬误？（论证的谬误有多种，如："草率结论"——根据过少的观察和不充分的证据得出的结论；"轶事证据"——把个体经验或他人故事加以推演；"偏差取样"——以偏概全、简单枚举推理；等等。你的论证是否都避免了？）①

如何进行论证说理？中国古代有大量的论说文，可以借鉴。例如，《烛之武退秦师》一文，烛之武要说服秦穆公退兵，不与晋国合力攻打郑国。烛之武从三个方面来阐述自己的观点：(1) 利益方面，郑国作为东道主可以提供缺乏的物资；(2) 情义方面，秦对晋惠公有恩，晋却忘恩负义；(3) 地理方面，郑离秦远，如攻郑，需人力物力，削弱国力。

五、思辨性写作要序列化

思辨性写作教学的"序列在哪里？在学生那里，在学生碰

---

① 转引自：丁晓燕，褚树荣．思辨写作何为 [J]．语文学习，2017(12)．

到的问题和困难那里”。陈日亮认为，要“根据学生学习掌握说理能力过程的实际状况”来安排写作序列。

张盛彬在《认识逻辑学》一书中说：“类比—归纳—演绎连接的推理链，就是思维、认识的波浪式前进、螺旋式上升的逻辑过程，就是实践、认识、再实践的感性认识，经过知性认识，上升到理性认识的过程，就是感知方法，经过形而上学法，发展到辩证方法的过程。”围绕思辨性写作的“观点、论据、论证”三要素，从学生日常写作存在的主要问题中，提炼出相应的逻辑思维教学要点，把逻辑知识和写作内容加以整合，创建思辨性写作教学主题序列。可尝试开发相关的校本课程，将逻辑思维运用于高中思辨性写作实践，例如，开发十八个课时的校本课程“基于逻辑思维品质提升的高中思辨性写作十八讲”：

论题偏离与概念的同一性（2课时）；观点不准确与判断的形成（2课时）；名言名句使用失当与演绎推理（2课时）；事例论据使用失当与归纳推理（2课时）；论据缺乏说服力与推断的可靠前提（1课时）；因果分析不当与因果思维（2课时）；类比失当与类比思维（1课时）；对比不当与比较思维（1课时）；反驳无力与归谬思维（3课时）；问题片面与辩证思维（2课时）。

理性思辨不仅能帮助学生学会更好地议事说理，它还是一种思维品质，是独立思考能力的最直接表现，是语文核心素养的重要组成部分，更是现代公民人格的核心内容。

第八节 我看高中语文新课程标准的新突破

——从学生"学什么"谈起

每年高考前，语文界各路"大咖"都会作一些考前的预测，今年高考将要考什么。至今，笔者在一线执教已十八年了。突然有一天，发现自己对于到底要学生学什么，脑中一片混沌。我们似乎一直在迷茫中过活。

一、澄清"教—学—评"的关系

不是一直都在教学生如何提高应考的水平吗？肯定是教"考的内容"。转念一想，"考什么"背后是由什么决定的呢？应当是每年拿到的浙江省高考《考试说明》，然而再深究下去，高考《考试说明》的制定，其背后的依据是什么？有的老师认为是所学的高中语文教材。从目前的语文高考命卷来看，基础部分的字音词语，是远远超出所学教材的，实用文阅读材料、文言文阅读材料和文学类阅读材料都是来自课外，更不说作文的材料。所以，学生和老师有一种感觉，学教材，其实主要就是应对“学考”，根本无法迎战“高考”。我们很多老师，都走入了一个认识的误区，认为语文考试就只需要关注“高考试卷”，却忘记了“高考试题命卷”背后的依据。

“语文教材”的编写，其背后的依据是什么？是学科课程标准；“高考试题命卷”背后的依据是什么？是学科课程标准。学生“学什么”是由谁决定的？不是语文教材，也不是高考试卷，更不是高考考试说明，而是“语文学科课程标准”。

“语文教材”是落实课程标准的载体和路径，不是唯一的，可以有多种样式。著名语文教育家叶圣陶先生一以贯之强调：“语文教材无非是个例子。”所以，我们一直讲“用教材教”而不是“教教材”。例如，要“培养学生正确解读和批判继承传统文化的能力”，其途径有多种，可以是《论语》选读，或者《孟子》选读，或者《先秦诸子选读》等。

研究“高考试卷”是重要的，现在一个不正常的现象是“教—学—评”的不一致。合宜的路径，应当是学什么决定教什么，教什么决定考什么。但是，现实中倒过来了，考什么决定教什么，教什么决定学什么。如何把“考试评价”作为参照，实施目标导向的教与学，是课程标准成功实施的关键。

二、学生“学什么”的背后依据

学生“学什么”的背后依据，就是“中国学生发展核心素养”（2016 年）和《普通高中课程方案和语文等学科课程标准（2017 年版）》。可见，学科课程标准非常重要，如何强调都不过分。那么，新课程标准（2017 年版）修订的背后依据是什么？应当是“依据中国学生发展核心素养，整合学科逻辑、认知逻辑和教学逻辑”（华东师范大学课程与教学研究所所长崔允漷，2018）。中国学生发展核心素养强调“自主发展”：重在能有效管理自己的学习和生活，认识和发现自我价值，发掘自身潜力，有效应对复杂多变的环境，成就出彩人生，发展成为有明确人生方向、有生活品质的人。新课程标准（2017 年版）依据这一点，对高中教育有了明确定位，即“促进学生全面而有个性的发展，为学生适应社会生活、高等教育和职业教育做准备，为学生的终身发展奠定基础”。以人为本，以生为本，以学生的发展为本，这是“新课标”的灵魂。

三、高中语文新课程的“新突破”

新课程标准（2017 年版）的颁布给语文教学带来了新的气象，关于学生“学什么”，我们可以对新旧课程标准进行比较。关于语文“课程性质”，2003 年版课程标准（以下简称旧课程标准）这样表述：语文是最重要的交际工具，是人类文化的重要组成部分。工具性与人文性的统一，是语文课程的基本特点。高中语文课程应进一步提高学生的语文素养，使学生具有较强的语文应用能力和一定的审美能力、探究能力，形成良好的思想道德素质和科学文化素质，为终身学习和有个性的发展奠定基础。另外，旧课程标准《前言》这样表述：高中语文课程要充分发挥其促进学生发展的独特功能，使全体高中学生获得应该具备的语文素养，并为学生的不同发展倾向提供更大的学习空间；要为造就时代所需要的多方面人才、弘扬和培育民族精神、增强民族创造力和凝聚力发挥应有的作用。

新课程标准（2017 年版）这样阐述语文“课程性质”：语言文字是人类社会最重要的交际工具和信息载体，是人类文化的重要组成部分。语言文字的运用，包括生活、工作和学习中的听说读写活动以及文学活动，存在于人类社会的各个领域。语文课程是一门学习祖国语言文字运用的综合性、实践性课程。工具性与人文性的统一，是语文课程的基本特点。语文课程应引导学生在真实的语言运用情境中，通过自主的语言实践活动，积累言语经验，把握祖国语言文字的特点和运用规律，加深对祖国语言文字的理解与热爱，培养运用祖国语言文字的能力；同时，发展思辨能力，提升思维品质，培育社会主义核心价值观，培养高尚的审美情趣，积累丰厚的文化底蕴，理解文化多样性。普通高中语文课程，应使全体学生在义务教育的基础上，进一步提高语文素养，形成良好的思想道德修养和科学人文修养，为终身学习和全面而有个性的发展奠定基础，为传承和发展中华文化、增强民族凝聚力和创造力发挥应有的作用。

通过解读新旧课程标准，有以下几点变化值得关注：

1. 旧课程标准的“语文”，是语言以及文学、文化的简称；新课程标准的“语言文字”，语言是以语音为物质外壳、以词汇为建筑材料、以语法为结构规律的一种符号系统，文字是记录语言的音、形、义统一的书写符号系统。新课程标准更加精准，突出文字的最高价值。

2. 新课程标准增加“信息载体”，信息载体包括以能源和介质为特征，运用声波、光波、电波传递信息的无形载体和以实物形态记录为特征，运用纸张、胶卷、胶片、磁带、磁盘传递和存储信息的有形载体。紧跟这个互联网＋、大数据和人工智能的时代。

3. 旧课程标准第三部分“实施建议”中“（二）针对高中语文课程的特点实施教学”：语文课程具有丰富的人文内涵和很强的实践性。在新课程标准中，修改为：“语文课程是一门学习祖国语言文字运用的综合性、实践性课程”。综合性不但有“人文修养还有科学修养”，突出语文的人文性和工具性。

4. 旧课程标准突出为“弘扬和培育民族精神，增强民族创造力和凝聚力发挥应有的作用”，新课程标准修订为“为传承和发展中华文化、增强民族凝聚力和创造力发挥应有的作用”，其范围更广泛，更合理。

5. 旧课程标准的“探究能力”，新课程标准修订为“发展思辨能力，提升思维品质”，在信息化社会，学会批判质疑非常重要。

6. 新课程标准中“培育社会主义核心价值观，培养高尚的审美情趣，积累丰厚的文化底蕴，理解文化多样性”，突出“社会主义核心价值观”和“理解文化多样性”，更具有国家认同和国际视野。

7. 新课程标准中的“工具性”指向“语言建构与运用”。“人文性”则细分为三方面，给出一个边界：“思维发展与提升”“审美鉴赏与创造”“文化传承与理解”。便于一线教师操作，而不是把“人文性”弄成一个什么都可以装的大筐子。

浙江省教研室高中语文教研员、语文特级教师胡勤认为新课程标准带来三个突破。一是围绕语文核心素养构建课程内容体系。新课程标准明确了语文核心素养包括语言建构与运用、思维发展与提升、审美鉴赏与创造、文化传承与理解四个核心要素。语言建构与应用是语文课程独特的课程素养。二是课程内容由学习任务群构成。必修课程由“整本书阅读与研讨”“当代文化参与”“跨媒介阅读与交流”“语言积累、梳理与探究”“文学阅读与写作”“思辨性阅读与表达”“实用性阅读与交流”七个任务群构成。三是语文教学在言语活动中进行。

从新课程标准（2017 年版）来看，需要构建新的课堂范式。经过长期探索，笔者提炼出“三主四有”理念和“语文主问题导读教学法”。倡导生长式语文课堂：立足学情，以学生为主体，以教师为主导，以言语实践活动为主线，构建有困惑、有结构、有活动、有生长力（语用力、思维力、审美力和文化力）的语文课堂。“语用力”是基础的核心素养，就是力求高水平发展“语言建构与应用”能力。

四、如何提升学生的“语言建构与应用”能力

在文学类文本（散文、小说、诗歌、戏剧）的教学中，要着力在“语言建构与应用”能力提升上。例如，在散文教学中，如何提升学生的语言建构与思维发展水平？慈溪中学黄宏武老师结合课例并分析，提供了两种途径：品味揣摩语言，发

展思维能力；比较阅读散文，优化思维品质。

《我与地坛》（第5段）小昆虫和草木明白知道自己虽很卑微，且处在荒芜地，但它们都按自己的方式生存着、活动着，向人们展现出缤纷的生命世界，无言地诉说着生命的美丽。而正是由于小昆虫、草木等生生不息，地坛不再衰败。品味：史铁生“明白了自己也应如园中的小昆虫和一草一木，虽然身处逆境，但不能颓废、消极，而应该像它们那样找到属于自己的那份生命的喜悦，为世界增添一份活力与亮色。”——品味揣摩语言，发展思维能力。

《我有一个梦想》：“100年后的今天，在种族隔离的镣铐和种族歧视的枷锁下，黑人的生活备受压榨；100年后的今天，黑人仍生活在物质充裕的海洋中一个穷困的孤岛上。100年后的今天，黑人仍然畏缩在美国社会的角落里，并且意识到自己是故土家园的流亡者。”品味：这组排比中，作者先总述“黑人生活备受压榨”，接着从物质生活贫困讲到精神备受歧视（“畏缩在美国社会的角落里”），讲到黑人缺少归属感，这三层符合美国心理学家马斯洛的“需求层次论”，从递进的三个层面强有力地说明黑人生活现状骇人听闻，正因为如此，民权组织了这次盛大游行，要求政府兑现诺言。——品味揣摩语言，发展思维能力。

《斑纹》拟人："往往易于暴露我的'不技术'。"品味：文中大量的拟人手法的运用给读者带来了阅读的欣悦感与崇高感，周晓枫排除了一种人类中心主义，对地球上的一切生灵都投入了关怀与关注，把小生命与人放在宇宙整体生物的平台上来看待，以一种宏阔的视角对各种生物的价值作了重新审视，指出要尊重他们的生存，这是一种高层次的人文关怀。自然这种深刻而无言的复杂性激发作者产生了崇敬的情感，从作者内心流露的崇高感自然地显示出她写作的"不技术"，也因为这一点带给读者极大的阅读快感。——品味揣摩语言，发展思维能力。

《鸟啼》需要理解文章第1～5节的内容，它写"严寒过后，春天来临，鸟儿啼鸣"，重在为"鸟啼"营造一个凄凉的氛围，与"鸟啼"构成强烈的对比，突出在死的恐惧中生命的闪现。教学中教师引导学生进行文字的挖掘和理解，如：(1) 找到"缓慢、笨拙、吃力、微弱、含糊、若断若续→清越、明快、萌发"等词比较体会"这组词描述准确，变化中写出了鸟啼声由小到大、由弱到强"；(2) 比较形容午后鸽子的叫声，课本所取的是于晓丹的译文"鸽子开始不间断地缓慢而笨拙地发出咕咕的叫声"，另有马澜的译文是"慢慢地，呆板地，一声不停歇地咕咕咕低语"，这里，"笨拙"和"呆板"哪个词更妙？（“笨拙”含着一份可爱天真，更形象地写出了鸽子的努力过程。）（3）找到“传出→浮起→抛向→闪动”这组动词，通过比较体会，生动地写出了鸟啼声的力度变化，尤其是“闪动”，还流露了一种明快、活泼，一份抑制不住的喜悦。——比较阅读散文，优化思维品质。

《亡人逸事》第一部分“雨天结缘”。对比样段：据说，我姥爷是一个热心公益、挺能张罗事的农民。在一个闷热的雨天，他坐在西黄城自家梢门洞乘凉，恰巧遇上前来避雨的两位媒人，她们正为东聊城孙墨池的儿子孙振海（父亲在老家的名字）保媒说亲，偏偏说的那位崔姓姑娘条件不太理想，恐怕是难以说成。她们对孙振海的一番介绍，倒让我姥爷动了心，两位媒人知道王家二姑娘品貌超群、心灵手巧、楚楚动人，又是“女大三抱金砖”，想来是配得上的了，便马上改换目标，竭力撮合。我姥爷打心眼儿里喜欢读书人，便拜托两位媒人再仔细打听打听。不久，我姥爷下地干活，正巧碰上我爷爷，两家的地离得挺近，彼此都心知肚明，就不约而同坐在田边聊了起来，越说越对心思，越说越投缘。后来老哥俩儿一拍即合：“干脆咱们就做亲家吧！”

比较赏析：孙晓玲以一个他者的身份叙述，使雨天结缘的来龙去脉非常清晰，但只见事件，不见事件背后人物的心理与情感。孙犁以对话组织情境，人物神态毕肖，心理意蕴丰满。可以末句“真不假，什么事都是天定的。假如不是下雨，我就到不了你家里来!”为例，体会人物满足、感激、幸福、喜悦之情。

夏济安先生说：“一国文字是否能成为‘文学的文字’，就是看这种文字里有多少种‘美’的性质，而这些‘美’的性质能够提高到什么程度。”“假如白话文只有实用的价值，假如白话文只为便于普及教育之用，白话文的成就非但是很有限的，而且将有日趋粗陋的可能。”表现出对白话文未来的忧虑。

童志斌教授提出要重视文学教学中语言的“质料”问题。所谓“质料”，余光中先生说：“更是一般散文作者从不考虑的因素。它是指构成全篇散文的个别的字或词的品质。这种品质几乎在先天上就决定了一篇散文的趣味甚至境界的高低。譬如岩石，有的是高贵的大理石，有的是普通的砂石，优劣立判。”文字的触觉有细腻和粗俗之分。

根据时代要求，从旧课程标准中的“语文素养”提炼出“语文核心素养”这个新概念。语文四个方面的核心素养，是从学科本位转化为学生本位。“培养什么样的人”“怎样培养人”始终是学校教育的一个基本命题。一切教育改革、课程改革、考试改革包括中国学生发展核心素养的提出以及此次新方案新标准的出台，都是在努力寻求更好的解决方案，让高中教育更充分、更平衡、更美好。

语文教学的春天，正在到来，值得每一个语文人期待！

参考文献

[1] [美] 约翰·杜威．民主主义与教育 [M]. 王承绪，译．北京：人民教育出版社，2001.

[2] 教育部师范教育司组．钱梦龙与导读艺术 [M]. 北京：北京师范大学出版社，2006.

[3] 钱梦龙．钱梦龙经典课例品读 [M]. 彭尚炯，编选．上海：华东师范大学出版社，2014.

[4] 中华人民共和国教育部．普通高中语文课程标准（2017 年版）[M]. 北京：人民教育出版社，2018.

[5] 胡勤．语文认识论 [M]. 杭州：浙江教育出版社，2015.

[6] 王尚文．语感论（第 3 版）[M]. 上海：上海教育出版社，2016.

[7] 王荣生．语文科课程论基础 [M]. 北京：教育科学出版社，2014.

[8] 李海林．言语教学论 [M]. 上海：上海教育出版社，2000.

[9] 孟晓东．用生长定义教育——孟晓东与语文生长课堂 [M]. 南京：江苏凤凰教育出版社，2016.

[10] 蔡伟．浙派高中语文十二名师经典案例赏析 [M]. 上海：上海交通大学出版社，2017.

[11] 李镇西．听李镇西老师讲课 [M]. 上海：华东师范大学出版社，2005.

[12] 彭玉华．智慧语文课堂 [M]. 南京：江苏凤凰教育出版社，2017.

[13] 陈日亮．重返钱梦龙——研读钱梦龙经典课例之通感 [J]. 课程·教材·教法，2016 (3).

[14] 顾之川．钱梦龙：传递语文教学正能量 [J]. 课程·教材·教法，2016 (3).

[15] 钱梦龙．我这样上语文课 [J]. 课程·教材·教法，2016 (3).

[16] 羊刚．课，是为谁上的？[J]. 教育理论与实践，2008 (6).

[17] 贾桂强，张建庆．诗歌鉴赏要抓住“不变量”——《断章》文本建构的三重意蕴 [J]. 中学语文教学参考. 2017 (9).

[18] 张建庆，贾桂强．诗歌类文本解读的三个维度及教学路径初探——以《面朝大海，春暖花开》为例 [J]. 语文知识. 2017 (4).

[19] 贾桂强，刘春凌．要“适度”而非“失度”——我看《老王》中的“不老实”[J]. 语文知识．2016 (10).

[20] 徐桦君，洪方煜．高中语文学习任务群教学设计·任务五·实用性阅读与交流 [M]. 杭州：浙江教育出版社，2017.

[21] [俄] 普希金．普希金童话诗选 [M]. 戈宝权，译．南京：江苏人民出版社，2017.

[22] 孟荣祥．语文生长式教学研究综述 [J]. 新课程研究（上旬刊），2017 (4).

后　　记

王国维在《人间词话》中说："古今之成大事业、大学问者，必经过三种之境界：'昨夜西风凋碧树。独上高楼，望尽天涯路。'此第一境也。'衣带渐宽终不悔，为伊消得人憔悴。'此第二境也。'众里寻他千百度，蓦然回首，那人却在，灯火阑珊处。'此第三境也。"回顾所来之径，语文教学的逐梦之路，顿有所悟，语文教育作为塑造人的灵魂的高尚事业，不可谓不大，自然有大学问存在，似乎可以由低到高分为四个境界。

第一境界：教他人的语文。我是 2000 年参加工作的，在教学的起初五年里，主要是立足于教师的"教"。初登讲台，如何处理教材，困难颇多。虽学过"中学教学法"等课，但那是理论性的知识，而非实践性的知识，缺乏可操作性。很幸运，我遇到了湖州市第二中学吴文杰老师，他是全国优秀班主任，教学实践经验极丰富。那时上新课前，常去听吴老师的课，然后“拿来”，再给学生讲授，多是照搬照抄，亦步亦趋。课堂实则与我关系不大，我不过是搬运工，把他人的语文搬到我的课堂而已。

第二境界：教自我的语文。2004 年 9 月，我背上行囊，来到了美丽的浙江师范大学进修，在那段日子里，我埋头苦读，与众多教育大师对话。非常幸运，有机会向当今几位语文教坛的名家求教。王尚文先生博学的谈吐，潘涌先生宏大的讲述，李海林先生冷峻的讲解，令人印象极深，他们给了我学术的启蒙，让我开始从研究者的角度来反思自己的教学生活，也是他们让我明白了学术写作并非“高案文章”，也可以是生活中的一朵“浪花”。阅读名家，与他们对话，跳出“低水平的重复研究怪圈”，让我能居高临下理性地审视当下教学，开始了“教自我的语文”境界。

第三境界：教学生的语文。2005 年 9 月，我又回到了宁静的中学校园，走进熟悉的教室，倍感亲切，也更热爱教师这一职业。工作之余，坚持阅读学术作品，提高自己的理论素养。大概是从 2006 年起，开始关注学生的“学”，发表了第一篇论文《“学生拒绝写作”的反思》（《教育科学论坛》2006 年第 4

期）。我的教学理念发生了很大的变化，我意识到教“自我”的语文，精彩的只是教师，至于学生实际学到了什么，却被我忽略了。没有学生获得的课堂，是低效甚至是无效的课堂。我意识到，必须关注学生的学，开始了“教学生的语文”境界。在教学中，学会让渡自我，打破大多数人都有的“我执的迷障”，摒弃独断，远离独白，尊重学生，善于倾听，多留给学生思想自由飞翔的空间。

第四境界：教“我与你”的语文。语文教学的落脚点，不只是学生的成长，更有教师自身的成长。在教学中，达到“教学相长”的境界，是最高层次的。这是我将一直努力的诗和远方，竭尽全力去接近。

这几年我参加了一些高端研修，如浙江省高中语文学科带头人培训、湖州市第一层次名教师培训、浙江省徐桦君网络名师工作室培训、浙江省羊刚网络名师工作室培训等。我的教学视野和理念进一步拓宽，思考也得以加深。尤其是在浙江省特级教师羊刚老师的引领指导下，从“学情”角度对小说《流浪人，你若到斯巴……》进行深度研究。2016年3月，撰写了论文《基于学情诊断的“生长式”语文课堂建构——以两次执教〈流浪人，你若到斯巴……〉为例》，在《教学月刊·中学版》上发表。在国内语文学术界，率先倡导构建生长式语文课堂。

2017年1月，《中学语文·上旬刊》封二彩页头条，介绍了生长式语文课堂教学主张。有人说，教育思想的确立，应当有两个特征：一者，自作主张；二者，切中现实。我在努力向这一目标靠近，虽不能至，心向往之。经过长期探索，提炼出“三主四有”理念和“语文主问题导读教学法”，倡导生长式语文课堂：立足学情，以学生为主体，以教师为主导，以言语实践活动为主线，构建有困惑、有结构、有活动、有生长力（语用力、思维力、审美力和文化力）的语文课堂。

这本小书力图呈现的就是我在构建生长式语文课堂体系时的实践和思考，更准确地说，是对我十多年来教学生涯的一段小结。2018年1月，修订后的《普通高中课程方案和语文等学科课程标准（2017年版）》正式发布，新方案与课程标准将于同年秋季开始执行。这是一个新时代的开始，我将努力为实现学生高水平差异发展而奋勇前行。

在整理书稿的过程中，这么多年来给予我指引和帮助的良师益友，一一浮现脑海。没有他们的鼓励和支持，不可能有这本小书的问世。在本书即将付梓之际，请允许我对他们表达我最诚挚的感谢。

感谢湖州市高中语文教研员刘春凌老师。正是刘老师的提携和鼓励，我才走上了教学与研学之路，继而我的职业生涯翻开了全新的一页。现在，刘老师还是我参加湖州市第一层次名师班高端培训的学业导师。刘老师多年来的关怀和指引，让我时时感念。

感谢浙江省教研室高中语文教研员、语文特级教师胡勤老师。十年来，胡勤老师不但是我学术之路上的引路人，也慢慢成为我的益友。胡老师曾经在酷热的夏日，百忙之中为我的传统文化经典《论语》研习专著《〈论语〉新解：卓越人生八项修炼》作序，“我写过十多篇书序，这一篇写得最长，因为想让更多的老师，尤其是年轻老师更多地了解贾老师是怎样一步一步走过来的”。他对后学者的拳拳挚诚之情，至今让我感怀。

感谢原上海师范大学教授（现任上海新纪元双语学校校长）李海林先生。李老师是我在浙江师范大学攻读教育硕士的学业导师，我的第一篇论文《我言说 我存在——关注教师精神成长》，便是李老师亲自修改推荐发表的。奖掖弟子之情，让我感念不已。

感谢浙江省语文特级教师湖州中学羊刚老师。从 2000 年参加工作以来，一直得到羊老师的点拨与指导。2017 年我有幸加入浙江省羊刚网络名师工作室，并取得很大进步。正是在羊老师的指引下，我对生长式语文课堂的理解由肤浅到深刻，从零碎到整体，最终建构了有一定理论框架的体系，也是在羊老师的督促下，才有这本小书的成型和面世。

感谢湖州市教师继续教育中心钱月新主任。钱主任是我参加湖州市属第一层次名师班和湖州市第一层次名师班高端培训的班主任。这本小书得到湖州市继续教育中心和湖州市教育局的大力资助，特此致谢。

感谢浙江省语文特级教师、温州市第五十一中学郑可菜老师。郑老师是我参加湖州市属学校第一层次名师班高端培训时的实践导师，郑老师在教学中的严谨和深刻，使我获益颇多。

感谢浙江省语文特级教师、回浦中学副校长包建新老师。包老师是我参加湖州市第一层次名师班高端培训时的实践导师，包老师在教学中的灵动与智慧，让我收获良多。

感谢浙江师范大学蔡伟教授。蔡老师多次给我提供学习和交流的机会，让我能在更广阔的语文教学天地之中践行与反思。

感谢湖州市教学明星、湖州市第一中学校长蔡铁佳老师。2015 年，我有幸成为湖州市蔡铁佳名师工作室学员，蔡老师循循善诱、如沐春风的教学艺术，让我悟得课堂教学的奥妙之处。

感谢徐桦君老师、缪水娟老师、朱昌元老师、褚树荣老师、黄丽君老师、黄华伟老师、肖培东老师、莫银火老师、周良华老师、沈坤林老师、倪江老师……从这些浙派名师身上，我领悟到了更多的语文教学真谛。

感谢湖州市属名师班和湖州市名师班的同学：王湘萍、施晓红、钱雅琴、施伟红、杨慧华、朱绯妍、马利云、杨峰明、夏云陶、周吉琳……和他们一起的日子充满温馨。

感谢羊刚网络名师工作室、徐桦君网络名师工作室和蔡铁佳名师工作室的学友：边建松、张阳成、吴昌晖、费颖、蔡海峰、柳锴、彭玉华、邹碧艳、郑军亮、范萍、朱瑜冬、高利、严涛、赵云霞、孙凯、夏建民、顾叶斌、沈霞红、李莉、程庚申、唐红英、庄丽勤……与他们同行，让研学之路不再孤单。

本书收录的教学设计和课堂实录得到了多位师友的点评和指导，他们有我的师长——缪水娟老师、胡勤老师、羊刚老师、徐桦君老师、蔡伟老师、郑可菜老师、刘春凌老师、苏树建老师、张建庆老师，有我的朋友——彭玉华、朱瑜冬、柳锴、赵艳东、周莹。他们的精彩评点，让本书焕发光彩。

本书收录的文章，部分曾在专业刊物上发表，感谢《中学语文教学》王希文副主编、《语文教学通讯》王建峰主编、《语文学习》张少杰副主编、《教学月刊·中学版》方龙云主编、《中学语文教学参考》葛宇红主编、《中学语文》聂进主编。承蒙他们厚爱，多次刊发我鄙陋的文章。

感谢我已工作十八年的湖州市第二中学。这所百年名校，有着丰厚的人文底蕴和学术研究氛围。感谢江旭峰校长、刘丹副校长、罗展华副校长、蔡明华副校长、郑璐副校长等校领导，没有他们的支持和帮助，我的语文教研之路必定举步维艰；感谢语文教研组组长苏树建老师，我的每一次进步，背后都有苏老师给予的帮助，激励我一路前行；感谢学校语文组的全体同仁，有了他们的包容和鼓励，我的语文教学之路才日益宽广；感谢我的学生，他们的优秀迫使我必须不断进步。

最后，特别感谢我的家人，感恩他们的理解和支持。这些天，常听王筝的《我们都是好孩子》，感念拥有母爱的孩子多么幸福，只是我的母亲再也看不到这本小书了。在将来的岁月中，唯有风雪兼程，力争做一个善良的大写的人，以告慰艰辛而慈爱的母亲！

贾桂强

2018 年 5 月 16 日

于湖州紫云花园

图书在版编目（CIP）数据

生长式语文课堂／贾桂强著．—北京：中国人民大学出版社，2019.3

ISBN 978-7-300-26595-7

Ⅰ.①生… Ⅱ.①贾… Ⅲ.①中学语文课-课堂教学-教学研究 Ⅳ.①G633.302

中国版本图书馆 CIP 数据核字（2019）第 001031 号

生长式语文课堂

贾桂强 著

Shengzhangshi Yuwen Ketang

出版发行	中国人民大学出版社		
社　　址	北京中关村大街 31 号	**邮政编码**	100080
电　　话	010－62511242（总编室）		010－62511770（质管部）
	010－82501766（邮购部）		010－62514148（门市部）
	010－62515195（发行公司）		010－62515275（盗版举报）
网　　址	http://www.crup.com.cn		
	http://www.ttrnet.com(人大教研网)		
经　　销	新华书店		
印　　刷	涿州市星河印刷有限公司		
规　　格	135 mm×190 mm　32 开本	**版　　次**	2019 年 3 月第 1 版
印　　张	13.125 插页 2	**印　　次**	2019 年 3 月第 1 次印刷
字　　数	224 000	**定　　价**	59.00 元